第三次全国国土调查

浙江省第三次国土调查技术

ZHEJIANGSHENG
DI-SAN CI GUOTU
DIAOCHA JISHU

浙江省第三次国土调查领导小组办公室 编著

浙江工商大学出版社
ZHEJIANG GONGSHANG UNIVERSITY PRESS
·杭州·

图书在版编目(CIP)数据

浙江省第三次国土调查技术 / 浙江省第三次国土调查领导小组办公室编著. —杭州:浙江工商大学出版社,2023.12

ISBN 978-7-5178-5898-0

Ⅰ. ①浙… Ⅱ. ①浙… Ⅲ. ①土地资源－资源调查－浙江 Ⅳ. ①F323.211

中国国家版本馆 CIP 数据核字(2023)第 248818 号

浙江省第三次国土调查技术
ZHEJIANG SHENG DI-SAN CI GUOTU DIAOCHA JISHU

浙江省第三次国土调查领导小组办公室 编著

出 品 人	郑英龙
责任编辑	王黎明
责任校对	韩新严
封面设计	杭州红羽文化创意有限公司
责任印制	包建辉
出版发行	浙江工商大学出版社
	(杭州市教工路 198 号 邮政编码 310012)
	(E-mail:zjgsupress@163.com)
	(网址:http://www.zjgsupress.com)
	电话:0571-88904980,88831806(传真)
排 版	杭州朝曦图文设计有限公司
印 刷	杭州高腾印务有限公司
开 本	787 mm×1092 mm 1/16
印 张	20.5
字 数	424 千
版 印 次	2023 年 12 月第 1 版 2023 年 12 月第 1 次印刷
书 号	ISBN 978-7-5178-5898-0
定 价	78.00 元

《浙江省第三次国土调查技术》

编委会

主　　编：徐志红

副 主 编：王建锋　　沈少泽　　张嫣然

编　　委：王善华　　王　瑜　　徐芝英　　顾　杰

　　　　　陈杭金　　沈卓人　　叶　晶　　李雪琪

参与编写：曹玉香　　李　姝　　任　雨　　李天诺

　　　　　余苏杭　　汪德慧　　王俊伟　　李文曦

前言 Preface

　　国土是生存之本、生产之要、生态之源、自然之基。全面、及时、准确掌握国土利用状况和资源家底,对落实最严格的耕地保护制度和最严格的节约集约用地制度,保障国家粮食安全,推进生态文明建设,科学规划、合理利用和有效保护自然资源,促进经济社会全面协调可持续发展具有重要意义。

　　《中华人民共和国土地管理法》明确要求建立土地调查制度。《土地调查条例》规定:国家根据国民经济和社会发展需要,每 10 年进行一次全国土地调查;根据土地管理工作的需要,每年进行土地变更调查。

　　新中国成立以来,浙江省开展了全省土地资源调查、土地利用现状概查、土地利用现状详查、耕地后备资源调查、土地更新调查、第二次土地调查及后续变更调查等土地调查工作。根据国务院部署,浙江省自 2018 年 9 月起全面启动了第三次全国国土调查工作,结合新时代、新需要、新技术的时代背景,充分将最新科学技术应用于调查实践工作中,全面查实、查清了浙江省国土利用状况,为自然资源管理决策提供了坚实的保障。为对本次国土资源调查中采用的各项技术及其应用效果做全面、如实的回顾分析和总结,浙江省第三次国土调查领导小组办公室特组织有关部门、技术人员,编制此书。

　　之前,浙江省已出版《浙江土地资源》《浙江土地资源调查技术研究》《土地资源调查研究——浙江省土地资源调查论文选》《浙江省第二次土地调查技术与方法》等书。《浙江省第三次国土调查技术》是对以往工作的继承与发扬,以期为今后国土资源调查的技术方案提供科学依据。全书论述了浙江省第三次国土调查的技术路线和技术方法,分为十章。

　　第一章为概述部分,在介绍浙江省土地调查的历史沿革的基础上,重点说明了浙江省第三次国土调查的主要任务、内容、流程及技术特色。

　　第二至九章总结了浙江省第三次国土调查各主要技术环节的技术、方法、流程等。"土地利用现状分类"主要围绕我国土地利用分类系统的历史、2017 年版国家标准《土地利用现状分类》制定、第三次全国国土调查工作分类等有关内容展开。"基础资料处理技术"展示了遥感正射影像图的处理、调查底图制作、调查界线与控制面积计算以及坡度和田坎的相关测算制作技术。"土地利用现状调查技术"介绍了内业信息提取技术、农村和城镇村庄内部的土地利用现状调查技术以及统一时点更新技术。"土地权属调查技术"围绕调查内容及原则、调查技术路线与方法、权属调查成果与质量控制、调查界线及问题处理展开。"县级数据库建设技术"介绍了县级数据库建库内容和要求、方法与流程以及成果质检技术。"调查成果核查技术"围绕浙江省省级核查、国家级核查及地方整改、统一时点更新成果核查、质量控制、浙江省成果核查管理系统展开。"管理信息系统建设技术"详细地讲述了管理信息系统的完成情况、系统建设的技术方案及建设成果。"数据缩编与图件编制技术"介绍了数据缩编的主要任务、技术路线和技术指标、缩编方法等。

第十章是浙江省第三次国土调查成果的汇总和应用,并探讨了预期的成果应用方向。

国土调查技术内容复杂、综合性强,调查技术领域发展日新月异。《浙江省第三次国土调查技术》的编写出版,是浙江省国土调查新技术的集中概括,也是广大国土调查工作者和全体编写人员辛勤工作与无私奉献的成果,更是传承发扬求真务实、迎难而上、争先创优的"三调精神"的集中体现。在新的历史条件下,只有珍惜来之不易的调查成果,维护好、应用好第三次全国国土调查的成果,才能支撑和服务经济社会的健康、稳定、长远发展。

在本书的编写过程中,得到了相关领域领导、专家、一线工作人员的指导与帮助,谨在此致以诚挚的谢意!

Contents

第一章　浙江省第三次国土调查概述

2017 年 10 月 16 日,根据《中华人民共和国土地管理法》《土地调查条例》的有关规定,国务院决定自 2017 年起开展第三次全国土地调查。2018 年 8 月 29 日,根据机构设置、人员变动情况和工作需要,国务院决定,将第三次全国土地调查调整为第三次全国国土调查。

按照国家统一部署、统一技术标准,结合浙江省实际,浙江省人民政府于 2018 年 1 月 16 日下发《浙江省人民政府关于开展第三次全省土地调查的通知》(浙政发〔2018〕4 号),决定在全省范围内组织开展国土调查工作,并自 2018 年 9 月起全面开展浙江省第三次国土调查工作。浙江省按照"全国统一领导、部门分工协作、地方分级负责、各方共同参与"的组织模式,采取统一土地利用分类标准,统一以优于 1 米分辨率卫星遥感影像为调查底图,统一确定县级调查界线,统一制作坡度图的工作方法,创新应用"互联网+"机制,全流程进行严格质量管控,历经初始调查和统一时点更新两个阶段,全面完成调查任务。以 2019 年 12 月 31 日为标准时点汇总数据,全省共有 4.4 万名技术人员参加调查,投入 6.0 亿元经费,完成 789 万个图斑调查任务,建立了全省互联共享的集影像、地类、范围、面积和权属为一体的国土调查数据库。

为系统总结浙江省第三次国土调查技术路线、方法和具体技术实施流程,浙江省第三次国土调查领导小组办公室(简称浙江省三调办)组织有关技术人员编写本书。

第一节　调查工作概况

一、浙江省土地调查历史沿革

新中国成立以来,浙江省开展了全省土地资源调查和土地利用现状概查、土地利用现状详查、土地变更调查、土地更新调查、第二次土地调查及后续变更调查等土地调查工作,在土地调查组织实施、技术流程、质量控制等方面为浙江省第三次国土调查积累了宝贵经验。

(一)全省土地资源调查和土地利用现状概查(1979—1986 年)

1979 年春至 1986 年,根据《国务院批转农业部关于全国土壤普查工作会议报告和关于开展全国第二次土壤普查工作方案》(国务院国发〔1979〕111 号)的要求,浙江省在全省范围内开展了土地资源调查和土地利用现状概查工作。1980 年,原国家农委发布《关于商请参加组织全国土地资源调查制图工作的函》(国农区划字〔1980〕5 号),提出"利用卫片在两年内初步查清全国主要土地资源的面积和分布,编制成图,供中央和省一级使用"。全国范围内以省(区、市)为单位开展土地资源调查,最终汇总出全国性土地资源资料。1982—1984 年,浙江省结合全国第二次土壤普查成果,开展了以县为单位的土地利用现状概查。1983 年全国农业区划委员会第一次会议纪要提出"为了配合制订'七五'计划,1985年逐县(市、区)提出不同精度的土地利用现状面积数据"。为了实现这一目标,各县(市、区)结合第二次土壤普查相继开展了土地利用现状概查。

(二)土地利用现状详查(1984—1996 年)

1984 年 5 月 16 日,《国务院批转农牧渔业部、国家计委等部门关于进一步开展土地资源调查工作的报告的通知》(国发〔1984〕70 号),通过农牧渔业部、国家计委、林业部、城乡建设环境保护部、国家统计局联合呈报的《关于进一步开展土地资源调查工作的报告》,要求各省、自治区、直辖市人民政府统一领导部署,积极开展土地利用现状详查活动(即第一次全国土地调查)。浙江省土地利用现状详查工作自 1986 年开始,至 1998 年 9 月结束,详查成果获得 1999 年度浙江省人民政府科学技术进步奖一等奖。由浙江省土地利用现状详查实际情况产生的文字成果主要有《土地利用现状调查工作报告》《土地利用现状调查技术报告》《土地利用现状调查专题报告》等相关报告,《浙江土地资源》《浙江土地资源调查技术研究》《土地资源调查研究——浙江省土地资源调查论文选》等专著。浙江省人民政府通过详查土地利用现状,进一步摸清了全省土地利用类型、面积、数量、质量和分布特点,采集了一套完整、准确的土地数据。

(三)土地变更调查(1996—2002 年)

国家土地管理局于 1996 年 6 月 17 日下发了《关于完成全国土地普查将土地详查数据变更到 1996 年 10 月 31 日同一时点的紧急通知》(国土籍字〔1996〕第 109 号),要求在完成土地利用现状详查的基础上,进行土地变更调查,并将土地利用现状详查数据统一变更到 1996 年 10 月 31 日同一时点。1995 年浙江省内已完成县级土地利用现状详查的县(市、区)先行开展了土地变更调查。1996 年浙江省土地资源调查办公室制定《浙江省土地利用变更调查技术规定》,并由浙江省人民政府下发《关于切实做好全省土地变更调查工作的紧急通知》,在浙江省范围内部署开展土地变更调查,此后每年开展一次土地变更调查。2002 年,按照原国土资源部(现自然资源部)的统一要求,浙江省结合土地变更调查,顺利实现了土地利用现状分类标准的转换。

(四)土地更新调查(2003—2006 年)

根据《关于加强土地利用更新调查工作有关事项的通知》(国土资发〔2003〕296 号),2003 年起浙江省作为国家试点省份开展了全省范围内的土地更新调查。为科学实施土地更新调查,浙江省组织编制了《浙江省土地利用现状更新调查技术规范》《浙江省 1∶1000、1∶2000 土地利用现状调查技术规范》等一系列技术规范,统一提供调查底图,共举办四期更新调查技术培训班,对专业技术人员进行了全面系统的业务培训。调查实施过程中,实行"统一部署、统一技术标准和工作流程、统一开发管理软件、统一启用行政勘界成果、统一数据汇交"的"五统一"方法,落实"技术方案论证审查备案制度、调查作业单位质量管理制度、工作任务分级负责制度、数据分析制度、三级质量控制制度"的"五项制度"。自 2003 年 6 月至 2006 年 10 月,土地更新调查历时三年零四个月,全省县级土地利用现状更新调查工作成功完成,并通过验收。据统计,土地更新调查工作共调查浙江省 4.6 万个权属单位,查明 500 多万个图斑的地类、面积、权属和利用状况,获取了与实地相一致的高质量调查成果。

(五)第二次土地调查及后续变更调查(2007—2009 年)

根据国务院部署,浙江省自 2007 年 7 月 1 日起全面开展第二次土地调查工作。浙江省第二次土地调查按照"国家整体控制,地方细化调查,各级优势互补,分级负责实施"的组织模式,统一应用高分辨率航空正射影像、统一组织启用行政勘界界线和海陆分界线、统一组织测算田坎系数和坡度级数据的工作方法,经过"三下两上"的工作流程,历时三年,全面完成了调查任务。同时,以 2009 年 12 月 31 日为标准时点汇总浙江省第二次土地调查数据,全面查清了全省土地利用状况,掌握了各类土地资源家底。

2008 年,根据《国土资源部办公厅关于开展 2008 年度土地变更调查工作的通知》(国土资厅发〔2008〕118 号)要求,浙江省将变更调查汇总时间统一调整至 2008 年 12 月 31 日。2009 年,根据《关于开展第二次全国土地调查标准时点统一更新工作的通知》(国土调查办发〔2009〕30 号),浙江省在第二次全国土地调查标准时点统一更新成果的基础上,提取了 2009 年 1 月 1 日至 12 月 31 日土地利用变化信息,逐级汇总统计,得到了 2009 年土地变更调查成果。每年开展土地变更调查工作,有助于全面调查土地利用类型、权属和行政界线变化,重点查清耕地、建设用地变化,系统开展新增建设用地、土地开发复垦整理、农业结构调整、生态退耕、灾毁耕地、农用地变更为未利用地等统计分析工作,实现调查成果的年度更新。

二、浙江省第三次国土调查工作概况

(一)调查目的与意义

1. 调查目的

第三次全国国土调查是国务院部署的一项重大的国情国力调查,目的是全面查清最新全国土地利用状况,掌握真实的土地基础数据,并对调查成果实行信息化、网络化管理,健全并完善土地调查、监测、统计和登记制度,实现土地资源信息社会化服务,满足经济社会发展、土地宏观调控及国土资源管理的需要。

2. 调查意义

做好浙江省第三次国土调查工作,准确掌握土地基础数据,是加快推进生态文明建设、促进经济社会全面协调可持续发展的客观要求;是编制国民经济和社会发展规划、加强宏观调控、推进科学决策的重要依据;是实施创新驱动发展战略、支撑新产业新业态发展、提高政府依法行政能力和自然资源管理服务水平的迫切需要;是落实最严格的耕地保护制度和最严格的节约用地制度、保障国家粮食安全和社会稳定、维护农民合法权益的重要内容;是科学规划、合理利用、有效保护自然资源的基本前提;是推进生态文明建设的重要保障。

(二)工作目标与安排

1. 工作目标

在浙江省第二次土地调查成果基础上,根据国家统一标准,按照"已有内容细化、变化内容更新、新增内容补充"的工作定位,浙江省利用遥感、测绘、地理信息、"互联网+"等技术,以正射影像图为基础,统筹利用现有资料,实地调查土地的地类、面积和权属,以全面掌握浙江省耕地,种植园用地,林地,草地,商业服务业、工矿仓储、住宅、公共管理与公共服务、交通运输、水域及水利设施用地等地类分布及利用状况;细化耕地调查,全面掌握浙江省耕地的类型、数量、质量、分布和构成;对存在复合管理需求交叉的耕地、种植园用地、林地、草地、养殖水面等地类进行利用现状、质量状况和管理属性多重标注;同步推进相关自然资源专业调查,整合相关自然资源专业信息;建立互联共享的覆盖国家、省、市、县四级的集影像、地类、范围、面积和权属为一体的国土调查数据库,完善各级互联共享的网络化管理信息系统;健全国土及森林、草原、水、湿地等自然资源变化信息的调查、统计和全天候、全覆盖遥感监测与快速更新机制。

2. 工作安排

(1)依据国务院和省政府工作部署文件,全面部署全省工作,建立组织机构和工作机制。

(2)依据国家和省实施方案和技术规程,各地制订具体工作方案,落实工作经费,确定作业队伍。

(3)各级组织开展业务技术培训和宣传发动工作,全面掌握业务技术要求。

(4)省统一领取国家下发的正射影像资料和内业信息提取成果,收集优于 0.2 m 分辨率的航空正射影像,确定县级调查界线,制作耕地坡度图,测算耕地田坎系数,提供给各地使用。

(5)各县(市、区)确定乡镇调查界线,补充提取不一致的图斑,制作调查工作底图,以县(市、区)为单位组织开展土地利用现状调查、土地权属调查、专项用地调查评价等工作。

(6)各县(市、区)组织开展调查成果检查、整理、审核、上报,建立县级国土调查数据库及信息平台。

(7)省、市组织开展县级成果检查、审核、汇总、上报,建立省、市国土调查数据库及信息平台。

(8)结合 2019 年度土地变更调查,组织开展统一时点数据变更,更新国土调查数据库。

（9）完成和更新国土调查成果，并汇总和上报。

（10）组织开展国土调查最终成果的质量检查及验收。

（11）组织开展国土调查工作总结和成果汇编。

第二节　调查主要任务

浙江省在第二次土地调查成果基础上，按照国家统一标准，在全省范围内利用遥感、测绘、地理信息、"互联网＋"等技术，统筹利用现有资料，以正射影像图为基础，实地调查土地的地类、面积和权属，以全面掌握耕地，园地，林地，草地，商业服务业、工矿仓储、住宅、公共管理与公共服务、交通运输、水域及水利设施用地等地类分布及利用状况；细化耕地调查，全面掌握耕地数量、质量、分布和构成；开展低效闲置土地调查，全面摸清城镇及开发区范围内的土地利用状况；建立互联共享的覆盖国家、省、市、县四级的集影像、地类、范围、面积和权属为一体的国土调查数据库，完善各级互联共享的网络化管理系统；健全土地资源变化信息的调查、统计和全天候、全覆盖遥感监测与快速更新机制。相较于第二次土地调查和年度变更调查，浙江省第三次国土调查是对"已有内容的细化、变化内容的更新、新增内容的补充"，并对存在相关部门管理需求交叉的耕地、园地、林地、草地、养殖水面等地类进行利用现状、质量状况和管理属性的多重标注。

一、初始调查

（一）土地利用现状调查

土地利用现状调查包括农村土地利用现状调查和城市、建制镇、村庄内部土地利用现状调查。目的是调查每块图斑的地类、位置、范围、面积等利用状况。

1.农村土地利用现状调查

以县（市、区）为单位，依据《第三次全国国土调查技术规程》（TD/T 1055—2019），浙江省以国家统一提供的调查底图为基础，结合收集的最新优于 0.2 m 分辨率航空正射影像，实地调查每块图斑的地类、位置、范围、面积等利用状况，以查清全省耕地、种植园用地、林地等农用地的数量、分布和质量状况，查清城市、建制镇、村庄、独立工矿、交通、水域及水利设施用地、湿地等各类土地的分布和利用状况。

2.城市、建制镇、村庄内部土地利用现状调查

以最新优于 0.2 m 分辨率航空正射影像为基础，浙江省利用城镇村庄数字地籍调查、不动产登记等成果，对城市、建制镇、村庄内部土地利用现状开展细化调查，以查清城市、建制镇、村庄内部的商业服务业、工业、住宅、公共管理与公共服务和特殊用地等地类的土地利用状况。

(二)土地权属调查

土地权属调查目的在于结合全国农村集体资产清产核资工作,以农村集体土地所有权确权登记和城镇以外国有土地使用权确权登记成果为基础,将集体和集体、集体和国有土地所有权界线落实到国土调查成果中,对发生变化的地区开展补充调查。

(三)专项用地调查与评价

基于土地利用现状调查、土地权属调查等调查成果及自然资源管理形成的各类管理信息,结合国土资源精细化管理、节约集约用地评价及相关专项工作的需要,开展系列专项用地调查评价。

1.耕地细化调查

对耕地图斑开展耕地类型、种植状况等要素的细化调查,对位于河流滩涂上的耕地、位于湖泊滩涂上的耕地及林区范围开垦的耕地等进行重点细化调查,分类进行标注,夯实耕地数量、质量、生态"三位一体"保护的基础。

2.耕地资源质量分类

从自然地理格局、地形条件、土壤条件、生态环境条件、作物熟制和耕地利用现状六个层面出发,构建耕地资源质量分类指标体系,以浙江省第三次国土调查耕地图斑为分类单元,建立县级耕地资源质量分类数据库并开展耕地资源质量分类结果统计分析,汇总市级、省级、国家级耕地资源质量分类成果。

(四)相关自然资源专业调查

开展浙江省第三次国土调查的同时,同步推进相关自然资源专业调查工作,按照调查的分类标准和相关要求,做好第九次森林资源连续清查、有林区森林资源现状调查和第二次草地资源清查的数据汇总工作,并将相关调查成果整合并入浙江省第三次国土调查成果。同时,查清河流水面、湖泊水面、水库水面、坑塘水面等地类的数量与分布,在汇总时将水资源调查成果一并整合进来。

二、统一时点更新

依据《浙江省人民政府关于开展第三次全省土地调查的通知》(浙政发〔2018〕4 号)、《浙江省第三次国土调查统一时点更新暨 2019 年度土地变更调查实施方案》(浙土调查办发〔2020〕1 号)、《第三次全国国土调查统一时点更新暨 2019 年度土地变更调查实施方案》(国土调查办发〔2019〕24 号)等文件的精神要求,开展浙江省第三次国土调查统一时点更新工作。

(一)土地利用现状成果更新

在初始调查成果基础上,通过全面内外业补充调查,将浙江省第三次国土调查成果反映的国土空间利用状况(包括专项调查、专题图层以及城镇村庄内部土地利用现状调查)

更新至 2019 年 12 月 31 日统一时点,以满足国民经济和社会发展对于国土利用基础数据的需要。

浙江省依据国家统一标准,利用卫星遥感、互联网、云计算等技术,结合现有资料,以最新的正射影像图为基础,提取地类变化信息,开展实地调查举证,全面掌握浙江省第三次国土调查初始时点和统一时点间的地类、面积和权属变化情况,更新浙江省第三次国土调查数据库。

浙江省根据国务院第三次全国国土调查领导小组办公室(简称全国三调办)下发的新增建设用地管理信息和新增耕地用地管理信息开展调查文件指示,根据本地区土地管理各类项目实际实施情况,于 2020 年 1 月 31 日之前补充完善自然资部综合信息监管平台报备的各类用地管理信息。

(二)权属调查成果修正

县级在开展统一时点更新前,对照确权登记资料(审批书、登记卡、土地使用权或所有权证、宗地图)核实图斑权属性质属性标注,根据核实结果对图斑权属信息进行修正。

(三)调查数据接边

县级在开展统一时点更新前,对浙江省第三次国土调查初始调查数据库进行接边,确保不同行政区两侧重要地物的贯通性、保证同名地物的一致性以及地类、权属等属性信息的一致性,保障浙江省第三次国土调查成果应用。

三、数据库建设

(一)建立三级国土调查数据库

依据国家统一的数据库标准及建库规范,以县(市、区)为单位,开展县级国土调查数据库建设,以实现对农村和城镇村庄土地利用现状调查成果、权属调查成果、各类专项调查成果和各类自然资源专业调查成果的综合管理。在县级国土调查数据库基础上,建立省、市国土调查数据库,实现全省国土调查成果的集成管理、动态入库、统计汇总、数据分析、快速服务、综合查询等功能。

(二)建立国土调查数据分析与共享服务平台

基于省、市、县国土调查数据库,利用大数据及云计算技术,建设省、市、县国土调查数据分析与共享服务平台,实现国土调查数据、专项调查数据与土地规划、基础测绘等各类基础数据的互联互通和综合分析应用,结合自然资源管理和国土资源管理需要,开发相关应用分析功能,提高浙江省第三次国土调查成果对服务决策的支撑服务能力,同时按照国家要求,逐级落实调查范围内涉密数据保密的相关工作。

四、成果汇总

(一)数据汇总

在县级上报的国土调查数据库和专项数据库基础上,逐级汇总各级行政区划内的城镇和农村各类土地利用数据及专题数据。

(二)成果分析

根据浙江省第三次国土调查成果统计的全省各主要地类类型、面积及分布情况,以及各专题图层的面积和分布情况,结合浙江省第二次土地调查成果,开展土地利用状况分析,以分析浙江省土地调查总面积的变化情况;综合分析浙江省第二次土地调查完成以来耕地的数量、质量等级、分布、利用结构及其变化状况;分析城市、建制镇、村庄等建设用地利用的变化情况,评价土地利用集约节约程度;对第三次国土调查的湿地与林业湿地、林地与林业林地开展对比分析,综合分析其范围内的土地利用情况,为生态文明建设、自然资源管理提供基础依据。根据第三次国土调查及分析结果,浙江省各级自然资源管理部门编制浙江省第三次国土调查分析报告。

(三)数据成果制作与图件编制

基于浙江省第三次国土调查数据,制作系列数据成果,编制省、市、县各级系列土地利用图件、图集和各种专题图等成果。在确保调查成果中涉及的国家秘密绝对安全的前提下,按照《土地调查条例》成果公布和应用的要求,结合自然资源系统、政府部门、社会公众的需求,共享浙江省第三次国土调查成果。经省政府同意,浙江省三调办公布浙江省第三次国土调查成果共享目录,加快推进调查成果的机密版、政务版、公众版建设,以满足各行各业对成果的需求,最大程度地发挥重大国情国力调查的综合效益。

五、变更调查

在浙江省第三次国土调查统一时点调查成果基础上,利用最新卫星遥感影像,通过县级实地调查与省级核查,掌握年度土地利用的变化情况,满足当前自然资源管理工作的需要,更新国土调查数据库,保障浙江省国土调查成果的现势性和准确性。

(一)土地利用动态全覆盖遥感监测

采集本年度覆盖浙江省的最新遥感影像数据,制作DOM,内业判读提取建设用地、农用地等土地利用的变化信息。

(二)土地利用现状更新

利用遥感监测成果、地籍调查和自然资源日常管理成果,通过实地调查举证,全面查清浙江省土地利用的变化情况。

(三)土地权属状况更新

依据不动产登记成果,获取土地权属状况更新成果。

(四)国土调查数据库更新

采用增量更新的方式,将土地利用现状及权属变化信息逐级更新至县、市、省和国家四级国土调查数据库中。

(五)成果核查

利用 DOM 及地方提交的举证信息,采用内外业相结合的方式,比对、核实变化图斑地类及属性变更的正确性,及时修正调查成果。

(六)耕地资源质量分类年度更新与监测

利用浙江省第三次国土调查耕地资源质量分类成果,以及年度国土变更调查成果,结合年度所有土地整治项目、高标准农田项目等竣工验收资料,全面掌握年度内耕地质量的变化情况。

(七)成果汇总分析

成果汇总分析包括各级调查单位数据汇总分析、报告编写等工作。

第三节　调查技术路线

一、技术路线

采用优于 1 m 分辨率的航天遥感影像和优于 0.2 m 分辨率的航空遥感影像,利用现有的全国第二次土地调查及年度变更调查、城镇村庄地籍调查、集体土地所有权登记、宅基地和集体建设用地使用权确权登记、地理国情普查、农村土地承包经营权确权登记颁证等工作的基础资料及调查成果,采取国家整体控制和地方细化调查相结合的方法,利用影像内业比对提取和 3S(GPS/GIS/RS)外业调查等技术,准确查清全国城乡每一块土地的利用类型、面积、权属和分布情况。采用"互联网＋"技术核实调查数据的真实性,充分运用大数据、云计算和互联网等新技术,建立土地调查数据库。经县、市、省、国家四级逐级完成质量检查合格后,统一建立国家级土地调查数据库及各类专项数据库。在此基础上,开展调查成果汇总与分析、标准统一时点变更,以及调查成果事后质量抽查、评估等工作,如图 1-1 所示。

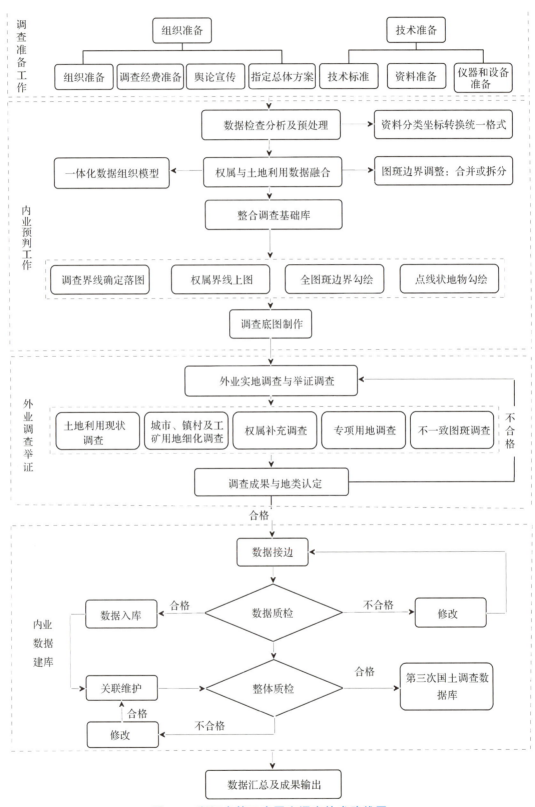

图 1-1 浙江省第三次国土调查技术路线图

二、技术指标与标准

(一)主要技术指标

1.数学基础

(1)平面坐标系统。

采用 2000 国家大地坐标系。

(2)高程系统。

采用 1985 国家高程基准。

(3)投影方式及比例尺。

采用高斯-克吕格投影,3°分带,农村土地利用现状调查采用 1∶5000 比例尺,城镇村庄土地利用现状调查采用 1∶2000 比例尺。

2.调查基本单元

以图斑为基本单元开展调查(包括道路、沟渠、河流等线状地物)。单一地类地块,以及被行政区、城镇村庄等调查界线或土地所有权界线分割的单一地类地块为图斑,城镇村庄内部同一地类的相邻宗地合并为一个图斑。道路被权属界线分割的,按不同图斑上图。飞入飞出地按照"飞出地调查、飞入地汇总"的原则开展调查,根据实际情况协商调查,保证调查成果不重不漏。

3.调查精度

根据《浙江省第三次国土调查实施方案》(浙土调查办发〔2018〕11 号)要求,农村土地利用现状调查采用优于 1 m 分辨率遥感影像,优于 0.2 m 分辨率遥感影像作为辅助;城镇村庄内部土地利用现状调查采用优于 0.2 m 分辨率遥感影像;优于 0.2 m 分辨率遥感影像没有覆盖的地区采用 0.5 m 分辨率遥感影像。

浙江省调查图斑最小调查上图面积按地类划分如下:建设用地实地面积超过 100 m^2 的需调查上图;设施农用地实地面积超过 200 m^2 的需调查上图;农用地(不含设施农用地)实地面积超过 400 m^2 的需调查上图;其他地类实地面积超过 600 m^2 的需调查上图;实地宽度大于 1 m 的河流、铁路、公路、管道用地、农村道路、林带和沟渠等线状地物,按图斑调查。

补测平面位置精度要求:补测地物点相对邻近明显地物点距离的中误差,平地、丘陵地不超过 2.5 m,山地不超过 3.75 m,最大误差不超过 2 倍中误差。

4.分幅及编号

农村土地利用现状调查、城镇村庄内部土地利用现状调查,各比例尺标准分幅及编号执行《国家基本比例尺地形图分幅和编号》(GB/T 13989—2012)标准,分幅采用国际 1∶100 万地图分幅标准,各比例尺标准分幅图均按规定的经差和纬差划分,采用经、纬度分幅。图幅编号均以 1∶100 万地形图编号为基础,采用行列编号方法。

(二)技术标准

1. 法律、法规、规范性文件

(1)《全国土地变更调查工作规则(试行)》(国土资发〔2011〕180 号)。

(2)《国土资源部 国家发展改革委关于深入推进农业供给侧结构性改革做好农村产业融合发展用地保障的通知》(国土资规〔2017〕12 号)。

(3)《国务院关于开展第三次全国土地调查的通知》(国发〔2017〕48 号)。

(4)《土地调查条例》(2018 年版)。

(5)《第三次全国土地调查总体方案》(国土调查办发〔2018〕1 号)。

(6)《第三次全国国土调查实施方案》(国土调查办发〔2018〕18 号)。

(7)《国务院第三次全国国土调查领导小组办公室关于明确第三次全国国土调查县级调查成果报送要求的通知》(国土调查办发〔2018〕22 号)。

(8)《中华人民共和国土地管理法》(2019 修正)。

(9)《土地调查条例实施办法》(自然资源部第 2 次部务会议 2019 修正)。

(10)《第三次全国国土调查成果国家级核查方案》(国土调查办发〔2019〕4 号)。

(11)《国务院第三次全国国土调查领导小组办公室关于印发〈第三次全国国土调查技术问答〉的通知》(国土调查办发〔2019〕6 号)。

(12)《国务院第三次全国国土调查领导小组办公室关于调整第三次全国国土调查有关内容与要求的补充通知》(国土调查办发〔2019〕7 号)。

(13)《国务院第三次全国国土调查领导小组办公室关于印发〈第三次全国国土调查技术问答〉(第二批)的通知》(国土调查办发〔2019〕9 号)。

(14)《国务院第三次全国国土调查领导小组办公室关于进一步做好近阶段工作的通知》(国土调查办发〔2019〕18 号)。

(15)《国务院第三次全国国土调查领导小组办公室关于优化特殊地区举证方式的通知》(国土调查办发〔2019〕22 号)。

(16)《国务院第三次全国国土调查领导小组办公室关于开展第三次全国国土调查统一时点更新调查的通知》(国土调查办发〔2019〕24 号)。

(17)《国务院第三次全国国土调查领导小组办公室关于发布统一时点数据库更新技术文件及县级数据库质量检查软件的通知》(国土调查办发〔2020〕6 号)。

(18)《国务院第三次全国国土调查领导小组办公室关于印发〈第三次全国国土调查技术问答(第三批)〉的通知》(国土调查办发〔2020〕9 号)。

(19)《国务院第三次全国国土调查领导小组办公室关于印发〈第三次全国国土调查河道耕地和湖区耕地套合统计技术规定〉等 3 个技术规定的通知》(国土调查办发〔2020〕10 号)。

(20)《第三次全国国土调查县级数据库建设技术规范》(自然资源部公告 2020 年第 41 号)。

（21）《中华人民共和国土地管理法实施条例》(2021 年版)。

（22）《浙江省土地登记办法》(浙江省人民政府 2005 年 11 月修订)。

（23）《浙江省人民政府关于开展第三次全省土地调查的通知》(浙政发〔2018〕4 号)。

（24）《浙江省第三次国土调查实施方案》(浙土调查办发〔2018〕11 号)。

（25）《浙江省第三次全国国土调查成果省级核查方案》(浙土调查办〔2019〕12 号)。

（26）《浙江省第三次全国国土调查领导小组办公室关于开展浙江省第三次全国国土调查统一时点更新的通知》(浙土调查办发〔2020〕1 号)。

（27）其他相关法律、法规、规范性文件。

2. 国家、省技术标准及行业标准

（1）《县级以下行政区划代码编制规则》(GB/T 10114—2003)。

（2）《基础地理信息要素分类与代码》(GB/T 13923—2006)。

（3）《信息技术　软件维护》(GB/T 20157—2006)。

（4）《中华人民共和国行政区划代码》(GB/T 2260—2007)。

（5）《计算机软件需求规格说明规范》(GB/T 9385—2008)。

（6）《计算机软件测试文档编制规范》(GB/T 9386—2008)。

（7）《测绘基本术语》(GB/T 14911—2008)。

（8）《计算机软件可靠性和可维护性管理》(GB/T 14394—2008)。

（9）《计算机软件测试规范》(GB/T 15532—2008)。

（10）《遥感影像平面图制作规范》(GB/T 15968—2008)。

（11）《1：500　1：1000　1：2000 地形图航空摄影测量数字化测图规范》(GB/T 15967—2008)。

（12）《数字测绘成果质量检查与验收》(GB/T 18316—2008)。

（13）《地图学术语》(GB/T 16820—2009)。

（14）《数字地形图产品基本要求》(GB/T 17278—2009)。

（15）《行政区域界线测绘规范》(GB/T 17796—2009)。

（16）《全球定位系统(GPS)测量规范》(GB/T 18314—2009)。

（17）《国家基本比例尺地形图分幅和编号》(GB/T 13989—2012)。

（18）《1：5000　1：10000 地形图航空摄影测量内业规范》(GB/T 13990—2012)。

（19）《农用地质量分等规程》(GB/T 28407—2012)。

（20）《耕地质量等级》(GB/T 33469—2016)。

（21）《国家基本比例尺地图图式　第 2 部分:1：5000　1：10000 地形图图式》(GB/T 20257.2—2017)。

（22）《土地利用现状分类》(GB/T 21010—2017)。

（23）《信息分类和编码的基本原则与方法》(GB/T 7027—2002)。

（24）《国土资源信息核心元数据标准》（TD/T 1016—2003）。

（25）《第二次全国土地调查技术规程》（TD/T 1014—2007）。

（26）《土地利用数据库标准》（TD/T 1016—2007）。

（27）《地籍调查规程》（TD/T 1001—2012）。

（28）《土地利用动态遥感监测规程》（TD/T 1010—2015）。

（29）《第三次全国国土调查技术规程》（TD/T 1055—2019）。

（30）《国土调查数据库标准》（TD/T 1057—2020）。

（31）《全球定位系统城市测量技术规程》（CJJ/T 73—2010）。

（32）《城市测量规范》（CJJ/T 8—2011）。

（33）《卫星定位城市测量技术规范》（CJJ/T 73—2019）。

（34）《基础地理信息数字成果数据组织及文件命名规则》（CH/T 9012—2001）。

（35）《基础地理信息数字成果 1∶5000、1∶10000、1∶25000、1∶50000、1∶100000 数字高程模型》（CH/T 9009.2—2010）。

（36）《基础地理信息数字成果 1∶5000、1∶10000、1∶25000、1∶50000、1∶100000 数字正射影像图》（CH/T 9009.3—2010）。

（37）《全球定位系统实时动态测量（RTK）技术规范》（CH/T 2009—2010）。

（38）《第三次全国国土调查成果国家级核查技术规定》（国土调查办发〔2019〕12 号）。

（39）《利用 DEM 确定耕地坡度分级技术规定（试行）》（国土调查办发〔2008〕50 号）。

（40）《第三次全国国土调查县级数据库建设技术规范》（TD/T 1058—2020）。

第四节　调查工作流程

浙江省第三次国土调查工作流程分为调查前工作准备、全省基础工作开展、调查工作实施、统一时点更新、成果质量控制和成果汇总分析六个阶段，如图 1-2 所示。

一、准备工作

2017 年 10 月《国务院关于开展第三次全国土地调查的通知》（国发〔2017〕48 号）下发后，浙江省结合实际，系统做好浙江省第三次国土调查各项准备工作。

（一）土地调查新技术试点工作

土地调查新技术试点工作，是在现有土地调查工作模式和技术手段的基础上，通过流程再造和技术挖掘，充分利用土地调查前沿技术，围绕土地调查的重点难点问题开展的一项基础性试验工作。既是对全面启动新一轮土地调查工作的有益探索和必要准备，也是更好地支撑自然资源统一确权登记、土地利用总体规划修编等工作的现实需要，对进一步

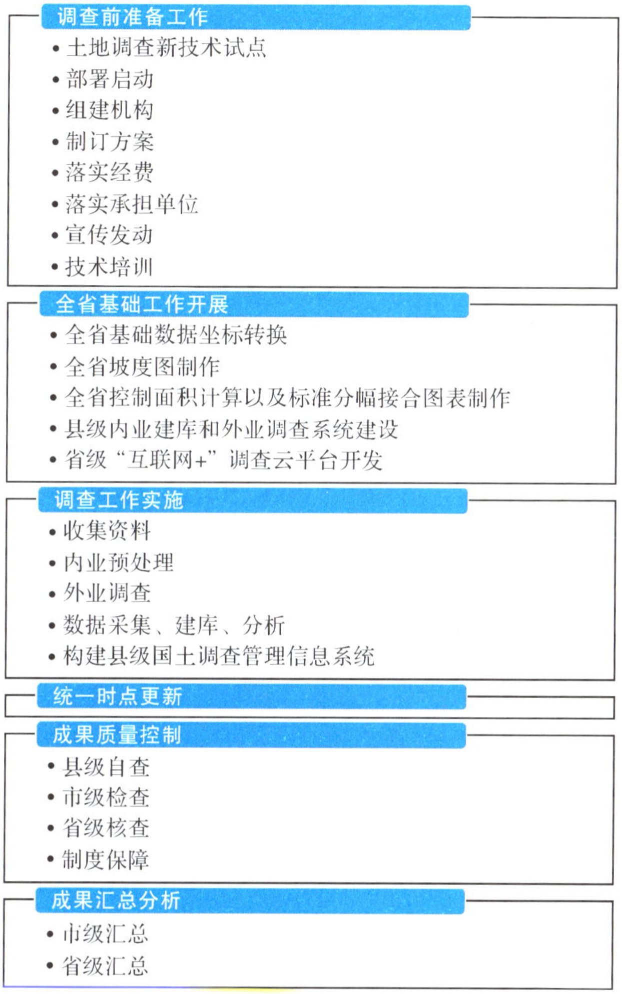

调查前准备工作
•土地调查新技术试点
•部署启动
•组建机构
•制订方案
•落实经费
•落实承担单位
•宣传发动
•技术培训

全省基础工作开展
•全省基础数据坐标转换
•全省坡度图制作
•全省控制面积计算以及标准分幅接合图表制作
•县级内业建库和外业调查系统建设
•省级"互联网+"调查云平台开发

调查工作实施
•收集资料
•内业预处理
•外业调查
•数据采集、建库、分析
•构建县级国土调查管理信息系统

统一时点更新

成果质量控制
•县级自查
•市级检查
•省级核查
•制度保障

成果汇总分析
•市级汇总
•省级汇总

图 1-2　浙江省第三次国土调查工作流程图

优化完善调查组织方式、改进提升调查技术能力、科学构建调查体系均具有十分重要的意义。

2017 年,国土资源部(现自然资源部)地籍管理司牵头组织第三次全国土地调查总体技术路线试点研究工作,从全国范围内选定 23 个试点(包括 20 个县[市、区],3 个省级规划院)进行调查试点研究,同时编制、修订相关标准规范,设计数据公开格式,规范建库软件核心功能,建立土地调查数据更新和维护机制,完善数据库质量检查及成果汇交要求,为在全国范围内全面开展第三次全国国土调查奠定坚实基础。

根据国土资源部(现自然资源部)《关于开展土地调查新技术试点的函》(国土资厅函〔2017〕194 号)文件精神,浙江省宁波市鄞州区被列为全国土地调查新技术试点区域,重点开展城镇土地利用现状调查试点工作。当地通过开展试点研究,对调查的组织模式、工作程序、技术路线与方法等内容进行试点试验和经验总结,进一步完善和优化工作程序、技术路线、方法和指标,系统验证调查总体技术路线。同时,通过对试点成果数据与年度变更调查成果数据的对比分析,对调查成果数据变化趋势进行预测。

通过对试点工作的研究和探索,针对城镇、村庄内部土地利用现状调查开展试点研究,系统梳理和总结试点工作中各个环节的做法和经验。浙江省三调办初步完成了对土地调查的流程再造,提出了工作底图数据库建设的方案,制定了重点地类判定的标准,形成了可操作的内业预处理框架,完成了城镇、村庄内部土地利用现状调查,确定了土地利用现状调查数据库建设标准。

(二)部署启动

2018 年 1 月浙江省政府印发了《关于开展第三次全省土地调查的通知》(浙政发〔2018〕4 号);3 月 20 日成立了浙江省第三次全国土地调查领导小组;5 月 29 日成立了浙江省第三次全国土地调查领导小组办公室;6 月 1 日印发了《浙江省第三次土地调查实施方案》(浙土调查办发〔2018〕5 号);6 月 21 日转发了全国三调办《关于试行第三次全国土地调查有关技术标准的通知》(国土调查办发〔2018〕10 号),并对部分技术内容进行了细化和补充;6 月 29 日举办了全省第三次土地调查业务培训班并进行了工作部署。随后,全省11 个市、89 个县(市、区)全部印发了工作部署文件。

2018 年 9 月,国务院召开了第三次全国国土调查工作电视电话会议,对开展国土调查工作进行了动员和部署。浙江省政府在国务院会议结束后紧接着召开了全省第三次国土调查电视电话会议,冯飞副省长做重要讲话,全面部署了浙江省第三次国土调查工作,这标志着浙江省第三次国土调查工作的正式启动。

(三)组建机构

根据《浙江省人民政府办公厅关于成立浙江省第三次全国土地调查领导小组的通知》的要求,浙江省成立了第三次土地调查领导小组,负责调查工作的组织和领导,协调解决重大问题。领导小组办公室设在省自然资源厅,朱先高总规划师任主任,负责调查工作的日常组织和任务协调。2018 年 5 月 29 日下发的《关于组建浙江省第三次全国土地调查领导小组办公室的通知》(浙土调查办发〔2018〕4 号),明确了浙江省第三次全国土地调查领导小组办公室的工作职责、内设机构及人员组成。根据国家调查组织机构和实施方案的调整,2018 年 9 月 19 日,浙江省及时将"浙江省第三次全国土地调查领导小组"调整为"浙江省第三次国土调查领导小组"。2019 年 3 月 28 日,根据机构设置、人员变动情况和工作需要,下发了《浙江省第三次国土调查领导小组办公室关于调整浙江省国土三调领导小组组成单位和人员的通知》(浙土调查办〔2019〕9 号),任命省自然资源厅厅长黄志平为副组长。2021 年 5 月 28 日,根据机构改革人员变动和工作需要,下发了《浙江省第三次国土调查领导小组办公室关于调整浙江省国土三调领导小组成员的通知》(浙土调查办发〔2021〕42 号),对领导小组成员进行调整。

(四)制订方案

浙江省对各项技术规程规定进行了细化,编制了《浙江省第三次国土调查实施方案》(浙土调查办发〔2018〕11号)、《浙江省第三次全国国土调查成果省级核查方案》(浙土调查办发〔2019〕12号)等技术方案。

1.《浙江省第三次国土调查实施方案》

2018年12月,根据《浙江省人民政府关于开展第三次全省土地调查的通知》(浙政发〔2018〕4号)和《第三次全国国土调查实施方案》(国土调查办发〔2018〕18号)精神,浙江省三调办编制了《浙江省第三次国土调查实施方案》(浙土调查办发〔2018〕11号),包括调查工作目标、工作任务、工作步骤、技术路线和技术方法、工作要求、调查成果、实施计划以及保障措施等内容。

2.《浙江省第三次全国国土调查成果省级核查方案》

为确保调查成果省级核查任务顺利开展,2019年4月,浙江省三调办编制了《浙江省第三次全国国土调查成果省级核查方案》(浙土调查办发〔2019〕12号),明确了省级核查工作的目标任务、技术方法与工作流程、工作内容与方法、省级核查主要成果、组织实施、责任追究等内容。

3.《浙江省第三次国土调查初步成果提交要求》

为规范浙江省第三次国土调查成果报送工作,2019年4月,浙江省三调办编制了《浙江省第三次国土调查初步成果提交要求》(浙土调查办〔2019〕13号),明确了县级上报成果的要求,促进了浙江省第三次国土调查成果的规范性。

(五)落实经费

浙江省第三次国土调查经费主要由地方财政负担,省级落实经费预算4977.5万元,主要用于省级工作组织实施、数据分析、成果汇总等。浙江省全省11个市、89个县(市、区)落实经费预算总计45344万元。

(六)落实承担单位

为规范土地调查资金使用,确保土地调查成果质量,全省各县(市、区)自然资源部门通过政府采购,按照公开、公平、公正的原则,确定有资质的项目作业单位。

浙江省县级第三次国土调查主要由浙江臻善科技股份有限公司、浙江省测绘科学技术研究院等24家单位承担,如表1-1所示。

表 1-1　浙江省第三次国土调查中标单位统计表

序号	单位名称	中标数	中标县(市、区)名称
1	浙江臻善科技股份有限公司	$27\frac{1}{3}$	松阳、玉环、越城 1/2、安吉、龙游、桐乡、武义、上虞、海曙、海宁、浦江、三门、富阳 1/3、临安 1/2、余姚、镇海、诸暨、缙云 1/2、椒江、乐清、海盐、庆元、嵊州、平阳、天台、江山、岱山、景宁、新昌 1/2、余杭
2	浙江省测绘科学技术研究院	$24\frac{5}{6}$	德清、越城 1/2、仙居、义乌、普陀、莲都、永康、泰顺、建德 1/3、黄岩、定海、杭州六区、南湖、秀洲、桐庐、瑞安、路桥、萧山、柯城 1/2、衢江 1/2、柯桥、青田
3	金华市兰德勘测规划有限公司	5	磐安、东阳、金东、兰溪、婺城
4	浙江省土地信息中心有限公司	5	嘉善、平湖、南浔、嵊泗、洞头
5	浙江浙大万维科技有限公司	$3\frac{5}{6}$	温岭、富阳 1/3、开化、衢江 1/2、龙泉
6	江西核工业测绘院集团有限公司	3	北仑、吴兴、宁海
7	温州市勘察测绘研究院有限公司	3	龙湾、瓯海、鹿城
8	浙江海源地理信息技术有限公司	2	淳安、永嘉
9	武汉中地数码科技有限公司	2	临海、云和
10	北京新兴华安智慧科技有限公司	2	长兴、常山
11	广东华远建设工程有限公司	2	奉化、江北
12	北京超图软件股份有限公司	1	遂昌
13	浙江金余规划设计有限公司	1	文成
14	杭州数维智测科技有限公司	1	苍南
15	中测新图(北京)遥感技术有限责任公司	1	象山
16	江西省地矿测绘院	1	慈溪
17	杭州中房信息科技有限公司	$\frac{5}{6}$	柯城 1/2、建德 1/3
18	杭州临安绿润土地勘测规划设计有限公司	$\frac{1}{2}$	临安 1/2
19	浙江博慧土地规划设计有限公司	$\frac{1}{2}$	新昌 1/2
20	杭州聚而禾空间规划科技有限公司	$\frac{1}{2}$	缙云 1/2

续　表

序号	单位名称	中标数	中标县(市、区)名称
21	建德市土地测绘勘察规划设计有限公司	$\frac{1}{3}$	建德 1/3
22	浙江中海达空间信息技术有限公司	$\frac{1}{3}$	富阳 1/3
23	宁波冶金勘察设计研究股份有限公司	$\frac{1}{2}$	鄞州 1/2
24	武汉蚁图时空科技有限公司	$\frac{1}{2}$	鄞州 1/2

说明:表1-1中的分数表示该县(市、区)的第三次国土调查工作是由多家单位共同承担的。

(七)宣传发动

浙江省通过广播、报纸、网络、电视等媒体平台,对调查工作进行多层面宣传发动,营造良好的舆论氛围,营造全社会共同关注、理解、配合、支持的调查环境。宣传活动包括:在《中国自然资源报》及《浙江日报》上刊登浙江省第三次国土调查的宣传通讯,全方位地介绍国土调查工作;推出"查资源清家底,国土调查需要你"宣传标语有奖征集活动,候选标语达上百条,有效调动了社会层面聚焦国土调查的热情;在金华永康市开展浙江省第三次国土调查在线直播宣传活动;开展了"第三次全国国土调查知多少"知识问答活动,参与人数众多;拍摄经省级单位核查的宣传抖音短视频以及"查清国土资源,助力共同富裕"的介绍浙江省第三次国土调查工作的长视频。

(八)技术培训

浙江省对参与浙江省第三次国土调查的人员,执行先培训后上岗的办法,通过多层次、多方位、多角度的培训,全面提高调查人员的政策水平、专业素质和技术能力,确保调查人员掌握要领、严格规范操作。培训使国土调查人员系统接受了调查技术方法与要求、调查成果质量检查、自然资源专项调查等相关知识教育,有效提高了他们的质量控制能力和调查管理水平,确保作业人员切实掌握并统一了调查技术要求、操作方法、作业流程和成果质量标准。

二、全省基础工作开展

做好全省基础工作是完成浙江省第三次国土调查各项工作任务的基础,主要内容包括落实全省基础数据坐标转换、坡度图制作、全省控制面积计算以及标准分幅接合图表制作、县级内业建库和外业调查系统建设、省级"互联网+"调查云平台及无人机平台开发等内容。

(一)全省基础数据坐标转换

浙江省三调办技术保障组于 2018 年 5 月开展历史数据转换工作。由于更新调查,第二次全国土地调查及其后的变更调查坐标系统为"1980 西安坐标系",浙江省三调办根据《第三次全国国土调查技术规程》要求,将全省基础数据坐标系统一转换为"2000 国家大地坐标系"。

(二)全省坡度图制作

坡度是评价耕地质量的主要指标。2018 年 7 月,浙江省开展了坡度图制作工作。工作目标为运用现代测绘技术、数据库技术等手段,对最新的行政区划界线、2 m 格网高精度数字高程模型(以下简称"DEM")等基础地理信息数据进行分析并整合,制作覆盖全省 89 个县(市、区)的坡度图成果,综合分析全省土地资源坡度情况,并与浙江省第二次土地调查坡度成果进行对比分析。2019 年 3 月,浙江省三调办组织专家对全省坡度图制作项目进行验收并下发给县级第三次国土调查办公室(以下简称县三调办)使用。县三调办根据浙江省三调办统一制作的坡度分级图,在县级国土调查数据库中,将坡度分级图与地类图斑叠加,确定耕地图斑的坡度级,并在地类图斑层中对耕地图斑赋上耕地坡度级属性。2020 年 4 月,浙江省将分县坡度分级成果数据、坡度分级元数据文件、坡度图制作技术报告上报全国第三次国土调查办公室。

(三)全省控制面积计算以及标准分幅接合图表制作

根据《国务院关于开展第三次全国土地调查的通知》(国发〔2017〕48 号)、《第三次全国土地调查总体方案》(国土调查办发〔2018〕1 号)、《浙江省人民政府关于开展第三次全省土地调查的通知》(浙政发〔2018〕4 号)以及《浙江省第三次全国土地调查领导小组办公室关于印发浙江省第三次国土调查实施方案的通知》(浙土调查办发〔2018〕18 号)的要求,省级组织实施确定各县级调查界线,计算控制面积以及制作标准分幅接合图表,提供给各地区使用。控制面积计算的基础数据包括全省县级行政界线、陆地(含海岛)与海洋的分界线(零米线)以及以国家下发省级行政界线为基础的全省 1∶5000 分幅控制面积。对照 2000 国家大地坐标系图幅理论面积 1∶5000 的标准,计算 16328 幅标准分幅内区域控制面积。叠加国家下发全省 1∶5000 分幅控制面积成果以及县级行政区域界线,得到浙江省分县(市、区)分幅控制面积成果。以理论面积为准,对标准分幅内的矢量界线数据,依据《第三次全国国土调查技术规程(试行)》附录 A——图幅理论面积与图斑椭球面积计算公式及要求,计算各图幅范围内图斑椭球面积,并按比例进行平差。将计算的整幅和破幅控制面积保留在标准分幅行政界线面层中,控制破幅图幅中各破幅椭球面积值,各行政区图幅椭球面积汇总值作为图幅中各行政区域的控制面积,由此得到各行政区域界线所在图幅的破幅控制面积。

(四)县级内业建库和外业调查系统建设

为提高浙江省第三次国土调查技术水平和工作效率,减少外业调查重复劳动和提高内业建库工作效率,加强浙江省第三次国土调查数据库成果管理,浙江省三调办组织技术单位立足浙江省第三次国土调查的主要任务,建设出集内业数据处理、外业调查和数据建库功能为一体的浙江省第三次国土调查外业调查系统和数据采集建库系统。贯彻"先搭主干、再建枝叶"的总体思想和"内外业一体、流程化作业"的建库思路,实现建库工作的纵向分工,降低操作难度,提高建库效率,保证建库成果质量。该系统免费提供给全省县(市、区)、市级自然资源部门使用。

(五)省级"互联网+"调查云平台开发

《第三次全国土地调查总体方案》(国土调查办发〔2018〕1号)要求:基于"互联网+"技术开展内外业调查。国家和省(区、市)利用"互联网+"技术,对县级调查初步成果开展全面和抽样检查。浙江省采用计算机自动比对和人机交互检查方法,对地方报送的成果进行逐图斑内业比对,检查调查地类与影像及地方举证照片的一致性,并采用"互联网+"技术开展在线举证。浙江省三调办组织技术单位依托试点的成果及先进技术,采用"互联网+"技术、3S技术、大数据技术以及移动GIS应用技术,开发浙江省第三次国土调查项目"互联网+"在线举证平台及其网络传输存储系统,为浙江省第三次国土调查在线举证工作提供快捷、精准、直观的技术支撑。根据浙江省第三次国土调查需要,充分应用大数据、云计算、移动互联,以及3S等高新技术,建设全省统一的"互联网+"及在线平台,以满足国土调查中海量用户、海量数据和高并发举证工作需要,满足省级调度各地进行实时在线等工作的需要。通过建设平台,提供技术支持与服务,保障国土调查工作顺利开展,督促和威慑地方如实调查,最大程度避免人为的弄虚作假现象,有力地保证调查数据、图件与实地三者一致,确保浙江省第三次国土调查成果的真实性和准确性。

三、调查工作实施

2018年9月,全省89个县级自然资源部门根据《国务院关于开展第三次全国土地调查的通知》(国发〔2017〕48号)、《浙江省人民政府关于开展第三次全省土地调查的通知》(浙政发〔2018〕4号)的要求,按照规程开展了国土调查工作。经过全省各级三调办的努力和相关部门的配合,2020年11月,全省11市89县(市、区)已全部完成国土调查工作。

(一)收集资料

在浙江省第三次国土调查工作开始后,各市及各县(市、区)三调办协调相关部门,第一时间收集了相关基础资料。主要包括:第二次土地调查成果资料及历年变更调查成果;高分辨率的正射影像数据;农转用报批、土地整治项目信息、农村集体所有权确权发证资料、不动产登记、土地利用总体规划数据、临时用地报批信息等国土资源日常管理信息;地理国情监测数据、地形图数据等测绘地理信息成果;林业调查数据,湿地数据,农经权、自然保护区数据,以及国道、省道、县道等道路其他相关部门的数据成果。

（二）内业预处理

在收集了基础数据后,技术单位对相关数据进行了内业预处理,主要包括影像数据处理、作业底图制作、管理数据叠加、数据清洗融合、零星地物与线状地物图斑化、城镇村庄内部细化、不一致图斑预判与提取等环节。

其中,在作业底图制作中根据调查任务的不同,分别制作了现状调查,城市、建制镇、村庄内部调查,以及专项调查的作业底图。城市、建制镇、村庄内部调查主要利用影像、不动产登记信息、详细规划、地形图等数据。专项调查成果主要是利用影像和各类专项数据的结合。

（三）外业调查

各县(市、区)将内业预处理后提取的外业调查图斑,导入移动设备,运用外业调查软件,对调查图斑逐一进行实地的地类认定,并记录图斑编号、地类编码、权属单位和其他属性信息。

依据影像和实地现状,对实地地类、边界与基础库或内业判读信息一致的,直接标记,记录相关调查信息;对实地地类、边界与基础库或内业判读信息不一致的,进行实地调绘;对影像未能反映的新增地物进行补测。

（四）数据采集、建库、分析

各县(市、区)参照外业调查采集的实地土地利用现状信息、进一步细化的照片、图斑地类和边界的调整,对各类边界线如湿地数据、地理国情数据,进行进一步细化调查,按照相关标准维护相应属性信息,并进行拓扑检查、属性检查及错误修改。在各项指标符合入库要求后,按照数据库标准要求,建立最终数据库。

（五）构建县级国土调查管理信息系统

县级国土调查数据库及管理系统建设是浙江省第三次国土调查的一项重要内容。基于国土调查及专项数据库,浙江省各县(市、区)建立了国土调查数据及专项调查数据分析与共享服务平台,实现了国土调查成果和专项调查成果的集成管理、动态入库、统计汇总、数据分析、快速服务、综合查询等功能,开展了国土调查数据、专项调查数据与土地规划、基础测绘等各类基础数据的互联互通和综合分析应用。并结合自然资源管理和国土资源管理需要,开发了相关应用分析功能,提高了浙江省第三次国土调查成果对管理决策的支撑服务能力。

四、统一时点更新

浙江省第三次国土调查统一时点更新是指,在初始调查成果的基础上,浙江省通过全面内外业补充调查,将调查成果反映的国土空间利用状况更新到 2019 年 12 月 31 日统一时点上,满足国民经济和社会发展对国土利用基础数据的需要。根据全国三调办关于开展第三次全国国土调查统一时点更新调查的通知要求,组织开展浙江省第三次国土调查统一时点更新工作。浙江省首先开展统一时点更新的部署和培训工作,在新冠疫情期间通过钉钉直播的方式召开浙江省第三次国土调查统一时点更新复工工作视频会议、技术答疑会议以及浙江省第三次国土调查统一时点无人机智能举证系统培训会议,对全省 11 个地市、22 个县(市、区)的统一时点更新工作开展专题调研工作,了解各县(市、区)履职情况、保密情况、初始调查成果整改情况与统一时点更新工作开展情况等,帮助地方解决实际问题。

浙江省三调办统一收集浙江省 2019 年 0.2 m 航空正射影像、0.5 m 遥感正射影像、2019 年地理国情监测成果、2020 年第一季度 2 m 遥感正射影像,再下发到地方,辅助开展图斑提取工作,组织开发单位完成县级时点更新软件和省级核查软件对增量更新功能的开发工作;同时组织编写统一时点更新省级核查方案,并结合疫情和举证实际情况,增加无人机智能举证功能。2020 年 6 月初,浙江省全省 89 个县(市、区)全部完成统一时点更新调查底图制作以及外业调查举证工作并提交至浙江省三调办。浙江省三调办开展核查工作后对县级进行整改,再将更新成果于 2020 年 7 月分批提交至全国三调办。

五、成果质量控制

(一)县级自查

县级调查单元严格按照技术规程开展初始调查,在外业调查、内业检查、省和国家级核查的基础上形成初始调查成果。在初始调查的成果上,以实地现状认定地类为原则,实地调查初始时点和统一时点每一块变化土地的地类、范围、权属和面积等实际情况;对按照《第三次全国国土调查实施方案》(国土调查办发〔2018〕18 号)和《第三次全国国土调查技术规程》(TD/T 1055—2019)等明确需要举证的图斑逐一进行实地拍照举证;在县级三调初始数据库基础上,形成第三次国土调查统一时点更新数据增量包。

县级第三次国土调查初始数据库采用地方提交的复核数据库(即初始数据库各项差错率达到合格要求,并已按国家内业核查意见修改完善后,经省级检查通过的数据库)。将全国三调办复核检查发现的错误图斑,"互联网＋"和外业核查确认的错误图斑未修改到位的,以及通过其他方式发现的调查错误图斑(以下简称初始调查问题图斑),一并纳入统一时点更新工作进行整改,并随第三次国土调查统一时点同步更新。

县三调办组织对本地区第三次国土调查统一时点更新成果进行 100% 全面自检,确保成果的完整性、规范性、真实性和准确性;同时,利用全国统一的数据库质量检查软件检查统一时点增量数据的规范性。

(二)市级检查

市三调办负责督促本区域各县级调查单元落实好县级自查工作,并协助省级做好抽样图斑的核查工作。根据浙江省第三次国土调查要求,利用遥感影像和"互联网＋"实地举证照片,采用内外业相结合的方式,全面检查县级报送的图斑的地类、边界、属性标注信息等与遥感影像、举证照片和实地现状的一致性。根据检查结果,组织县级整改,形成检查报告,报省检查。

(三)省级核查

为确保浙江省第三次国土调查成果整体质量,根据《第三次全国国土调查实施方案》(国土调查办发〔2018〕18 号)要求,浙江省三调办成立专门的技术保障组,再由技术保障组组建省级成果核查组,并设置专门的工作场地,对全省 89 个县(市、区)提交的第三次国土调查成果进行全面核查。

根据第三次国土调查要求,利用遥感影像和"互联网＋"实地举证照片,采用内外业相结合的方式,全面核查县级报送的图斑的地类、边界、属性标注信息等与遥感影像、举证照片和实地现状的一致性。

对存在问题的图斑,省级成果核查组反馈给省三调办,省三调办责成地方修改完善。对通过核查的县级调查成果,利用全国统一的数据库质量检查软件,采用计算机自动检查与人机交互的方法,检查数据库逻辑正确性、空间关系正确性、面积正确性及相关汇总表格成果的正确规范性等内容,质量检查不通过的,组织修改完善县级数据库成果。

省级核查是在县级调查成果完整性和规范性检查的基础上,重点检查成果的真实性和准确性。主要包括成果完整性和规范性检查、地类核查、数据库质量检查。

1. 成果完整性和规范性检查

检查各县提交的成果是否齐全,内容是否完整,命名是否正确,是否按《第三次全国国土调查技术规程》要求提供,有无遗漏或错误。

2. 地类核查即成果真实性和准确性检查

对县级国土调查数据库中图斑的地类、边界、范围的真实性和准确性进行核查。

(1)乡镇抽检。县(市、区)数据上交后,先抽取 2 个乡镇进行核查,差错率设定为 1%。

(2)叠加比对。将第三次国土调查数据库与原土地调查数据库、国家内业提取结果等参考数据进行叠加,发现不一致的图斑,分析土地利用变化流量、流向,对有变动的图斑进行重点核查。

(3)不一致图斑内业核查。利用遥感影像、举证照片和相关资料,对国家提取不一致图斑、自主提取不一致图斑,逐图斑检查地类、边界、范围和属性是否真实准确。

(4)逐图斑检查。比对遥感影像和第三次国土调查数据库,对所有图斑地类判定、边界确定进行检查。

(5)复检与复核。各县(市、区)三调办按照省级核查意见做好成果整改和完善工作,并重新上报成果至省级成果核查组。对县(市、区)三调办重新提交的县级整改成果,省级成果核查组组织复检与复核,检查图斑是否整改到位、有无其他图斑的变动、举证是否补充到位。

(6)对接地方作业单位。部分县(市、区)作业单位没有很好领会核查错误反馈,导致错误率迟迟无法下降。核查组秉承谁核查、谁对接的原则,为地方指明整改要点和方向。

(7)整改结果省级核查。地方对 86 个县(市、区)的数据进行全面整改,其余 3 个县(市、区)因已达标不做整改,整改后,省级按照国家核查尺度对整改成果进行核查。

(8)"互联网+"在线互联。对第三次国土调查数据库与国家内业判定一致的地类图斑,抽取部分进行"互联网+"在线互联核查。

(9)外业核查。内业核查过程中若出现地类编码与影像现状不一致,且地方提交的举证材料不充分,参考资料也无法说明情况的,外业要进行实地复核。

(10)配合上海督查局的两次督查。上海督查局先后两次赴浙江督查,省级成果核查组派出技术人员陪同,并提供省级核查的图斑核查情况。

(11)国家外业核查的配合工作。国家派出外业核查人员对部分县(市、区)进行外业实地核查,省级核查组相应地派出外业核查人员,帮助并配合国家外业核查人员的工作。

(12)核查成果检查。核查结果要经过作业组自查、不同作业组之间互查、项目部质检人员及主要负责人抽查,确保核查成果质量。

3.数据库质量检查

使用国家统一的数据库质量检查软件,对统一时点更新增量包成果开展质量检查。检查内容主要包括数据版本正确性、数据完整性、逻辑一致性、拓扑正确性、属性数据准确性、汇总数据正确性、数据库更新正确性七个方面。

(四)制度保障

2019 年 5 月 12 日,省三调办印发《关于加强成果质量管控的通知》(浙土调查办〔2019〕16 号),要求各市、县(市、区)三调办进一步提高对成果质量重要意义的认识,压实国土调查质量管理责任,进一步强化违法违规行为责任追究。出台《浙江省国土调查行业失信"黑名单"管理暂行办法》,明确将具有"无正当理由未按期完成国土调查任务"等四类失信行为的国土调查单位,以及具有"伪造、篡改国土调查成果"等两类失信行为的国土调查从业人员列入失信"黑名单",向社会公布,并给予"依法限制承接使用财政资金的项目"等惩治措施。

六、成果汇总分析

在完成全省 89 个县(市、区)第三次国土调查成果的基础上,开展市级和省级成果汇总分析。

(一)市级汇总

各市收集汇总辖区内土地调查成果数据,分析全市土地利用面积、分布和土地权属状况,完善县级 1∶5 万土地利用现状图,编制全市 1∶10 万或 1∶25 万土地利用现状图,总结全市土地利用经验和存在的问题,提出全市土地合理利用的途径,以及应采取的措施。

(二)省级汇总

浙江省第三次国土调查省级汇总工作主要内容为:对县(市、区)调查成果以及11个市汇总成果进行整理汇总,系统分析全省地类面积、分布、权属和利用状况,探讨土地合理利用的途径及采取的措施,为全省科学修编土地利用总体规划、合理确定土地供应计划、落实土地调控目标、挖掘土地利用潜力、推进节约集约用地等提供基础数据。在完成省级调查成果汇总的基础上,总结工作经验,积极探索新形势、新条件下国土调查省级汇总的技术方法,为后续开展调查工作提供参考。

浙江省第三次国土调查省级成果汇总的主要任务为:整理、汇总、分析全省调查成果;完成浙江省1∶50万土地利用现状图制作、浙江省土地调查图集编制;建立浙江省省级国土利用现状管理信息系统,实现调查成果的管理和应用;编写各类调查报告;结合全省国土资源管理热点问题,开展专题调查评价。

第五节　调查技术特色

浙江省第三次国土调查全面体现了浙江省自然资源厅"连续、稳定、转换、创新"的工作要求,全面采用更高分辨率的遥感数据,全面应用3S、"互联网+"和大数据等新技术、新手段、新方法,从多角度体现出浙江省第三次国土调查的技术特色。

一、基于高分辨率遥感数据制作正射影像图

全国三调办统一下发分辨率优于1 m的遥感影像,浙江省下属区县又通过各类途径得到了亚米级的影像,个别区县收集了优于0.2 m分辨率的影像。以高分辨率影像为底图辅助开展调查工作,有效提高了地类认定、界线划分的准确性,大大提升了调查的效率。

农村土地调查全面采用优于1 m分辨率的航天遥感数据;城镇土地利用现状调查采用优于0.2 m的航空遥感数据。优于0.2 m分辨率遥感影像没有覆盖的地区可以采用0.5 m分辨率遥感影像。调查工作采用高精度数字高程模型或数字地表模型和高精度纠正控制点,制作正射影像图。

二、基于内业对比分析制作调查底图

浙江省在最新数字正射影像图的基础上套合第二次全国土地调查数据库,逐图斑开展全地类内业人工判读,通过对比核实结果,提取数据库地类与遥感影像地物特征不一致的图斑,根据"工作分类"图式符号化或标注地类代码,并补充相关行政名称、地理名称注记信息,依据影像特征勾绘图斑边界。同时,浙江省根据数据库地类和影像特征,预判土地利用类型。对根据影像特征无法明确判断土地利用类型的,提供两种与影像特征可能对应的土地利用类型选项。

三、基于内外业一体化数据采集技术建设土地调查数据库

按照全国统一的数据库标准,以县(市、区)为单位,按照"内外业一体、流程化作业"的建库思路,浙江省采用内外业一体化数据采集建库机制和移动互联网技术,结合国家统一下发的调查底图,利用移动调查设备开展土地利用信息的调查和采集,实现各类专题信息与每个图斑的匹配连接,建立集图形、影像、属性、文档为一体的土地调查数据库。

四、基于"互联网+"技术自建省级举证平台

与以往的纸质调绘以及简单的数字化调绘不同,浙江省第三次国土调查的外业采用了最新的形式:调绘与举证相结合,即先调绘确定重点变化以及需要举证的图斑,然后采用"互联网+"举证方法,充分应用大数据、云计算、移动互联以及3S等高新技术,建设全省统一的"互联网+"举证在线平台,以满足第三次国土调查海量用户、海量数据和高并发举证工作需要。通过建设平台并提供技术支持与服务,保障浙江省第三次国土调查工作顺利开展,督促和威慑地方如实调查,最大限度避免人为弄虚作假现象,有力地保证调查数据、图件与实地三者一致性,确保浙江省第三次国土调查成果的真实性和准确性。实地调查每块图斑的地类利用状况,有理有据地证实每一块地类的准确变化。

在本次调查的外业工作中充分利用了全球定位和举证平台等辅助功能。调查人员开展现场调查时,举证平台将实时回传现场人员角度、坐标、位置等信息,并与实地照片一一对应,从源头上预防了数据造假,确保了调查数据的真实性。利用"互联网+"技术对县级调查初步成果开展全面核查和抽样检查。采用计算机自动比对和人机交互检查方法,对地方报送成果进行逐图斑内业比对,检查调查地类与影像及地方举证照片的一致性,并采用"互联网+"技术开展在线举证及外业实地核查。

五、基于3S技术自建省级成果核查管理系统

综合利用3S技术,以平板电脑为载体,建立一套简洁、高效的浙江省第三次国土调查成果核查管理系统,对原有耕地内部二级类变化图斑、新增建设用地图斑、原农用地调查为未利用地图斑,以及实际调查地类与国家内业提取地类不一致的图斑,进行重点检查。根据内外业检查结果,组织市县整改,自动输出检查报告。对整改后的县级调查成果,利用全国数据库质量检查软件检查数据库及相关表格成果的规范性,通过后上报国家。建设内容包括以下两个部分:

第一,建立移动端外业核查系统。通过该系统实现图斑列表清单、图斑定位、拍照、录音、录像以及核查记录填写。同时,记录GPS轨迹、监管作业人员是否到达现场;拍照记录拍摄点坐标、拍摄方位角,从根本上杜绝核查照片造假,保证核查成果的真实可靠。

第二,建立桌面端成果核查管理系统。通过该系统以影像、调查记录、调查照片、核查

照片和举证照片等数据为依据,开展县级调查成果内业核查工作;组织符合外业核查系统要求的数据集,推送和接收外业核查成果数据,填写各阶段内外业核查记录。对县级提出异议图斑实现省、县对接。快速比对最终成果,统计各阶段表格数据。

六、基于无人机云服务平台技术提高外业核查效率

基于现有的"互联网+"举证平台,开发无人机举证 App,实现与现有第三次国土调查举证系统的融合,实现无人机举证成果格式与国家举证成果格式保持一致,并且无人机举证成果能够同步至目前浙江省在用的举证平台。

利用无人机技术可从以下几个方面辅助外业核查:第一,对接收到的数据成果分析指令进行数据分析,查看无人机历史飞行状态信息,对历史飞行状态信息进行留证和比对分析,并通过网络转发给其他终端;第二,对接收到的数据处理指令进行数据计算,并根据无人机采集到的照片数据与拍照数据和地面相控点对数据进行正射影像数据处理,包括影像校正、融合、匀色等,输出全色数据的高分辨率、多光谱数据的彩色信息;第三,对接收到的举证成果数据进行成果审核,对任务包成果进行在线批量审核,并可以将完成外业举证和审核的图斑成果生成为指定格式的文件包。

通过利用无人机等高科技技术替代人工外业举证核查工作,可有效减少外业举证工作时间,提高工作效率,以更大程度节约人工成本。

七、基于大数据技术开展土地调查成果多元服务与专项分析

本次调查成果涉及图斑量大,属性信息丰富,对计算机处理能力提出了挑战。结合信息化系统的建设及相关商业软件的支持,浙江省先进大数据处理能力得到了提高,在成果核查、数据建库等阶段,各县(市、区)采取高效的方式进行数据处理,大大提升了数据准确性和可靠性。

浙江省第三次国土调查工作利用大数据、云计算等技术,面向政府、自然资源管理部门、农业部门、科研院所和社会公众等不同群体,优化海量数据处理效率,按照"确保安全、全面共享、内外有别、解释权归我厅"的原则,提供调查成果的机密版、政务版、公众版,开展各类自然资源、重点城镇节约集约用地分析,形成调查数据成果综合应用分析技术机制。

第二章　土地利用现状分类

　　土地利用现状分类，又称土地利用分类，是国土调查的基础和依据。土地利用现状分类是指为完成土地资源调查或为进行统一高效的科学化土地管理，以土地利用现状为基础，从土地用途种类、土地利用方式、地域分异规律等方面入手，将一个国家或地区的土地利用情况，按照一定的层次等级体系划分为不同的土地利用类别。土地利用现状分类是土地利用研究的重要内容，是确定土地利用体系和编制土地利用制图单元的基础和依据。土地利用现状分类标准是开展高效土地资源管理活动的基础，是土地法治建设的重要组成部分，是摸清土地资源利用情况和权属状况、掌握确切的土地基础数据的依据。

　　2017 年 11 月 1 日，由国土资源部（现自然资源部）组织修订的新版《土地利用现状分类》（GB/T 21010—2017），经国家质检总局（现国家市场监督管理总局）、国家标准化管理委员会批准发布并实施。2017 年版国家标准《土地利用现状分类》（GB/T 21010—2017）的发布，证明我国对土地的认识水平正在不断提升，该标准自 2017 年 11 月 1 日起正式实施。新版标准秉持满足生态用地保护需求、明确新兴产业用地类型、兼顾监管部门管理需求的思路，完善了地类含义，细化了二级类划分，调整了地类名称，增加了湿地归类。第三次全国国土调查土地分类采用《第三次全国国土调查工作分类》（TD/T 1055—2019），《第三次全国国土调查工作分类》（TD/T 1055—2019）以 2017 年版国家标准《土地利用现状分类》（GB/T 21010—2017）为基础，对部分地类进行了细化和归并，并在第三次全国国土调查中全面应用。

　　本章主要围绕我国土地利用分类系统的历史、2017 年版国家标准《土地利用现状分类》制定、第三次全国国土调查工作分类等有关内容展开。

第一节　我国土地利用分类系统整体回顾

　　以 1986 年成立国家土地管理局、第一部《中华人民共和国土地管理法》（以下简称《土地管理法》）颁布为起点，我国正式开展了在全国范围内的全面的地籍管理工作。土地调查工作试点的正式启动，可以追溯到 20 世纪 80 年代初；土地利用现状分类的正式出台，可以追溯到 1984 年由全国农业区划委员会发布的《土地利用现状标准及含义》。到目前为止，我国已经先后出台了数套土地利用分类系统体系。

一、1984 年《土地利用现状分类及含义》

以《国务院批转农牧渔业部、国家计委等部门关于进一步开展土地资源调查工作的报告的通知》(国发〔1984〕70 号)为基础,我国自 1984 年 5 月至 1996 年底,进行了第一次全国土地调查,初步查明了当时全国土地资源及其利用的基本情况。1984 年,全国农业区划委员会发布了《土地利用现状调查技术规程》,其中《土地利用现状分类及含义》由当时的农牧渔业部、国家计委、林业部等 8 个部委局共同制定,对土地资源的分类做了突破部门规范的、适用于全国范围的土地分类标准体系制定,为初步查明全国土地利用情况,后期开展土地变更调查,跟踪了解农用地、建设用地等变化情况,进行宏观调控和土地管理工作提供了重要依据。

《土地利用现状分类及含义》采用的是有层次的多级续分制,由一级类型和二级类型组成,其中一级类型有 8 个,包括耕地、园地、林地、牧草地、居民点及工矿用地、交通用地、水域和未利用土地,二级类型共计 46 个。为了适应现代化管理手段,各地类分别编有统一的编码,如表 2-1 所示。

表 2-1　土地利用现状分类及含义(1984 年)

一级类型		二级类型		含义
编号	名称	编号	名称	
1	耕地			指种植农作物的土地。包括新开荒地、休闲地、轮歇地、草田轮作地;以种植农作物为主间有零星果树、桑树或其他树木的土地;耕种三年以上的滩地和海涂。耕地中包括南方宽<1.0 m,北方宽<2.0 m 的沟、渠、路、田埂。
		11	灌溉水田	指有水源保证和灌溉设施,在一般年景能正常灌溉,用以种植水稻、莲藕、席草等水生作物的耕地,包括灌溉的水旱轮作地。
		12	望天田	指无灌溉工程设施,主要依靠天然降雨,用以种植水稻、莲藕、席草等水生作物的耕地,包括无灌溉设施的水旱轮作地。
		13	水浇地	指水田、菜地以外,有水源保证和固定灌溉设施,在一般年景能正常灌溉的耕地。
		14	旱地	指无灌溉工程设施,靠天然降水生长作物的耕地,包括没有固定灌溉设施,仅靠引洪淤灌的耕地。
		15	菜地	以种植蔬菜为主的耕地,包括温室、塑料大棚用地。
2	园地			指种植以采集果、叶、根、茎为主的集约经营的多年生木本和草本作物,覆盖度大于 50%,或每亩株数大于合理株数 70% 的土地,包括果树苗圃等用地。
		21	果园	指种植果树的园地。
		22	桑园	指种植桑树的园地。

续　表

一级类型		二级类型		含义
编号	名称	编号	名称	
2	园地	23	茶园	指种植茶树的园地。
		24	橡胶园	指种植橡胶树的园地。
		25	其他园地	指种植可可、咖啡、油棕、胡椒等其他多年生作物的园地。
3	林地			指生长乔木、竹类、灌木、沿海红树林等林木的土地。不包括居民绿化用地,以及铁路、公路、河流、沟渠的护路、护岸林。
		31	有林地	指为国民经济建设用材所造的树木郁闭度大于30%的天然、人工林。
		32	灌木林地	指覆盖度大于30%的灌木林地。
		33	疏林地	指树木郁闭度为10%—30%的疏林地。
		34	未成林造林地	指造林成活率大于或等于合理造林株数的41%,尚未郁闭但有成林希望的新造林地(一般指造林后不满3—5年或飞机播种后不满5—7年的造林地)。
		35	迹地	指森林采伐、火烧后,5年内未更新的土地。
		36	苗圃	指固定的林木育苗地。
4	牧草地			指生长草本植物为主,用于畜牧业的土地。草本植被覆盖度一般在15%以上,干旱地区在5%以上,树木郁闭度在10%以下,用于牧业的均划为牧草地。
		41	天然草地	指以天然草本植物为主,未经改良,用于放牧或割草的草地,包括以牧为主的疏林、灌木草地。
		42	改良草地	指采用灌溉、排水、施肥、松耙、补植等措施进行改良的草地。
		43	人工草地	指人工种植牧草的草地,包括人工培植用于牧业的灌木地。
5	居民点及工矿用地			指城乡居民点、独立居民点以及居民点以外的工矿、国防、名胜古迹等企事业单位用地,包括其内部交通、绿化用地。
		51	城镇	指市、镇建制的居民点,不包括市、镇范围内用于农、林、牧、渔业的生产用地。
		52	农村居民点	指镇以下的居民点用地。
		53	独立工矿用地	指居民点以外独立的各种工矿企业、采石场、砖瓦窑、仓库及其他企事业单位的建设用地,不包括附属于工矿、企事业单位的农副业生产基地。
		54	盐田	指以经营盐业为目的,包括盐场及附属设施用地。
		55	特殊用地	指居民点以外的国防、名胜古迹、公墓、陵园等范围内的建设用地。范围内的其他用地按土地类型分别归入规程中的相应地类。

一级类型		二级类型		含义
编号	名称	编号	名称	
6	交通用地			指居民点以外的各种道路（包括护路林）及其附属设施和民用机场用地。
		61	铁路	指铁道线路及站场用地，包括路堤、路堑、道沟、取土坑及护路林。
		62	公路	指国家和地方公路，包括路堤、路堑、道沟和护路林。
		63	农村道路	指南方农村宽不小于 1.0 m、北方宽不小于 2.0 m 的道路。
		64	民用机场	指民用机场及其附属设施用地。
		65	港口、码头	指专供客运、货运船舶停靠的场所，包括海运、河运及其附属建筑物，不包括常水位以下部分。
7	水域			指陆地水域和水利设施用地，不包括滞洪区和垦殖三年以上的滩地、海涂中的耕地、林地、居民点、道路等。
		71	河流水面	指天然形成或人工开挖的河流，常水位岸线以下的面积。
		72	湖泊水面	指天然形成的积水区常水位岸线以下的面积。
		73	水库面积	指人工修建总库容不小于 10 万 m^3，正常蓄水位线以下的面积。
		74	坑塘水面	指天然形成或人工开挖蓄水量小于 10 万 m^3，常水位岸线以下的蓄水面积。
		75	苇地	指生长芦苇的土地，包括滩涂上的苇地。
		76	滩涂	指沿海大潮高潮位与低潮位之间的潮湿地带，河流、湖泊常水位至洪水位间的滩地、时令湖、河洪水位以下的滩地；水库、坑塘的正常蓄水位与最大洪水位间的面积。
		77	沟渠	指人工修建、用于排灌的沟渠，包括渠槽、渠堤、取土坑、护堤林。南方宽不小于 1 m、北方宽不小于 2 m 的沟渠。
		78	人工建筑物	指人工修建的用于除害兴利的闸、坝、堤路林、水电厂房、扬水站等常水位岸线以上的建筑物。
		79	冰川及永久积雪	指表层被冰雪常年覆盖的土地。
8	未利用土地			指目前还未利用的土地，包括难利用的土地。
		81	荒草地	指树木郁闭度小于 10%，表层为土质，生长杂草的土地，不包括盐碱地、沼泽地和裸土地。
		82	盐碱地	指表层盐碱聚集，只生长天然耐盐植物的土地。
		83	沼泽地	指经常积水或渍水，一般生长湿生植物的土地。

一级类型		二级类型		含义
编号	名称	编号	名称	
8	未利用土地	84	沙地	指表层为沙覆盖,基本无植被的土地,包括沙漠,不包括水系中的沙滩。
		85	裸土地	指表层为土质,基本无植被覆盖的土地。
		86	裸岩、石砾地	指表层为岩石或砾石,其覆盖面积大于70%的土地。
		87	田坎	指主要指耕地中南方宽不小于1 m,北方宽不小于2 m的地坎或堤坝。
		88	其他	指其他未利用土地,包括高寒荒漠、苔原等。

自1984年颁布实施开始,到2001年12月止,第一次全国土地调查及之后的年度土地变更调查,均使用《土地利用现状分类及含义》。

二、1989年《城镇土地利用分类及含义》

随着改革开放进程的不断深入,社会经济发展迅速,城镇规模日益扩大,为了查清城镇地区的用地规模以及地类分布,满足城镇地籍调查需要,原国家土地管理局于1989年颁布《城镇地籍调查规程》,其中包括《城镇土地利用分类及含义》。《城镇土地利用分类及含义》采用两级分类,将城镇土地划分为商业金融业用地,工业、仓储用地,市政用地,公共建筑用地,住宅用地,交通用地,特殊用地,水域用地,农用地和其他用地10个一级类,商业服务业、市政公用设施、港口码头等24个二级类,各地类名称和编号如表2-2所示。

表 2-2　城镇土地利用分类及含义(1989年)

一级类型		二级类型		含义
编号	名称	编号	名称	
10	商业金融业用地			指商业服务业、旅游业、金融保险业等用地。
		11	商业服务业	指各种商店、公司、修理服务部、生产资料供应站、饭店、旅社、对外经营的食堂、文印撰写社、报刊门市部、蔬菜购销转运站等用地。
		12	旅游业	指主要为旅游业服务的宾馆、饭店、大厦、乐园、俱乐部、旅行社、旅游商店、友谊商店等用地。
		13	金融保险业	指银行、储蓄所、信用社、信托公司、证券兑换所、保险公司等用地。
20	工业、仓储用地			指工业、仓储用地。
		21	工业	指独立设置的工厂、车间、手工业作坊、建筑安装的生产场地、排渣(灰)场地等用地。
		22	仓储	指国家、省(自治区、直辖市)及地方的储备、中转、外贸、供应等各种仓库、油库、材料堆场及其附属设备等用地。

续　表

一级类型		二级类型		含义
编号	名称	编号	名称	
30	市政用地			指市政公用设施、绿化用地。
		31	市政公用设施	指自来水厂、泵站、污水处理厂、变电所、煤气站、供热中心、环卫所、公共厕所、火葬场、消防队、邮电局(所)及各种管线工程专用地段等用地。
		32	绿化	指公园、动植物园、陵园、风景名胜、防护林、水源保护林以及其他公共绿地等用地。
40	公共建筑用地			指文化、体育、娱乐、机关、科研、设计、教育、医卫等用地。
		41	文、体、娱	指文化馆、博物馆、图书馆、展览馆、纪念馆、体育场馆、俱乐部、影剧院、游乐场、文艺体育团体等用地。
		42	机关、宣传	指行政及事业机关,党、政、工、青、妇、群众组织驻地,广播电台、电视台、出版社、报社、杂志社等用地。
		43	科研、设计	指科研、设计机构用地。如研究院(所)、设计院及其试验室、试验场等用地。
		44	教育	指大专院校、中等专业学校、职业学校、干校、党校,中、小学校、幼儿园、托儿所,业余、进修院校,工读学校等用地。
		45	医卫	指医院、门诊部、保健院(站、所)、疗养院(所)、救护、血站、卫生院、防治所、检疫站、防疫站、医学化验、药品检验等用地。
50	住宅用地			指供居住的各类房屋用地。
60	交通用地			指铁路、民用机场、港口码头及其他交通用地。
		61	铁路	指铁路线路及场站、地铁出入口等用地。
		62	民用机场	指民用机场及其附属设施用地。
		63	港口码头	指专供客、货运船舶停靠的场所用地。
		64	其他交通	指车场站、广场、公路、街、巷、小区内的道路等用地。
70	特殊用地			指军事设施、涉外、宗教、监狱等用地。
		71	军事设施	指军事设施用地。包括部队机关、营房、军用工厂、仓库和其他军事设施等用地。
		72	涉外	指外国使领馆、驻华办事处等用地。
		73	宗教	指专门从事宗教活动的庙宇、教堂等宗教自用地。
		74	监狱	指监狱用地。包括监狱、看守所、劳改场(所)等用地。

续　表

一级类型		二级类型		含义
编号	名称	编号	名称	
80	水域用地			指河流、湖泊、水库、坑塘、沟渠、防洪堤防等用地。
90	农用地			指水田、菜地、旱地、园地等用地。
		91	水田	指筑有田埂(坎)可以经常蓄水,用于种植水稻等水生作物的耕地。
		92	菜地	指种植蔬菜为主的耕地。包括温室、塑料大棚等用地。
		93	旱地	指水田、菜地以外的耕地。包括水浇地和一般旱地。
		94	园地	指种植以采集果、叶、根、茎等为主的集约经营的多年生木本和草本作物,覆盖度大于50%,包括树苗圃等用地。
100	其他用地			指各种未利用土地、空闲地等其他用地。

　　城镇土地分类主要用于城镇地籍调查和城镇地籍变更调查。自1989年发布后,《城镇土地分类及含义》一直沿用到2001年12月止。

三、2001年《全国土地分类(试行)》

　　按照国土资源部(现自然资源部)部署,城乡统一的《全国土地分类(试行)》(国土资发〔2001〕255号)从2002年1月1日起开始试行,这满足了将我国土地管理事业进一步推向全国土地和城乡地政统一管理新水平的需要,分类标准如表2-3所示。

表2-3　全国土地分类(试行)(2001年)

一级类		二级类		三级类		含义
编号	三大类名称	编号	名称	编号	名称	
1	农用地					指直接用于农业生产的土地,包括耕地、园地、林地、牧草地及其他的农业用地。
		11	耕地			指种植农作物的土地,包括熟地、新开发复垦整理地、休闲地、轮歇地、草田轮作地;以种植农作物为主,间有零星果树、桑树或其他树木的土地;平均每年能保证收获一季的已垦滩地和海涂。耕地中还包括南方宽<1.0 m,北方宽<2.0 m的沟、渠、路和田埂。
				111	灌溉水田	指有水源保证和灌溉设施,在一般年景能正常灌溉,用于种植水生作物的耕地,包括灌溉的水旱轮作地。

一级类		二级类		三级类		含义	
编号	三大类名称	编号	名称	编号	名称		
1	农用地	11	耕地	112	望天田	指无灌溉设施,主要依靠天然降雨,用于种植水生作物的耕地,包括无灌溉设施的水旱轮作地。	
				113	水浇地	指水田、菜地以外,有水源保证和灌溉设施,在一般年景能正常灌溉的耕地。	
				114	旱地	指无灌溉设施,靠天然降水种植旱作物的耕地,包括没有灌溉设施,仅靠引洪淤灌的耕地。	
				115	菜地	指常年种植蔬菜为主的耕地,包括大棚用地。	
		12	园地			指种植以采集果、叶、根、茎等为主的集约经营的多年生木本和草本作物(含其苗圃),覆盖度>50%或每亩有收益的株数达到合理株数的70%的土地。	
				121	果园	指种植果树的园地。	
				121K	可调整果园	指由耕地改为果园,但耕作层未被破坏的土地*	
				122	桑园	指种植桑树的园地。	
				122K	可调整桑园	指由耕地改为桑园,但耕作层未被破坏的土地*	
				123	茶园	指种植茶树的园地。	
				123K	可调整茶园	指由耕地改为茶园,但耕作层未被破坏的土地*	
				124	橡胶园	指种植橡胶树的园地。	
				124K	可调整橡胶园	指由耕地改为橡胶园,但耕作层未被破坏的土地*	
				125	其他园地	指种植可可、咖啡、油棕、胡椒、花卉、药材等其他多年生作物的园地。	
				125K	可调整其他园地	指由耕地改为其他园地,但耕作层未被破坏的土地*	
		13	林地			指生长乔木、竹类、灌木、沿海红树林的土地,不包括居民点绿地,以及铁路、公路、河流、沟渠的护路、护岸林。	
				131	有林地	指树木郁闭度≥20%的天然、人工林地。	
				131K	可调整有林地	指由耕地改为有林地,但耕作层未被破坏的土地*	

一级类		二级类		三级类		含义	
编号	三大类名称	编号	名称	编号	名称		
1	农用地	13	林地	132	灌木林地	指树木郁闭度≥40％的灌木林地。	
				133	疏林地	指树木郁闭度≥10％，但＜20％的疏林地。	
				134	未成林造林地	指造林成活率≥合理造林数的41％，尚未郁闭但有成林希望的新造林地(一般指造林后不满3至5年或飞机播种后不满5至7年的造林地)。	
						134K	可调整未成林造林地	指由耕地改为未成林造林地，但耕作层未被破坏的土地*
				135	迹地	指森林采伐、火烧后，5年内未更新的土地。	
				136	苗圃	指固定的林木育苗地。	
						136K	可调整苗圃	指由耕地改为苗圃，但耕作层未被破坏的土地*
		14	牧草地			指生长草本植物为主，用于畜牧业的土地。	
				141	天然草地	指以天然草本植物为主，未经改良，用于放牧或割草的草地，包括以牧为主的疏林、灌木草地。	
				142	改良草地	指用灌溉、排水、施肥、松耙、补植等措施进行改良的土地。	
				143	人工草地	指人工种植牧草的草地，包括人工培植用于牧业的灌木地。	
						143K	可调整人工草地	指由耕地改为人工草地，但耕作层未被破坏的土地*
		15	其他农用地			指上述耕地、园地、林地、牧草地以外的农用地。	
				151	畜禽饲养地	指以经营性养殖为目的的畜禽舍及相应附属设施用地。	
				152	设施农业用地	指进行工厂化作物栽培或水产养殖的生产设施用地。	
				153	农村道路	指农村南方宽≥1.0 m，北方宽≥2.0 m的村间、田间道路(含机耕道)。	
				154	坑塘水面	指人工开挖或天然形成的蓄水量＜10万 m³(不含养殖水面)的坑塘常水位以下的面积。	

续 表

一级类		二级类		三级类		含义		
编号	三大类名称	编号	名称	编号	名称			
1	农用地	15	其他农用地	155	养殖水面	指人工开挖的或天然形成的专门用于水产养殖的坑塘水面及相应附属设施用地。		
				155K	可调整养殖水面	指由耕地改为养殖水面,但可复耕的土地*		
				156	农田水利用地	指农民、农民集体或其他农业企业等自建或联建的农田排灌沟渠及相应附属设施用地。		
				157	田坎	主要指耕地中南方宽≥1.0 m,北方宽≥2.0 m的梯田田坎。		
				158	晒谷场等用地	指晒谷场及上述用地中未包含的其他农用地。		
2	建设用地					指建造建筑物、构筑物的土地。包括商业、工矿、仓储、公用设施、公共建筑、住宅、交通、水利设施、特殊用地等。		
		21	商服用地			指商业、金融业、餐饮旅馆业及其他经营性服务业建筑及相应附属设施用地。		
				211	商业用地	指商店、商场、各类批发、零售市场及相应附属设施用地。		
				212	金融保险业用地	指银行、保险、证券、信托、期货、信用社等用地。		
				213	餐饮旅馆业用地	指饭店、餐厅、酒吧、宾馆、旅馆、招待所、度假村等及其相应附属设施用地。		
				214	其他商服用地	指上述用地以外的其他商服用地,包括写字楼、商业性办公楼和企业厂区外独立的办公用地;旅行社、运动保健休闲设施、夜总会、歌舞厅、俱乐部、高尔夫球场、加油站、洗车场、洗染店、废旧物资回收站、维修网点、照相、理发、洗浴等服务设施用地。		
		22	工矿仓储用地			指工业、采矿、仓储用地。		
				221	工业用地	指工业生产及其相应附属设施用地。		
				222	采矿地	指采矿、采石、采沙场、盐田、砖瓦窑等生产用地及其尾矿堆放地。		
				223	仓储用地	指用于物资储备、中转的场所及其相应附属设施用地。		

一级类		二级类		三级类		含义
编号	三大类名称	编号	名称	编号	名称	
2	建设用地	23	公用设施用地			指为居民生活和二、三产业服务的公用设施及瞻仰、休憩用地。
				231	公共基础设施用地	指给排水、供电、供燃、供热、邮政、电信、消防、公用设施维修、环卫等用地。
				232	瞻仰景观休闲用地	指名胜古迹、革命遗址、景点、公园、广场、公用绿地等。
		24	公共建筑用地			指公共文化、体育、娱乐、机关、团队、科研、设计、教育、医卫、慈善等建筑用地。
				241	机关团体用地	指国家机关、社会团体、群众组织、广播电台、电视台、报社、杂志社、通讯社、出版社等单位的办公用地。
				242	教育用地	指各种教育机构,包括大专院校、中专、职业学校、成人业余教育学校、中小学校、幼儿园、托儿所、党校、行政学院、干部管理学院、盲聋哑学校、工读学校等直接用于教育的用地。
				243	科研设计用地	指独立的科研、设计机构用地,包括研究、勘测、设计、信息等单位用地。
				244	文体用地	指为公众服务的公益性文化、体育设施用地。包括博物馆、展览馆、文化馆、图书馆、纪念馆、影剧院、音乐厅、少青老年活动中心、体育场馆、训练基地等。
				245	医疗卫生用地	指医疗、卫生、防疫、急救、保健、疗养、康复、医药检验、血库等用地。
				246	慈善用地	指孤儿院、养老院、福利院等用地。
		25	住宅用地			指供人们日常生活居住的房基地(有独立院落包括院落)。
				251	城镇单一住宅用地	指城镇居民的普通住宅、公寓、别墅用地。
				252	城镇混合住宅用地	指城镇居民以居住为主的住宅与工业或商业等混合用地。
				253	农村宅基地	指农村村民居住的宅基地。
				254	空闲宅基地	指村庄内部的空闲旧宅基地及其他的空闲用地。

一级类		二级类		三级类		含义
编号	三大类名称	编号	名称	编号	名称	
2	建设用地	26	交通运输用地			指用于运输通行的地面线路、场站等用地,包括民用机场、港口、码头、地面运输通道和居民点道路及其相应附属设施用地。
				261	铁路用地	指铁路线路及场站用地,包括路堤、路堑、道沟及护路林;地铁地上部分及出入口等地。
				262	公路用地	指国家和地方公路(含乡镇公路),包括路堤、路堑、道沟及护路林及其附属设施用地。
				263	民用机场	指民用机场及其附属设施用地。
				264	港口码头用地	指人工修建的客、货运、捕捞船舶停靠的场所及其相应的附属建筑物,不包括常水位以下部分。
				265	管道运输用地	指运输煤炭、石油和天然气等的管道及其相应设施地面用地。
				266	街巷	指城乡居民点内公用道路(含立交桥)、公共停车场。
		27	水利设施用地			指用于水库、水工建筑的土地。
				271	水库水面	指人工修建总库容≥10 万 m³,正常蓄水位以下的面积。
				272	水工建设用地	指除农田水利用地以外的人工修建的沟渠(包括渠槽、渠堤、护堤林)、闸、坝、堤路林、水电站、扬水站等常水位岸线以上的水工建筑用地。
		28	特殊用地			指军事设施、涉外、宗教、监狱、墓地等用地。
				281	军事设施用地	指专门用于军事目的的设施用地,包括军事指挥机关和营房等。
				282	使领馆用地	指外国政府及国际组织驻华使领馆、办事处用地。
				283	宗教用地	指专门用于宗教活动的庙宇、寺院、道观、教堂等宗教自用地。
				284	监教场用地	指监狱、看守所、劳改所、劳教所、戒毒所等用地。
				285	墓葬地	指陵园、墓地、殡葬场所及附属设施用地。

一级类		二级类		三级类		含义
编号	三大类名称	编号	名称	编号	名称	
3	未利用地					指农用地和建设用地以外的土地。
		31	未利用土地			指目前还未利用的土地,包括难利用的土地。
				311	荒草地	指树木郁闭度<10%,表层为土质,生长杂草,不包括盐碱地、沼泽地和裸土地。
				312	盐碱地	指表层盐碱聚集,只生长天然的耐盐植物的土地。
				313	沼泽地	指经常积水或渍水,一般生长湿生植物的土地。
				314	沙地	指表层为沙覆盖,基本无植被的土地,包括沙漠,不包括水系中的沙滩。
				315	裸土地	指表层为土质,基本无植被覆盖的土地。
				316	裸岩、石砾地	指表层为岩石或石砾,其覆盖面积≥70%的土地。
				317	其他未利用土地	指包括高寒荒漠、苔原等尚未利用的土地。
		32	其他土地			指未列入农用地、建设用地的其他水域地。
				321	河流水面	指天然形成的或者人工开挖河流常水位岸线以下的土地。
				322	湖泊水面	指天然形成的积水区常水位岸线以下的土地。
				323	苇地	指生长芦苇的土地,包括滩涂上的土地。
				324	滩涂	指沿海大潮高潮位与低潮位之间的潮侵地带;河流、湖泊常水位至洪水位间的土地;时令湖、河洪水位以下的滩地;水库、坑塘的正常蓄水位与最大洪水位之间的滩地。不包括已利用的滩涂。
				325	冰川及永久积雪	指表层被冰雪常年覆盖的土地。

注：* 指生态退耕以外,按照《国土资源部、农业部关于搞好农用地管理促进农业生产结构调整工作的通知》(国土资发〔1999〕511号)规定,在农业结构调整中将耕地调整为其他农用地,但未破坏耕作层,不作为耕地减少衡量指标。自文件下发时开始执行。

　　由于城、乡土地调查的人财物投入、调查精度等差异很大,全国城镇、村庄地籍调查还没有全面完成,尚难一步到位,所以过渡期是必需的。于是国土资源部(现自然资源部)在《全国土地分类(试行)》(国土资发〔2001〕255号)基础上,在2002年制定了《全国土地分类(过渡期间适用)》。《全国土地分类(过渡期间适用)》的整体思路与《全国土地分类(试行)》相同,采用三级分类。其中农用地和未利用地部分与《全国土地分类(试行)》完全相同,在建设用地部分进行适当归并。《全国土地分类(过渡期间适用)》将 2001 年制定的《全国土地分类(试行)》中公共建筑用地、商服用地、住宅用地、公共设施用地、工矿仓储用地等 5 个二级类,合并为居民点及独立工矿用地。将全国土地按照用地分为农用地、建设用地和未利用地 3 个一级分类,耕地、林地、其他农用地等 10 个二级类,灌溉水田、城镇住宅用地、河流水面等 52 个三级类,各地类名称和编号如表 2-4 所示,适用于土地变更调查等工作。

表 2-4　全国土地分类(过渡期间适用)(2002 年)

一级类		二级类		三级类		含义	
编号	三大类名称	编号	名称	编号	名称		
1	农用地					指直接用于农业生产的土地,包括耕地、园地、林地、牧草地及其他农用地。	
		11	耕地			指种植农作物的土地,包括熟地、新开发复垦整理地、休闲地、轮歇地、草田轮作地;以种植农作物为主,间有零星果树、桑树或其他树木的土地;平均每年能保证收获一季的已垦滩地和海涂。耕地中还包括南方宽<1.0 m,北方宽<2.0 m 的沟、渠、路和田埂。	
				111	灌溉水田	指有水源保证和灌溉设施,在一般年景能正常灌溉,用于种植水生作物的耕地,包括灌溉的水旱轮作地。	
				112	望天田	指无灌溉设施,主要依靠天然降雨,用于种植水生作物的耕地,包括无灌溉设施的水旱轮作地。	
				113	水浇地	指水田、菜地以外,有水源保证和灌溉设施,在一般年景能正常灌溉的耕地。	
				114	旱地	指无灌溉设施,靠天然降水种植旱作物的耕地,包括没有灌溉设施,仅靠引洪淤灌的耕地。	
				115	菜地	指常年种植蔬菜为主的耕地,包括大棚用地。	
		12	园地			指种植以采集果、叶、根、茎等为主的多年生木本和草本作物(含其苗圃),覆盖度>50%或每亩有收益的株数达到合理株数70%的土地。	
				121	果园	指种植果树的园地。	
						121K	可调整果园	指由耕地改为果园,但耕作层未被破坏的土地。*
				122	桑园	指种植桑树的园地。	
						122K	可调整桑园	指由耕地改为桑园,但耕作层未被破坏的土地。*

一级类		二级类		三级类		含义	
编号	三大类名称	编号	名称	编号	名称		
1	农用地	12	园地	123	茶园	指种植茶树的园地。	
						123K	可调整茶园	指由耕地改为茶园,但耕作层未被破坏的土地。*
				124	橡胶园	指种植橡胶树的园地。	
						124K	可调整橡胶园	指由耕地改为橡胶园,但耕作层未被破坏的土地。*
				125	其他园地	指种植可可、咖啡、油棕、胡椒、花卉、药材等其他多年生作物的园地。	
						125K	可调整其他园地	指由耕地改为其他园地,但耕作层未被破坏的土地。*
		13	林地			指生长乔木、竹类、灌木、沿海红树林的土地。不包括居民点绿地,以及铁路、公路、河流、沟渠的护路、护岸林。	
				131	有林地	指树木郁闭度≥20%的天然、人工林地。	
						131K	可调整有林地	指由耕地改为有林地,但耕作层未被破坏的土地。*
				132	灌木林地	指覆盖度≥40%的灌木林地。	
				133	疏林地	指树木郁闭度≥10%,但<20%的疏林地。	
				134	未成林造林地	指造林成活率≥合理造林数的41%,尚未郁闭但有成林希望的新造林地(一般指造林后不满3—5年或飞机播种后不满5—7年的造林地)。	
						134K	可调整未成林造林地	指由耕地改为未成林造林地,但耕作层未被破坏的土地。*
				135	迹地	指森林采伐、火烧后,5年内未更新的土地。	
				136	苗圃	指固定的林木育苗地。	
						136K	可调整苗圃	指由耕地改为苗圃,但耕作层未被破坏的土地。*
		14	牧草地			指生长草本植物为主,用于畜牧业的土地。	
				141	天然草地	指以天然草本植物为主,未经改良,用于放牧或割草的草地,包括以牧为主的疏林、灌木草地。	
				142	改良草地	指采用灌溉、排水、施肥、松耙、补植等措施进行改良的草地。	

续 表

一级类		二级类		三级类		含义	
编号	三大类名称	编号	名称	编号	名称		
1	农用地	14	牧草地	143	人工草地	指人工种植牧草的草地,包括人工培植用于牧业的灌木地。	
				143K	可调整人工草地	指由耕地改为人工草地,但耕作层未被破坏的土地。*	
		15	其他农用地			指上述耕地、园地、林地、牧草地以外的农用地。	
				151	畜禽饲养地	指以经营性养殖为目的的畜禽舍及其相应附属设施用地。	
				152	设施农业用地	指进行工厂化作物栽培或水产养殖的生产设施用地。	
				153	农村道路	指农村南方宽≥1.0 m,北方宽≥2.0 m 的村间、田间道路(含机耕道)。	
				154	坑塘水面	指人工开挖或天然形成的蓄水量<10 万 m³(不含养殖水面)的坑塘常水位以下的面积。	
				155	养殖水面	指人工开挖或天然形成的专门用于水产养殖的坑塘水面及相应附属设施用地。	
				155K	可调整养殖水面	指由耕地改为养殖水面,但可复耕的土地。*	
				156	农田水利用地	指农民、农民集体或其他农业企业等自建或联建的农田排灌沟渠及其相应附属设施用地。	
				157	田坎	主要指耕地中南方宽≥1.0 m,北方宽≥2.0 m 的梯田田坎。	
				158	晒谷场等用地	指晒谷场及上述用地中未包含的其他农用地。	
2	建设用地	20	居民点及独立工矿用地			指建造建筑物、构筑物的土地。包括商业、工矿、仓储、公用设施、公共建筑、住宅、交通、水利设施、特殊用地等。	
				201	城市	指城市居民点。	
				202	建制镇	指设建制镇的居民点。	
				203	农村居民点	指镇以下的居民点。	
				204	独立工矿用地	指居民点以外的各种工矿企业、采石场、砖瓦窑、仓库及其他企事业单位的建设用地,不包括附属于工矿、企事业单位的农副业生产基地。	

一级类		二级类		三级类		含义
编号	三大类名称	编号	名称	编号	名称	
2	建设用地	20	居民点及独立工矿用地	205	盐田	指以经营盐田为目的,包括盐场及附属设施用地。
				206	特殊用地	指居民点以外的国防、名胜古迹、风景旅游、墓地、陵园等用地。
		26	交通运输用地			指用于运输通行的地面线路、场站等用地,包括民用机场、港口、码头、地面运输管道和居民点道路及其相应附属设施用地。
				261	铁路用地	指铁道线路及场站用地,包括路堤、路堑、道沟及护路林;地铁地上部分及出入口等用地。
				262	公路用地	指国家和地方公路(含乡镇公路),包括路堤、路堑、道沟、护路林及其他附属设施用地。
				263	民用机场	指民用机场及其相应附属设施用地。
				264	港口码头用地	指人工修建的客、货运,捕捞船舶停靠的场所及其相应附属建筑物,不包括常水位以下部分。
				265	管道运输用地	指运输煤炭、石油和天然气等管道及其相应附属设施地面用地。
		27	水利设施用地			指用于水库、水工建筑的土地。
				271	水库水面	指人工修建总库容≥10万 m³,正常蓄水位以下的面积。
				272	水工建筑用地	指除农田水利用地以外的人工修建的沟渠(包括渠槽、渠堤、护堤林)、闸、坝、堤路林、水电站、扬水站等常水位岸线以上的水工建筑用地。
3	未利用地					指农用地和建设用地以外的土地。
		31	未利用土地			指目前还未利用的土地,包括难利用的土地。
				311	荒草地	指树木郁闭度<10%,表层为土质,生长杂草,不包括盐碱地、沼泽地和裸土地。
				312	盐碱地	指表层盐碱聚集,只生长天然耐盐植物的土地。
				313	沼泽地	指经常积水或渍水,一般生长湿生植物的土地。
				314	沙地	指表层为沙覆盖,基本无植被的土地,包括沙漠,不包括水系中的沙滩。
				315	裸土地	指表层为土质,基本无植被覆盖的土地。

一级类		二级类		三级类		含义
编号	三大类名称	编号	名称	编号	名称	
3	未利用地	31	未利用土地	316	裸岩石砾地	指表层为岩石或石砾,其覆盖面积≥70％的土地。
				317	其他未利用土地	指包括高寒荒漠、苔原等尚未利用的土地。
		32	其他土地			指未列入农用地、建设用地的其他水域地。
				321	河流水面	指天然形成或人工开挖河流常水位岸线以下的土地。
				322	湖泊水面	指天然形成的积水区常水位岸线以下的土地。
				323	苇地	指生长芦苇的土地,包括滩涂上的苇地。
				324	滩涂	指沿海大潮高潮位与低潮位之间的潮浸地带;河流、湖泊常水位至洪水位间的滩地;时令湖、河洪水位以下的滩地;水库、坑塘的正常蓄水位与最大洪水位间的滩地。不包括已利用的滩涂。
				325	冰川及永久积雪	指表层被冰雪常年覆盖的土地。

注:* 指生态退耕以外,按照《国土资源部、农业部关于搞好农用地管理促进农业生产结构调整工作的通知》(国土资发〔1999〕511号)规定,在农业结构调整中将耕地调整为其他农用地,但未破坏耕作层,不作为耕地减少衡量指标。自文件下发时开始执行。

《全国土地分类(过渡期间适用)》有效地应用于2002年至2008年的年度土地变更调查及土地资源管理工作中。

四、2007年《土地利用现状分类》国家标准

我国国土资源信息化体系已经基本建立并取得显著的进展与成果,但是在管理过程中,我国土地资源管理系统仍然存在技术手段落后、数据支撑能力较差等缺陷。2004年,《国务院关于深化改革严格土地管理的决定》(国发〔2004〕28号)中明确要求:"国土资源部要会同有关部门,抓紧建立和完善统一的土地分类、调查、登记和统计制度。"在国务院的支持下,在多部门的协同配合下,2007年8月10日,中华人民共和国国家质量监督检验检疫总局和中国国家标准化管理委员会联合发布了《土地利用现状分类》(GB/T 21010—2007),并于2007年8月10日起正式实施。

《土地利用现状分类》(GB/T 21010—2007)仍然采用二级分类体系,一级类12个,包括耕地、园地、林地、草地、商服用地、工矿仓储用地、住宅用地、公共管理与公共服务用地、特殊用地、交通运输用地、水域及水利设施用地和其他用地,二级类57个。为2007年7月1日起全面开展的第二次全国土地调查获取统一的土地基础数据提供了依据,各地类名称和编号如表2-5所示。

表 2-5　土地利用现状分类（2007 年）

一级类		二级类		含义
编号	名称	编号	名称	
01	耕地			指种植农作物的土地,包括熟地,新开发、复垦、整理地,休闲地(含轮歇地、轮作地);以种植农作物(含蔬菜)为主,间有零星果树、桑树或其他树木的土地;平均每年能保证收获一季的已垦滩地和海涂。耕地中包括南方宽度＜1.0 米,北方宽度＜2.0 米固定的沟、渠、路和地坎(埂);临时种植药材、草皮、花卉、苗木等的耕地,以及其他临时改变用途的耕地。
		011	水田	指用于种植水稻、莲藕等水生农作物的耕地。包括实行水生、旱生农作物轮种的耕地。
		012	水浇地	指有水源保证和灌溉设施,在一般年景能正常灌溉,种植旱生农作物的耕地。包括种植蔬菜等的非工厂化的大棚用地。
		013	旱地	指无灌溉设施,主要靠天然降水种植旱生农作物的耕地,包括没有灌溉设施,仅靠引洪淤灌的耕地。
02	园地			指种植以采集果、叶、根、茎、汁等为主的集约经营的多年生木本和草本作物,覆盖度大于 50％或每亩株数大于合理株数 70％的土地。包括用于育苗的土地。
		021	果园	指种植果树的园地。
		022	茶园	指种植茶树的园地。
		023	其他园地	指种植桑树、橡胶、可可、咖啡、油棕、胡椒、药材等其他多年生作物的园地。
03	林地			指生长乔木、竹类、灌木的土地,及沿海生长红树林的土地。包括迹地,不包括居民点内部的绿化林木用地,铁路、公路征地范围内的林木,以及河流、沟渠的护堤林。
		031	有林地	指树木郁闭度≥0.2 的乔木林地,包括红树林地和竹林地。
		032	灌木林地	指灌木覆盖度≥40％的林地。
		033	其他林地	包括疏林地(指树木郁闭度≥0.1、＜0.2 的林地)、未成林地、迹地、苗圃等林地。
04	草地			指生长草本植物为主的土地。
		041	天然牧草地	指以天然草本植物为主,用于放牧或割草的草地。
		042	人工牧草地	指人工种植牧草的草地。
		043	其他草地	指树木郁闭度＜0.1,表层为土质,生长草本植物为主,不用于畜牧业的草地。

续　表

一级类		二级类		含义
编号	名称	编号	名称	
05	商服用地			指主要用于商业、服务业的土地。
		051	批发零售用地	指主要用于商品批发、零售的用地。包括商场、商店、超市、各类批发(零售)市场、加油站等及其附属的小型仓库、车间、工场等的用地。
		052	住宿餐饮用地	指主要用于提供住宿、餐饮服务的用地。包括宾馆、酒店、饭店、旅馆、招待所、度假村、餐厅、酒吧等。
		053	商务金融用地	指企业、服务业等办公用地,以及经营性的办公场所用地。包括写字楼、商业性办公场所、金融活动场所和企业厂区外独立的办公场所等用地。
		054	其他商服用地	指上述用地以外的其他商业、服务业用地。包括洗车场、洗染店、废旧物资回收站、维修网点、照相馆、理发美容店、洗浴场所等用地。
06	工矿仓储用地			指主要用于工业生产、物资存放场所的土地。
		061	工业用地	指工业生产及直接为工业生产服务的附属设施用地。
		062	采矿用地	指采矿、采石、采砂(沙)场,盐田,砖瓦窑等地面生产用地及尾矿堆放地。
		063	仓储用地	指用于物资储备、中转的场所用地。
07	住宅用地			指主要用于人们生活居住的房基地及其附属设施的土地。
		071	城镇住宅用地	指城镇用于生活居住的各类房屋用地及其附属设施用地。包括普通住宅、公寓、别墅等用地。
		072	农村宅基地	指农村用于生活居住的宅基地。
08	公共管理与公共服务用地			指用于机关团体、新闻出版、科教文卫、风景名胜、公共设施等的土地。
		081	机关团体用地	指用于党政机关、社会团体、群众自治组织等的用地。
		082	新闻出版用地	指用于广播电台、电视台、电影厂、报社、杂志社、通讯社、出版社等的用地。
		083	科教用地	指用于各类教育,独立的科研、勘测、设计、技术推广、科普等的用地。
		084	医卫慈善用地	指用于医疗保健、卫生防疫、急救康复、医检药检、福利救助等的用地。

一级类		二级类		含义
编号	名称	编号	名称	
08	公共管理与公共服务用地	085	文体娱乐用地	指用于各类文化、体育、娱乐及公共广场等的用地。
		086	公共设施用地	指用于城乡基础设施的用地。包括给排水、供电、供热、供气、邮政、电信、消防、环卫、公用设施维修等用地。
		087	公园与绿地	指城镇、村庄内部的公园、动物园、植物园、街心花园和用于休憩及美化环境的绿化用地。
		088	风景名胜设施用地	指风景名胜(包括名胜古迹、旅游景点、革命遗址等)景点及管理机构的建筑用地。景区内的其他用地按现状归入相应地类。
09	特殊用地			指用于军事设施、涉外、宗教、监教、殡葬等的土地。
		091	军事设施用地	指直接用于军事目的的设施用地。
		092	使领馆用地	指用于外国政府及国际组织驻华使领馆、办事处等的用地。
		093	监教场所用地	指用于监狱、看守所、劳改场、劳教所、戒毒所等的建筑用地。
		094	宗教用地	指专门用于宗教活动的庙宇、寺院、道观、教堂等宗教自用地。
		095	殡葬用地	指陵园、墓地、殡葬场所用地。
10	交通运输用地			指用于运输通行的地面线路、场站等的土地。包括民用机场、港口、码头、地面运输管道和各种道路用地。
		101	铁路用地	指用于铁道线路、轻轨、场站的用地。包括设计内的路堤、路堑、道沟、桥梁、林木等用地。
		102	公路用地	指用于国道、省道、县道和乡道的用地。包括设计内的路堤、路堑、道沟、桥梁、汽车停靠站、林木及直接为其服务的附属用地。
		103	街巷用地	指用于城镇、村庄内部公用道路(含立交桥)及行道树的用地。包括公共停车场,汽车客货运输站点及停车场等用地。
		104	农村道路	指公路用地以外的南方宽度≥1.0米、北方宽度≥2.0米的村间、田间道路(含机耕道)。
		105	机场用地	指用于民用机场的用地。
		106	港口码头用地	指用于人工修建的客运、货运、捕捞及工作船舶停靠的场所及其附属建筑物的用地,不包括常水位以下部分。
		107	管道运输用地	指用于运输煤炭、石油、天然气等管道及其相应附属设施的地上部分用地。

续　表

一级类		二级类		含义
编号	名称	编号	名称	
11	水域及水利设施用地			指陆地水域,海涂、沟渠、水工建筑物等用地。不包括滞洪区和已垦滩涂中的耕地、园地、林地、居民点、道路等用地。
		111	河流水面	指天然形成或人工开挖河流常水位岸线之间的水面,不包括被堤坝拦截后形成的水库水面。
		112	湖泊水面	指天然形成的积水区常水位岸线所围成的水面。
		113	水库水面	指人工拦截汇集而成的总库容≥10万立方米的水库正常蓄水位岸线所围成的水面。
		114	坑塘水面	指人工开挖或天然形成的蓄水量<10万立方米的坑塘常水位岸线所围成的水面。
		115	沿海滩涂	指沿海大潮高潮位与低潮位之间的潮浸地带。包括海岛的沿海滩涂。不包括已利用的滩涂。
		116	内陆滩涂	指河流、湖泊常水位至洪水位间的滩地;时令湖、河洪水位以下的滩地;水库、坑塘的正常蓄水位与洪水位间的滩地。包括海岛的内陆滩地。不包括已利用的滩地。
		117	沟渠	指人工修建,南方宽度≥1.0米、北方宽度≥2.0米用于引、排、灌的渠道,包括渠槽、渠堤、取土坑、护堤林。
		118	水工建筑用地	指人工修建的闸、坝、堤路林、水电厂房、扬水站等常水位岸线以上的建筑物用地。
		119	冰川及永久积雪	指表层被冰雪常年覆盖的土地。
12	其他土地			指上述地类以外的其他类型的土地。
		121	空闲地	指城镇、村庄、工矿内部尚未利用的土地。
		122	设施农用地	指直接用于经营性养殖的畜禽舍、工厂化作物栽培或水产养殖的生产设施用地及其相应附属用地,农村宅基地以外的晾晒场等农业设施用地。
		123	田坎	主要指耕地中南方宽度≥1.0米、北方宽度≥2.0米的地坎。
		124	盐碱地	指表层盐碱聚集,生长天然耐盐植物的土地。
		125	沼泽地	指经常积水或渍水,一般生长沼生、湿生植物的土地。
		126	沙地	指表层为沙覆盖、基本无植被的土地。不包括滩涂中的沙地。
		127	裸地	指表层为土质,基本无植被覆盖的土地;或表层为岩石、石砾,其覆盖面积≥70%的土地。

为了满足土地用途管制需求,将《土地利用现状分类》(GB/T 21010—2007)的地类与《中华人民共和国土地管理法》规定的农用地、建设用地、未利用地建立了对应关系,具体如表 2-6 所示。

表2-6 土地利用现状分类(2007)与三大类对照表

三大类	土地利用现状分类				三大类	土地利用现状分类			
	一级类		二级类			一级类		二级类	
	类别编号	类别名称	类别编号	类别名称		类别编号	类别名称	类别编号	类别名称
农用地	01	耕地	011	水田	建设用地	09	特殊用地	091	军事设施用地
			012	水浇地				092	使领馆用地
			013	旱地				093	监教场所用地
	02	园地	021	果园				094	宗教用地
			022	茶园				095	殡葬用地
			023	其他园地		10	交通运输用地	101	铁路用地
	03	林地	031	有林地				102	公路用地
			032	灌木林地				103	街巷用地
			033	其他林地				105	机场用地
	04	草地	041	天然牧草地				106	港口码头用地
			042	人工牧草地				107	管道运输用地
	10	交通运输用地	104	农村道路		11	水域及水利设施用地	113	水库水面
	11	水域及水利设施用地	114	坑塘水面				118	水工建筑物用地
			117	沟渠		12	其他土地	121	空闲地
	12	其他土地	122	设施农用地	未利用地	11	水域及水利设施用地	111	河流水面
			123	田坎				112	湖泊水面
建设用地	05	商服用地	051	批发零售用地				115	沿海滩涂
			052	住宿餐饮用地				116	内陆滩涂
			053	商务金融用地				119	冰川及永久积雪
			054	其他商服用地		04	草地	043	其他草地
	06	工矿仓储用地	061	工业用地		12	其他土地	124	盐碱地
			062	采矿用地				125	沼泽地
			063	仓储用地				126	沙地
	07	住宅用地	071	城镇住宅用地				127	裸地
			072	农村宅基地					

三大类	土地利用现状分类				三大类	土地利用现状分类			
	一级类		二级类			一级类		二级类	
	类别编号	类别名称	类别编号	类别名称		类别编号	类别名称	类别编号	类别名称
建设用地	08	公共管理与公共服务用地	081	机关团体用地	—	—	—	—	—
			082	新闻出版用地	—	—	—	—	—
			083	科教用地	—	—	—	—	—
			084	医卫慈善用地	—	—	—	—	—
			085	文体娱乐用地	—	—	—	—	—
			086	公共设施用地	—	—	—	—	—
			087	公园与绿地	—	—	—	—	—
			088	风景名胜设施用地	—	—	—	—	—

《土地利用现状分类》国家标准的颁布标志着我国土地资源分类第一次拥有了全国统一的国家标准,这为第二次全国土地调查提供了切实可行的依据。

五、第二次全国土地调查分类(农村土地调查分类)

第二次全国土地调查采用《土地利用现状分类》(GB/T 21010—2007)。由于城、乡土地调查的底图比例尺、调查方法、调查精度要求、人财物投入、调查的时间周期等方面差异很大,为了在规定时间内完成国务院部署开展的第二次全国土地调查任务,《第二次全国土地调查总体方案》(国土调查办发〔2007〕3 号)、《第二次全国土地调查实施方案》(国土调查办发〔2007〕7 号)中明确要求第二次全国土地调查分为农村土地调查和城镇土地调查两大部分,其中农村土地调查是第二次全国土地调查的重点,也是覆盖全部调查区域的土地调查。

为了配合开展农村土地调查,第二次全国土地调查在开展工作时,将《土地利用现状分类》国家标准中的部分一级类和二级类进行了适当归并,具体表现为第二次全国土地调查分类将《土地利用现状分类》国家标准中的 5、6、7、8、9 一级类和 103、121 二级类进行了归并,形成了用于农村土地调查的城镇村及工矿用地这一分类标准,具体内容如表 2-7 所示,除此以外的其他地类均依据《土地利用现状分类》标准进行细化调查。

表 2-7　城镇村及工矿用地(第二次全国土地调查分类)

一级		二级		含义
编码	名称	编码	名称	
20	城镇村及工矿用地			指城乡居民点、独立居民点以及居民点以外的工矿、国防、名胜古迹等企事业单位用地,包括其内部交通、绿化用地。
		201	城市	指城市居民点,以及与城市连片的和区政府、县级市政府所在地镇级辖区内的商服、住宅、工业、仓储、机关、学校等单位用地。
		202	建制镇	指建制镇居民点,以及辖区内的商服、住宅、工业、仓储、学校等企事业单位用地。
		203	村庄	指农村居民点,以及所属的商服、住宅、工矿、工业、仓储、学校等用地。
		204	采矿用地	指采矿、采石、采砂(沙)场,盐田,砖瓦窑等地面生产用地及尾矿堆放地。
		205	风景名胜及特殊用地	指城镇村用地以外用于军事设施、涉外、宗教、监教、殡葬等的土地,以及风景名胜(包括名胜古迹、旅游景点、革命遗址等)景点及管理机构的建筑用地。

注:开展农村土地调查时,对《土地利用现状分类》中 5、6、7、8、9 一级类和 103、121 二级类按表进行归并。

第二节　第三次全国国土调查工作分类

一、2017 年版国家标准《土地利用现状分类》

2017 年 11 月 1 日,国家标准《土地利用现状分类》(GB/T 21010—2017)发布并实施。新版标准秉持满足生态用地保护需求、明确新兴产业用地类型、兼顾监管部门管理需求的思路,完善了地类含义,细化了二级类划分,调整了地类名称,增加了湿地归类,为 2017 年 10 月 8 日起全面开展的第三次全国国土调查获取统一数据提供了依据。

新版标准规定了土地利用的类型、含义,将土地利用类型分为耕地、园地、林地、草地、商服用地、工矿仓储用地、住宅用地、公共管理与公共服务用地、特殊用地、交通运输用地、水域及水利设施用地、其他土地等 12 个一级类,73 个二级类,适用于土地调查、规划、审批、供应、整治、执法、评价、统计、登记及信息化管理等。

(一)一级类的设定

依据土地利用方式和土地用途不同,兼顾农林牧渔业各部门的管理需求,设置"耕地""园地""林地""草地""交通运输用地""水域及水利设施用地"一级类。

依据土地利用方式和经营特点不同,考虑城市管理需求,设置"商服用地""工矿仓储用地""住宅用地""公共管理与公共服务用地"一级类。

考虑功能特殊的用地,包括用于军事设施、涉外、宗教、监教、殡葬、风景名胜等的土地,归为"特殊用地"一级类。

对难以归并到上一级类别的用地,按照全面覆盖各种地类的原则,如空闲地、设施农用地等,单独设置"其他土地"一级类。

一级类包括耕地、园地、林地、草地、商服用地、工矿仓储用地、住宅用地、公共管理与公共服务用地、特殊用地、交通运输用地、水域及水利设施用地、其他土地。

(二)二级类的设定

根据各一级类覆盖的内容,《土地利用现状分类》(GB/T 21010—2017)依据土地的实际用途、经营目的,考虑自然特征和覆盖程度等差异进行区分,形成 73 个二级类,具体内容如表 2-8 所示。

表 2-8　国家标准《土地利用现状分类》(2017 年)

一级类		二级类		含义
编码	名称	编码	名称	
01	耕地			指种植农作物的土地,包括熟地,新开发、复垦、整理地、休闲地(含轮歇地、休耕地);以种植农作物(含蔬菜)为主,间有零星果树、桑树或其他树木的土地;平均每年能保证收获一季的已垦滩地和海涂。耕地中包括南方宽度<1.0 m,北方宽度<2.0 m 固定的沟、渠、路和地坎(埂);临时种植药材、草皮、花卉、苗木等的耕地,临时种植果树、茶树和林木且耕作层未破坏的耕地,以及其他临时改变用途的耕地。
		0101	水田	指用于种植水稻、莲藕等水生农作物的耕地。包括实行水生、旱生农作物轮种的耕地。
		0102	水浇地	指有水源保证和灌溉设施,在一般年景能正常灌溉,种植旱生农作物(含蔬菜)的耕地。包括种植蔬菜的非工厂化的大棚用地。
		0103	旱地	指无灌溉设施,主要靠天然降水种植旱生农作物的耕地,包括没有灌溉设施,仅靠引洪淤灌的耕地。
02	园地			指种植以采集果、叶、根、茎、汁等为主的集约经营的多年生木本和草本作物,覆盖度大于 50% 或每亩株数大于合理株数 70% 的土地。包括育苗的土地。
		0201	果园	指种植果树的园地。
		0202	茶园	指种植茶树的园地。
		0203	橡胶园	指种植橡胶树的园地。

续　表

一级类		二级类		含义
编码	名称	编码	名称	
		0204	其他园地	指种植桑树、可可、咖啡、油棕、胡椒、药材等其他多年生作物的园地。
03	林地			指生长乔木、竹类、灌木的土地及沿海生长红树林的土地。包括迹地,不包括城镇、村庄范围内的绿化林木用地,铁路、公路征地范围内的林木,以及河流、沟渠的护堤林。
		0301	乔木林地	指乔木郁闭度≥0.2的林地,不包括森林沼泽。
		0302	竹林地	指生长竹类植物,郁闭度≥0.2的林地。
		0303	红树林地	指沿海生长红树植物的林地。
		0304	森林沼泽	以乔木森林植物为优势群落的淡水沼泽。
		0305	灌木林地	指灌木覆盖度≥40%的林地,不包括灌丛沼泽。
		0306	灌丛沼泽	以灌丛植物为优势群落的淡水沼泽。
		0307	其他林地	包括疏林地(树木郁闭度≥0.1、<0.2的林地)、未成林地、迹地、苗圃等林地。
04	草地			指生长草本植物为主的土地。
		0401	天然牧草地	指以天然草本植物为主,用于放牧或割草的草地,包括实施禁牧措施的草地,不包括沼泽草地。
		0402	沼泽草地	指以天然草本植物为主的沼泽化的低地草甸、高寒草甸。
		0403	人工牧草地	指人工种植牧草的草地。
		0404	其他草地	指树木郁闭度<0.1,表层为土质,不用于放牧的草地。
05	商服用地			指主要用于商业、服务业的土地。
		0501	零售商业用地	以零售功能为主的商铺、商场、超市、市场和加油、加气、充换电站等的用地。
		0502	批发市场用地	以批发功能为主的市场用地。
		0503	餐饮用地	饭店、餐厅、酒吧等用地。
		0504	旅馆用地	宾馆、旅馆、招待所、服务型公寓、度假村等用地。
		0505	商务金融用地	指商务金融用地,以及经营性的办公场所用地。包括写字楼、商业性办公场所、金融活动场所和企业厂区外独立的办公场所;信息网络服务、信息技术服务、电子商务服务、广告传媒等用地。

一级类		二级类		含义
编码	名称	编码	名称	
05	商服用地	0506	娱乐用地	指剧院、音乐厅、电影院、歌舞厅、网吧、影视城、仿古城以及绿地率小于65%的大型游乐等设施用地。
		0507	其他商服用地	指零售商业、批发市场、餐饮、旅馆、商务金融、娱乐用地以外的其他商业、服务业用地。包括洗车场、洗染店、照相馆、理发美容店、洗浴场所、赛马场、高尔夫球场、废旧物资回收站、机动车、电子产品和日用产品修理网点、物流营业网点，以及居住小区及小区级以下的配套的服务设施等用地。
06	工矿仓储用地			指主要用于工业生产、物资存放场所的土地。
		0601	工业用地	指工业生产、产品加工制造、机械和设备修理及直接为工业生产等服务的附属设施用地。
		0602	采矿用地	指采矿、采石、采砂（沙）场，砖瓦窑等地面生产用地，排土（石）及尾矿堆放地。
		0603	盐田	指用于生产盐的土地，包括晒盐场所、盐池及附属设施用地。
		0604	仓储用地	指用于物资储备、中转的场所用地，包括物流仓储设施、配送中心、转运中心等。
07	住宅用地			指主要用于人们生活居住的房基地及其附属设施的土地。
		0701	城镇住宅用地	指城镇用于生活居住的各类房屋用地及其附属设施用地，不含配套的商业服务设施等用地。
		0702	农村宅基地	指农村用于生活居住的宅基地。
08	公共管理与公共服务用地			指用于机关团体、新闻出版、科教文卫、公用设施等的土地。
		0801	机关团体用地	指用于党政机关、社会团体、群众自治组织等的用地。
		0802	新闻出版用地	指用于广播电台、电视台、电影厂、报社、杂志社、通讯社、出版社等的用地。
		0803	教育用地	指用于各类教育用地，包括高等院校、中等专业学校、中学、小学、幼儿园及其附属设施用地，聋、哑、盲人学校及工读学校用地，以及为学校配建的独立地段的学生生活用地。
		0804	科研用地	指独立的科研、勘察、研发、设计、检验检测、技术推广、环境评估与监测、科普等科研事业单位及其附属设施用地。
		0805	医疗卫生用地	指医疗、保健、卫生、防疫、康复和急救设施等用地。包括综合医院、专科医院、社区卫生服务中心等用地；卫生防疫站、专科防治所、检验中心和动物检疫站等用地；对环境有特殊要求的传染病、精神病等专科医院用地；急救中心、血库等用地。

一级类		二级类		含义
编码	名称	编码	名称	
08	公共管理与公共服务用地	0806	社会福利用地	指为社会提供福利和慈善服务的设施及其附属设施用地。包括福利院、养老院、孤儿院等用地。
		0807	文化设施用地	指图书、展览等公共文化活动设施用地。包括公共图书馆、博物馆、档案馆、科技馆、纪念馆、美术馆和展览馆等设施用地;综合文化活动中心、文化馆、青少年宫、儿童活动中心、老年活动中心等设施用地。
		0808	体育用地	指体育场馆和体育训练基地等用地,包括室内外体育运动用地,如体育场馆、游泳场馆、各类球场及其附属的业余体校等用地,溜冰场、跳伞场、摩托车场、射击场,以及水上运动的陆域部分等用地,以及为体育运动专设的训练基地用地,不包括学校等机构专用的体育设施用地。
		0809	公用设施用地	指用于城乡基础设施的用地。包括供水、排水、污水处理、供电、供热、供气、邮政、电信、消防、环卫、公用设施维修等用地。
		0810	公园与绿地	指城镇、村庄范围内的公园、动物园、植物园、街心花园、广场和用于休憩、美化环境及防护的绿化用地。
09	特殊用地			指用于军事设施、涉外、宗教、监教、殡葬、风景名胜等的土地。
		0901	军事设施用地	指直接用于军事目的的设施用地。
		0902	使领馆用地	指用于外国政府及国际组织驻华使领馆、办事处等的用地。
		0903	监教场所用地	指用于监狱、看守所、劳改场、戒毒所等的建筑用地。
		0904	宗教用地	指专门用于宗教活动的庙宇、寺院、道观、教堂等宗教自用地。
		0905	殡葬用地	指陵园、墓地、殡葬场所用地。
		0906	风景名胜设施用地	指风景名胜景点(包括名胜古迹、旅游景点、革命遗址、自然保护区、森林公园、地质公园、湿地公园等)的管理机构,以及旅游服务设施的建筑用地。景区内的其他用地按现状归入相应地类。
10	交通运输用地			指用于运输通行的地面线路、场站等的土地。包括民用机场、汽车客货运场站、港口、码头、地面运输管道和各种道路以及轨道交通用地。
		1001	铁路用地	指用于铁道线路及场站的用地。包括征地范围内的路堤、路堑、道沟、桥梁、林木等用地。

一级类		二级类		含义
编码	名称	编码	名称	
10	交通运输用地	1002	轨道交通用地	指用于轻轨、现代有轨电车、单轨等轨道交通用地,以及场站的用地。
		1003	公路用地	指用于国道、省道、县道和乡道的用地。包括征地范围内的路堤、路堑、道沟、桥梁、汽车停靠站、林木及直接为其服务的附属用地。
		1004	城镇村道路用地	指城镇、村庄范围内公用道路及行道树用地,包括快速路、主干路、次干路、支路、专用人行道和非机动车道,及其交叉口等。
		1005	交通服务场站用地	指城镇、村庄范围内交通服务设施用地,包括公交枢纽及其附属设施用地、公路长途客运站、公共交通场站、公共停车场(含设有充电桩的停车场)、停车楼、教练场等用地。不包括交通指挥中心、交通队用地。
		1006	农村道路	在农村范围内,南方宽度≥1.0 m、≤8 m,北方宽度≥2.0 m、≤8 m,用于村间、田间交通运输,并在国家公路网络体系之外,以服务于农村农业生产为主要用途的道路(含机耕道)。
		1007	机场用地	指用于民用机场,军民合用机场的用地。
		1008	港口码头用地	指用于人工修建的客运、货运、捕捞及工程、工作船舶停靠的场所及其附属建筑物的用地,不包括常水位以下部分。
		1009	管道运输用地	指用于运输煤炭、矿石、石油、天然气等管道及其相应附属设施的地上部分用地。
11	水域及水利设施用地			指陆地水域,滩涂、沟渠、沼泽、水工建筑物等用地。不包括滞洪区和已垦滩涂中的耕地、园地、林地、城镇、村庄、道路等用地。
		1101	河流水面	指天然形成或人工开挖河流常水位岸线之间的水面,不包括被堤坝拦截后形成的水库区段水面。
		1102	湖泊水面	指天然形成的积水区常水位岸线所围成的水面。
		1103	水库水面	指人工拦截汇集而成的总设计库容≥10 万 m^3 的水库正常蓄水位岸线所围成的水面。
		1104	坑塘水面	指人工开挖或天然形成的蓄水量<10 万 m^3 的坑塘常水位岸线所围成的水面。
		1105	沿海滩涂	指沿海大潮高潮位与低潮位之间的潮浸地带。包括海岛的沿海滩涂。不包括已利用的滩涂。

一级类		二级类		含义
编码	名称	编码	名称	
11	水域及水利设施用地	1106	内陆滩涂	指河流、湖泊常水位至洪水位间的滩地；时令湖、河洪水位以下的滩地；水库、坑塘的正常蓄水位与洪水位间的滩地。包括海岛的内陆滩地。不包括已利用的滩地。
		1107	沟渠	指人工修建，南方宽度≥1.0 m、北方宽度≥2.0 m用于引、排、灌的渠道，包括渠槽、渠堤、护堤林及小型泵站。
		1108	沼泽地	指经常积水或渍水，一般生长湿生植物的土地。包括草本沼泽、苔藓沼泽、内陆盐沼等。不包括森林沼泽、灌丛沼泽和沼泽草地。
		1109	水工建筑用地	指人工修建的闸、坝、堤路林、水电厂房、扬水站等常水位岸线以上的建（构）筑物用地。
		1110	冰川及永久积雪	指表层被冰雪常年覆盖的土地。
12	其他土地			指上述地类以外的其他类型的土地。
		1201	空闲地	指城镇、村庄、工矿范围内尚未使用的土地。包括尚未确定用途的土地。
		1202	设施农用地	指直接用于经营性畜禽生产设施及附属设施用地；直接用于作物栽培或水产养殖等农产品生产的设施及附属设施用地；直接用于设施农业项目辅助生产的设施用地；晾晒场、粮食果品烘干设施、粮食和农资临时存放场所、大型农机具临时存放场所等规模化粮食生产所必需的配套设施用地。
		1203	田坎	指梯田及梯状坡地耕地中，主要用于拦蓄水和护坡，南方宽度≥1.0 m、北方宽度≥2.0 m的地坎。
		1204	盐碱地	指表层盐碱聚集，生长天然耐盐植物的土地。
		1205	沙地	指表层为沙覆盖、基本无植被的土地。不包括滩涂中的沙地。
		1206	裸土地	指表层为土地，基本无植被覆盖的土地。
		1207	裸岩石砾地	指表层为岩石或石砾，其覆盖面积≥70%的土地。

为了满足土地用途管制需求，将 2017 版国家标准《土地利用现状分类》中的地类与《中华人民共和国土地管理法》规定的农用地、建设用地、未利用地三大类建立起对应关系，如表 2-9 所示。

表 2-9　土地利用现状分类（2017 年）与三大类对照表

三大类	土地利用现状分类		三大类	土地利用现状分类	
	类型编码	类型名称		类型编码	类型名称
农用地	0101	水田	建设用地	0801	机关团体用地
	0102	水浇地		0802	新闻出版用地
	0103	旱地		0803	教育用地
	0201	果园		0804	科研用地
	0202	茶园		0805	医疗卫生用地
	0203	橡胶园		0806	社会福利用地
	0204	其他园地		0807	文化设施用地
	0301	乔木林地		0808	体育用地
	0302	竹林地		0809	公用设施用地
	0303	红树林地		0810	公园与绿地
	0304	森林沼泽		0901	军事设施用地
	0305	灌木林地		0902	使领馆用地
	0306	灌丛沼泽		0903	监教场所用地
	0307	其他林地		0904	宗教用地
	0401	天然牧草地		0905	殡葬用地
	0402	沼泽草地		0906	风景名胜设施用地
	0403	人工牧草地		1001	铁路用地
	1006	农村道路		1002	轨道交通用地
	1103	水库水面		1003	公路用地
	1104	坑塘水面		1004	城镇村道路用地
	1107	沟渠		1005	交通服务场站用地
	1202	设施农用地		1007	机场用地
	1203	田坎		1008	港口码头用地
建设用地	0501	零售商业用地		1009	管道运输用地
	0502	批发市场用地		1109	水工建筑用地
	0503	餐饮用地		1201	空闲地

三大类	土地利用现状分类		三大类	土地利用现状分类	
	类型编码	类型名称		类型编码	类型名称
	0504	旅馆用地	未利用地	0404	其他草地
	0505	商务金融用地		1101	河流水面
	0506	娱乐用地		1102	湖泊水面
	0507	其他商服用地		1105	沿海滩涂
	0601	工业用地		1106	内陆滩涂
	0602	采矿用地		1108	沼泽地
	0603	盐田		1110	冰川及永久积雪
	0604	仓储用地		1204	盐碱地
	0701	城镇住宅用地		1205	沙地
	0702	农村宅基地		1206	裸土地
				1207	裸岩石砾地

　　为了满足生态文明建设需求,兼顾监管部门的管理需求,2017 版国家标准《土地利用现状分类》通过细化二级地类,增加"湿地"归类表的方式,实现了土地分类和《湿地分类》(GB/T 24708—2009)相衔接,如表 2-10 所示。

表 2-10　土地利用现状分类(2017 年)"湿地"归类表

湿地类	土地利用现状分类	
	类型编码	类型名称
湿地	0101	水田
	0303	红树林地
	0304	森林沼泽
	0306	灌丛沼泽
	0402	沼泽草地
	0603	盐田
	1101	河流水面
	1102	湖泊水面
	1103	水库水面
	1104	坑塘水面

续　表

湿地类	土地利用现状分类	
	类型编码	类型名称
	1105	沿海滩涂
	1106	内陆滩涂
	1107	沟渠
	1108	沼泽地

注:此表仅作为"湿地"归类使用,不以此划分部门管理范围。

二、第三次全国国土调查工作分类

第三次全国国土调查以 2017 年版国家标准《土地利用现状分类》(GB/T 21010—2017)为基础,对部分地类进行细化和归并后,采用《第三次全国国土调查技术规程》(TD/T 1055—2019),标准是加强土地管理,合理使用土地资源的重要依据,是行使自然资源统一管理的基础前提与载体。

(一)具体内容

为协调城乡土地调查间的差异性,在国务院部署安排的时间里完成第三次全国国土调查的任务,全国三调办颁布《第三次全国国土调查技术规程》,指出在一级类不变的基础上,《第三次全国国土调查技术规程》将 2017 年版国家标准《土地利用现状分类》的部分二级类进行拆分或细化到三级类。

《第三次全国国土调查技术规程》为满足林木覆盖率统计,与湿地分类相衔接等需求,对园地、林地、草地、公园与绿地等地类进行细化,对商服用地、特殊用地等地类进行归并,具体如表 2-11 所示。

表 2-11　第三次全国国土调查工作分类

一级类		二级类		含义
编码	名称	编码	名称	
00	湿地			指红树林地,天然的或人工的,永久的或间歇性的沼泽地、泥炭地,盐田,滩涂等。
		0303	红树林地	指沿海生长红树植物的土地。
		0304	森林沼泽	以乔木森林植物为优势群落的淡水沼泽。
		0306	灌丛沼泽	以灌丛植物为优势群落的淡水沼泽。
		0402	沼泽草地	指以天然草本植物为主的沼泽化的低地草甸、高寒草甸。
		0603	盐田	指用于生产盐的土地,包括晒盐场所、盐池及附属设施用地。

一级类		二级类		含义
编码	名称	编码	名称	
00	湿地	1105	沿海滩涂	指沿海大潮高潮位与低潮位之间的潮浸地带。包括海岛的沿海滩涂。不包括已利用的滩涂。
		1106	内陆滩涂	指河流、湖泊常水位至洪水位间的滩地;时令湖、河洪水位以下的滩地;水库、坑塘的正常蓄水位与洪水位间的滩地。包括海岛的内陆滩地。不包括已利用的滩地。
		1108	沼泽地	指经常积水或渍水,一般生长湿生植物的土地。包括草本沼泽、苔藓沼泽、内陆盐沼等。不包括森林沼泽、灌丛沼泽和沼泽草地。
01	耕地			指种植农作物的土地,包括熟地,新开发、复垦、整理地,休闲地(含轮歇地、休耕地);以种植农作物(含蔬菜)为主,间有零星果树、桑树或其他树木的土地;平均每年能保证收获一季的已垦滩地和海涂。耕地中包括南方宽度<1.0 m,北方宽度<2.0 m固定的沟、渠、路和地坎(埂);临时种植药材、草皮、花卉、苗木等的耕地,临时种植果树、茶树和林木且耕作层未破坏的耕地,以及其他临时改变用途的耕地。
		0101	水田	指用于种植水稻、莲藕等水生农作物的耕地。包括实行水生、旱生农作物轮种的耕地。
		0102	水浇地	指有水源保证和灌溉设施,在一般年景能正常灌溉,种植旱生农作物(含蔬菜)的耕地。包括种植蔬菜的非工厂化的大棚用地。
		0103	旱地	指无灌溉设施,主要靠天然降水种植旱生农作物的耕地,包括没有灌溉设施,仅靠引洪淤灌的耕地。
02	种植园用地			指种植以采集果、叶、根、茎、汁等为主的集约经营的多年生木本和草本作物,覆盖度大于50%或每亩株数大于合理株数70%的土地。包括用于育苗的土地。
		0201	果园	指种植果树的园地。
			0201K 可调整果园	指由耕地改为果园,但耕作层未被破坏的土地。
		0202	茶园	指种植茶树的园地。
			0202K 可调整茶园	指由耕地改为茶园,但耕作层未被破坏的土地。
		0203	橡胶园	指种植橡胶树的园地。
			0203K 可调整橡胶园	指由耕地改为橡胶园,但耕作层未被破坏的土地。

一级类		二级类		含义	
编码	名称	编码	名称		
02	种植园用地	0204	其他园地	指种植桑树、可可、咖啡、油棕、胡椒、药材等其他多年生作物的园地。	
		0204K	可调整其他园地	指由耕地改为其他园地,但耕作层未被破坏的土地。	
03	林地			指生长乔木、竹类、灌木的土地。包括迹地,不包括沿海生长红树林的土地、森林沼泽、灌丛沼泽、城镇、村庄范围内的绿化林木用地,铁路、公路征地范围内的林木,以及河流、沟渠的护堤林。	
		0301	乔木林地	指乔木郁闭度≥0.2的林地,不包括森林沼泽。	
		0301K	可调整乔木林地	指由耕地改为乔木林地,但耕作层未被破坏的土地。	
		0302	竹林地	指生长竹类植物,郁闭度≥0.2的林地。	
		0302K	可调整竹林地	指由耕地改为竹林地,但耕作层未被破坏的土地	
		0305	灌木林地	指灌木覆盖度≥40%的林地,不包括灌丛沼泽。	
		0307	其他林地	包括疏林地(树木郁闭度≥0.1、<0.2的林地)、未成林地、迹地、苗圃等林地。	
		0307K	可调整其他林地	指由耕地改为未成林造林地和苗圃,但耕作层未被破坏的土地。	
04	草地			指生长草本植物为主的土地,不包括沼泽草地。	
		0401	天然牧草地	指以天然草本植物为主,用于放牧或割草的草地,包括实施禁牧措施的草地,不包括沼泽草地。	
		0403	人工牧草地	指人工种植牧草的草地。	
		0403K	可调整人工牧草地	指由耕地改为人工牧草地,但耕作层未被破坏的土地。	
		0404	其他草地	指树木郁闭度<0.1,表层为土质,不用于放牧的草地。	
05	商服用地			指主要用于商业、服务业的土地。	
		05H1	商业服务业设施用地	指主要用于零售、批发、餐饮、旅馆、商务金融、娱乐及其他商服的土地。	
		0508	物流仓储用地	指用于物资储备、中转、配送等场所的用地。包括物流仓储设施、配送中心、转运中心等。	

一级类		二级类		含义
编码	名称	编码	名称	
06	工矿用地			指主要用于工业、采矿等生产的土地。不包括盐田。
		0601	工业用地	指工业生产、产品加工制造、机械和设备修理及直接为工业生产等服务的附属设施用地。
		0602	采矿用地	指采矿、采石、采砂(沙)场，砖瓦窑等地面生产用地，排土(石)及尾矿堆放，不包括盐田。
07	住宅用地			指主要用于人们生活居住的房基地及其附属设施的土地。
		0701	城镇住宅用地	指城镇用于生活居住的各类房屋用地及其附属设施用地，不含配套的商业服务设施等用地。
		0702	农村宅基地	指农村用于生活居住的宅基地。
08	公共管理与公共服务用地			指用于机关团体、新闻出版、科教文卫、公用设施等的土地。
		08H1	机关团体新闻出版用地	指用于党政机关、社会团体、群众自治组织，广播电台、电视台、电影厂、报社、杂志社、通讯社、出版社等的用地。
		08H2	科教文卫用地	指用于各类教育，独立的科研、勘察、研发、设计、检验检测、技术推广、环境评估与监测、科普等科研事业单位，医疗、保健、卫生、防疫、康复和急救设施，为社会提供福利和慈善服务的设施，图书、展览等公共文化活动设施，体育场馆和体育训练基地等用地及其附属设施用地。
		08H2A	高教用地	指高等院校及其附属设施用地。
		0809	公用设施用地	指用于城乡基础设施的用地。包括供水、排水、污水处理、供电、供热、供气、邮政、电信、消防、环卫、公用设施维修等用地。
		0810	公园与绿地	指城镇、村庄范围内的公园、动物园、植物园、街心花园、广场和用于休憩、美化环境及防护的绿化用地。
		0810A	广场用地	指城镇、村庄范围内的广场用地。
09	特殊用地			指用于军事设施、涉外、宗教、监教、殡葬、风景名胜等的土地。
10	交通运输用地			指用于运输通行的地面线路、场站等的土地。包括民用机场、汽车客货运场站、港口、码头、地面运输管道和各种道路以及轨道交通用地。
		1001	铁路用地	指用于铁道线路及场站的用地。包括征地范围内的路堤、路堑、道沟、桥梁、林木等用地。
		1002	轨道交通用地	指用于轻轨、现代有轨电车、单轨等轨道交通用地，以及场站的用地。

一级类		二级类		含义
编码	名称	编码	名称	
10	交通运输用地	1003	公路用地	指用于国道、省道、县道和乡道的用地。包括征地范围内的路堤、路堑、道沟、桥梁、汽车停靠站、林木及直接为其服务的附属用地。
		1004	城镇村道路用地	指城镇、村庄范围内公用道路及行道树用地,包括快速路、主干路、次干路、支路、专用人行道和非机动车道,及其交叉口等。
		1005	交通服务场站用地	指城镇、村庄范围内交通服务设施用地,包括公交枢纽及其附属设施用地、公路长途客运站、公共交通场站、公共停车场(含设有充电桩的停车场)、停车楼、教练场等用地,不包括交通指挥中心、交通队用地。
		1006	农村道路	在农村范围内,南方宽度≥1.0 m、≤8.0 m,北方宽度≥2.0 m、≤8.0 m,用于村间、田间交通运输,并在国家公路网络体系之外,以服务于农村农业生产为主要用途的道路(含机耕道)。
		1007	机场用地	指用于民用机场、军民合用机场的用地。
		1008	港口码头用地	指用于人工修建的客运、货运、捕捞及工程、工作船舶停靠的场所及其附属建筑物的用地,不包括常水位以下部分。
		1009	管道运输用地	指用于运输煤炭、矿石、石油、天然气等管道及其相应附属设施的地上部分用地。
11	水域及水利设施用地			指陆地水域,沟渠、水工建筑物等用地,不包括滞洪区。
		1101	河流水面	指天然形成或人工开挖河流常水位岸线之间的水面,不包括被堤坝拦截后形成的水库区段水面。
		1102	湖泊水面	指天然形成的积水区常水位岸线所围成的水面。
		1103	水库水面	指人工拦截汇集而成的总设计库容≥10 万 m^3 的水库正常蓄水位岸线所围成的水面。
		1104	坑塘水面	指人工开挖或天然形成的蓄水量<10 万 m^3 的坑塘常水位岸线所围成的水面。
			1104A 养殖坑塘	指人工开挖或天然形成的用于水产养殖的水面及相应附属设施用地。
			1104K 可调整养殖坑塘	指由耕地改成养殖坑塘,但可复耕的土地。
		1107	沟渠	指人工修建,南方宽度≥1.0 m、北方宽度≥2.0 m用于引、排、灌的渠道,包括渠槽、渠堤、护路林及小型泵站。
			1107A 干渠	指除农田水利用地以外的人工修建的沟渠。

一级类		二级类		含义
编码	名称	编码	名称	
11	水域及水利设施用地	1109	水工建筑用地	指人工修建的闸、坝、堤路林、水电厂房、扬水站等常水位岸线以上的建（构）筑物用地。
		1110	冰川及永久积雪	指表层被冰雪常年覆盖的土地。
12	其他土地			指上述地类以外的其他类型的土地。
		1201	空闲地	指城镇、村庄、工矿范围内尚未使用的土地。包括尚未确定用途的土地。
		1202	设施农用地	指直接用于经营性畜禽养殖生产设施及附属设施用地；直接用于作物栽培或水产养殖等农产品生产的设施及附属设施用地；直接用于设施农业项目辅助生产的设施用地；晒场、粮食果品烘干设施、粮食和农资临时存放场所、大型农机具临时存放场所等规模化粮食生产所必需的配套设施用地。
		1203	田坎	指梯田及梯状坡地耕地中，主要用于拦蓄水和护坡、南方宽度≥1.0 m、北方宽度≥2.0 m 的地坎。
		1204	盐碱地	指表层盐碱聚集，生长天然耐盐植物的土地。
		1205	沙地	指表层为沙覆盖、基本无植被的土地。不包括滩涂中的沙地。
		1206	裸土地	指表层为土质，基本无植被覆盖的土地。
		1207	裸岩石砾地	指表层为岩石或石砾，其覆盖面积≥70％的土地。

《工作分类》为配合开展农村土地调查，将城市、建制镇、村庄等用地按照 2017 版国家标准《土地利用现状分类》中 05、06、07、08、09 一级类，1004、1005、1201 二级类，以及城镇村庄范围内的其他各类用地进行归并，具体如表 2-12 所示。

表 2-12　第三次全国国土调查城镇村及工矿用地

一级		二级		含义
编码	名称	编码	名称	
20	城镇村及工矿用地			指城乡居民点、独立居民点以及居民点以外的工矿、国防、名胜古迹等企事业单位用地，包括其内部交通、绿化用地。
		201	城市	即城市居民点，指市区政府、县级市政府所在地（镇级）辖区内的，以及与城市连片的商业服务业、住宅、工业、机关、学校等用地。包括其所属的，不与其连片的开发区、新区等建成区，及城市居民点范围内的其他各类用地（含城中村）。
		201A	城市独立工业用地	城市辖区内独立的工业用地

一级		二级		含义		
编码	名称	编码	名称			
20	城镇村及工矿用地	202	建制镇	即建制镇居民点,指建制镇辖区内的商业服务业、住宅、工业、学校等用地。包括其所属的,不与其连片的开发区、新区等建成区,及建制镇居民点范围内的其他各类用地(含城中村),不包括乡镇府所在地。		
				202A	建制镇独立工业用地	建制镇辖区内独立的工业用地
		203	村庄	即农村居民点,指乡村所属的商业服务业、住宅、工业、学校等用地。包括农村居民点范围内的其他各类用地。		
				203A	村庄独立工业用地	村庄所属独立的工业用地
		204	盐田及采矿用地	指城镇村庄用地以外采矿、采石、采砂(沙)场,盐田,砖瓦窑等地面生产用地及尾矿堆放地。		
		205	风景名胜及特殊用地	指城镇村庄用地以外用于军事设施、涉外、宗教、监教、殡葬、风景名胜等的土地。		

注:对《工作分类》中05、06、07、08、09各地类,0603、1004、1005、1201二级类,以及城镇村居民点范围内的其他各类用地按本表进行归并。

为了满足土地用途管制需求,将《第三次全国国土调查工作分类》中的地类与《中华人民共和国土地管理法》规定的农用地、建设用地、未利用地三大类建立起对应关系,如表2-13所示。

表 2-13　第三次全国国土调查工作分类与三大类对照表

三大类	土地利用现状分类	
	类型编码	类型名称
农用地	0101	水田
	0102	水浇地
	0103	旱地
	0201	果园
	0202	茶园
	0203	橡胶园
	0204	其他园地
	0301	乔木林地
	0302	竹林地

三大类	土地利用现状分类	
	类型编码	类型名称
农用地	0303	红树林地
	0304	森林沼泽
	0305	灌木林地
	0306	灌丛沼泽
	0307	其他林地
	0401	天然牧草地
	0402	沼泽草地
	0403	人工牧草地
	1006	农村道路
	1103	水库水面
	1104	坑塘水面
	1107	沟渠
	1202	设施农用地
	1203	田坎
建设用地	05H1	商业服务业设施用地
	05H2	物流仓储用地
	0601	工业用地
	0602	采矿用地
	0603	盐田
	0701	城镇住宅用地
	0702	农村宅基地
	08H1	机关团体新闻出版用地
	08H2	科教文卫用地
	0809	公用设施用地
	0810	公园与绿地
	09	特殊用地
	1001	铁路用地
	1002	轨道交通用地

三大类	土地利用现状分类	
	类型编码	类型名称
建设用地	1003	公路用地
	1004	城镇村道路用地
	1005	交通服务场站用地
	1007	机场用地
	1008	港口码头用地
	1009	管道运输用地
	1109	水工建筑用地
	1201	空闲地
未利用地	0404	其他草地
	1101	河流水面
	1102	湖泊水面
	1105	沿海滩涂
	1106	内陆滩涂
	1108	沼泽地
	1110	冰川及永久积雪
	1204	盐碱地
	1205	沙地
	1206	裸土地
	1207	裸岩石砾地

(二)《工作分类》实际应用的细化与补充

依照《国务院第三次全国国土调查领导小组办公室关于调整第三次全国国土调查有关内容与要求的补充通知》(国土调查办发〔2019〕7 号)文件精神,为落实国务院第三次全国国土调查电视电话会议部署,依据全国省级第三次全国国土调查领导小组办公室主任会议和自然资源部第三次全国国土调查工作推进电视电话会议要求,全国三调办对第三次全国国土调查的部分内容进行调整补充和明晰,对相关调查要求进一步明确和完善。

1.调整耕地调查和标注的要求

将《第三次全国国土调查实施方案》(国土调查办发〔2018〕18 号)、《第三次全国国土调查技术规程》(TD/T 1055—2019)原规定调查为耕地,并标注为"临时种植园木""临时种植林木""临时坑塘""观赏园艺""速生林木"和"绿化草地"的地块,不再按耕地调查,而按实地现状调查。具体调整为:对原标注为"临时种植园木""临时种植林木"和"临时坑塘"的,分别细化为果园、茶园、其他园地、乔木林、灌木林、其他林地、坑塘水面等调查地类,标注"即可恢复"属性,即清理后即可直接恢复耕种。对其他第二次全国土地调查时的耕地及其后的新增耕地,而实地为种植园用地、林地、草地及坑塘水面的,按现状调查地类,标注"工程恢复"属性,即清理后仍需要采取工程措施才能恢复耕种。

2. 补充细化耕地种植属性标注

将耕地种植属性标注调整为"种植粮食作物""种植非粮作物""粮与非粮轮作""休耕""林粮间作"和"未耕种"。其中,"种植粮食作物""种植非粮作物"和"粮与非粮轮作"三种属性是通过实地调查对原"耕种"属性的细分,"种植粮食作物"指种植谷类、豆类和薯类作物,"种植非粮作物"指种植蔬菜、棉花、油料、糖类、饲草、烟叶等作物,"粮与非粮轮作"指粮食作物与非粮作物轮种、间种和套种等情况。"休耕""林粮间作"和"未耕种"未做调整。取消原"临时种植牧草"属性标注,将其纳入"种植非粮作物"并进行标注。初始调查成果按 2018 年种植情况进行标注,统一时点更新成果按 2019 年种植情况进行标注。

全部耕地图斑均应标注种植属性。对细化为"河道耕地""湖区耕地""林区耕地""牧区耕地""沙荒耕地"和"石漠化耕地"的调查耕地,应同步标注"种植粮食作物""种植非粮作物"和"粮与非粮轮作"属性。

3. 调整临时用地调查要求

将关于临时用地的调查要求调整为,按实际使用范围调查为建设用地,不再按原地类调查,并将实际占地范围以及批准文号以单独图层的方式存储在数据库中,按《国务院第三次全国国土调查领导小组办公室关于明确第三次全国国土调查县级调查成果报送要求的通知》(国土调查办发〔2018〕22 号)要求,同步提交批准文件扫描件。其中,工程建设附属的临时用地按用地工程主体的地类调查,临时勘探及采矿用地方式改革试点的临时用地按采矿用地调查。临时用地的认定依据是实地已建设,并且临时用地合同(协议)经依法批准且在有效期内,未经批准或不在有效期内的,不得在单独图层表示。

4. 调整拆除未尽地块调查要求

将关于未拆除到位和拆除未复耕或复绿等地块的调查要求调整为,依据原建筑物、构筑物认定地类,并将"拆除未尽"范围以单独图层方式存储在数据库中。其中,属于建设用地拆除未尽的,按建筑物、构筑物对应的二级地类调查;属于设施农用地拆除未尽的,按设施农用地调查;属于临时用地拆除未尽的,按建设用地调查。在"临时用地"和"拆除未尽"单独图层同步表示。实地已复耕或复绿的,按现状调查。

5. 补充对废弃地块进行标注

对于废弃的公路、铁路和尾矿,在分别按公路用地、铁路用地和采矿用地调查的基础上,增加标注"废弃"属性。

6.调整线状地物交叉情况的调查要求

将关于线状地物交叉的调查要求调整为,地面线状地物连续表示。但对于农村道路、过街天桥等线状地物跨越公路、铁路等的,应保持公路、铁路贯通。线状地物平面交互时,应保持高等级的道路贯通。线状地物穿过隧道时,线状地物断在隧道两端。因线状地物交叉重叠十分复杂,各地可制定相应的标识规则,开展细化调查,但应按国家统一要求上报调查成果。

第三节　不同时期土地调查分类的对应关系

目前,我国已经开展了三次全国土地调查,还经历过多次年度变更调查,构建起了较为完备的土地资源管理系统,积累了海量的土地资源调查数据。但是,土地利用分类标准几经变更:第一次全国土地调查和 2001 年以前的年度土地变更调查,采用的是《土地利用现状分类及含义》(1984 年)(表 2-1);2002—2008 年的土地变更调查采用的是《全国土地分类(过渡期间适用)》(2002 年)(表 2-4);第二次全国土地调查及至 2017 年的年度土地变更调查采用的是《土地利用现状分类》(2007 年)(表 2-5)和《城镇村及工矿用地》(第二次全国土地调查分类)(表 2-7);第三次全国国土调查则采用的是基于 2017 年版国家标准《土地利用现状分类》的《第三次全国国土调查工作分类》(表 2-11)。

不同时期的土地使用方式不同,土地政策不同,土地分类标准存在一定差异,这给不同时间段的土地数据对比分析带来了限制。因此,以第三次全国国土调查工作分类为基础,建立起不同时期土地调查分类的对应关系是十分有必要的,只有这样才能够统一数据口径,以满足管理部门对比分析不同时期土地数据的需要。

以第三次全国国土调查工作分类为依据,不同时期土地调查分类具体对应关系如表2-14 所示。

表 2-14　不同时期土地调查分类对应关系

第三次全国国土调查工作分类					第二次全国土地调查分类		全国土地分类(过渡期间适用)		第一次全国土地调查分类	
一级类		一级类	二级类							
编码	名称	编码	名称	类别编码	地类名称	类别编码	地类名称	类别编码	地类名称	
00	湿地	0303	红树林地	031	有林地	131	有林地	31	有林地	
		0304	森林沼泽							
		0306	灌丛沼泽	032	灌木林地	132	灌木林地	32	灌木林	
		0402	沼泽草地	041	天然牧草地	141	天然草地	41	天然草地	
		0603	盐田	204	采矿用地	215	盐田	54	盐田	
		1105	沿海滩涂	115	沿海滩涂	324	滩涂	76	滩涂	
		1106	内陆滩涂	116	内陆滩涂	323	苇地滩涂部分	75	苇地滩涂部分	

第三次全国国土调查工作分类			第二次全国土地调查分类		全国土地分类（过渡期间适用）		第一次全国土地调查分类	
一级类		二级类	类别编码	地类名称	类别编码	地类名称	类别编码	地类名称
编码	名称	一级类编码 / 二级类名称						
00	湿地	1108 沼泽地	125	沼泽地	313	沼泽地	83	沼泽地
					323	苇地除滩涂部分	75	苇地除滩涂部分
01	耕地	0101 水田	011	水田	111	灌溉水田	11	灌溉水田
					112	望天田	12	望天田
		0102 水浇地	012	水浇地	113	水浇地	13	水浇地
					115	菜地	15	菜地
		0103 旱地	013	旱地	114	旱地	14	旱地
02	种植园用地	0201 果园	021	果园	121	果园	21	果园
		0202 茶园	022	茶园	123	茶园	23	茶园
		0203 橡胶园	023	其他园地	124	橡胶园	24	橡胶园
		0204 其他园地	023	其他园地	125	其他园地	25	其他园地
03	林地	0301 乔木林地	031	有林地	131	有林地	31	有林地
		0302 竹林地	031	有林地	131	有林地	31	有林地
		0305 灌木林地	032	灌木林地	132	灌木林地	32	灌木林
		0307 其他林地	033	其他林地	133	疏林地	33	疏林地
					134	未成林造林地	34	未成林造林地
					135	迹地	35	迹地
					136	苗圃	36	苗圃
04	草地	0401 天然牧草地	041	天然牧草地	141	天然草地	41	天然草地
		0403 人工牧草地	042	人工牧草地	142	改良草地	42	改良草地
					143	人工草地	43	人工草地
		0404 其他草地	043	其他草地	311	荒草地	81	荒草地
					317	其他未利用土地（苔原部分）	88	其他（苔原部分）
20	城镇村及工矿用地	201 城市	201	城市	201	城市	51A	城市
					204	独立工矿用地归属城市部分	53	独立工矿用地归属城市部分
		202 建制镇	202	建制镇	202	建制镇	51B	建制镇
					204	独立工矿用地归属建制镇部分	53	独立工矿用地归属建制镇部分

第三次全国国土调查工作分类			第二次全国土地调查分类		全国土地分类（过渡期间适用）		第一次全国土地调查分类	
一级类		一级类 / 二级类						
编码	名称	编码（一级类）	名称（二级类）	类别编码	地类名称	类别编码	地类名称	类别编码	地类名称

编码	名称	编码	名称	类别编码	地类名称	类别编码	地类名称	类别编码	地类名称
20	城镇村及工矿用地	203	村庄	203	村庄	203	农村居民点	52	农村居民点
						204	独立工矿用地归属村庄部分	53	独立工矿用地归属村庄部分
		204	盐田及采矿用地	204	采矿用地	204	独立工矿用地采矿部分	53	独立工矿用地采矿部分
						205	盐田	54	盐田
		205	风景名胜及特殊用地	205	风景名胜及特殊用地	206	特殊用地	55	特殊用地
10	交通运输用地	1001	铁路用地	101	铁路用地	261	铁路用地	61	铁路
		1002	轨道交通用地						
		1003	公路用地	102	公路用地	262	公路用地	62	公路
		1004	城镇村道路用地	103	街巷用地	—	居民点道路	—	居民点以外的各种道路
		1005	交通服务场站用地						
		1006	农村道路	104	农村道路	153	农村道路	63	农村道路
		1007	机场用地	105	机场用地	263	民用机场	64	民用机场
		1008	港口码头用地	106	港口码头用地	264	港口码头用地	65	港口、码头
		1009	管道运输用地	107	管道运输用地	265	管道运输用地	—	除居民点及独立工矿用地外有关地类
11	水域及水利设施用地	1101	河流水面	111	河流水面	321	河流水面	71	河流水面
		1102	湖泊水面	112	湖泊水面	322	湖泊水面	72	湖泊水面
		1103	水库水面	113	水库水面	271	水库水面	73	水库水面
		1104	坑塘水面	114	坑塘水面	154	坑塘水面	74	坑塘水面
						155	养殖水面		
		1107	沟渠	117	沟渠	156	农田水利用地	77	沟渠
		1109	水工建筑用地	118	水工建筑用地	272	水工建筑用地	78	水工建筑物
		1110	冰川及永久积雪	119	冰川及永久积雪	325	冰川及永久积雪	79	冰川及永久积雪

第三次全国国土调查工作分类			第二次全国土地调查分类		全国土地分类（过渡期间适用）		第一次全国土地调查分类	
一级类		二级类	类别编码	地类名称	类别编码	地类名称	类别编码	地类名称
编码	名称	编码	名称						

一级类编码	一级类名称	一级类编码	二级类名称	类别编码	地类名称	类别编码	地类名称	类别编码	地类名称
12	其他土地	1201	空闲地	121	空闲地	—	目前还未利用的土地	—	目前还未利用的土地
		1202	设施农用地	122	设施农业用地	151	畜禽饲养地	52 53	畜禽饲养地、设施农业用地晒谷场等用地
						152	设施农业用地		
						158	晒谷场等用地		
		1203	田坎	123	田坎	157	田坎	87	田坎
		1204	盐碱地	124	盐碱地	312	盐碱地	82	盐碱地
		1205	沙地	126	沙地	314	沙地	84	沙地
		1206	裸土地	127	裸地	315	裸土地	85	裸土地
		1207	裸岩石砾地			316	裸岩、石砾地	86	裸岩、石砾地
						317	其他未利用土地除苔原外部分	88	其他除苔原外部分

第三章　基础资料处理技术

第三次全国国土调查作为一项重大的国情国力调查,是我国在建设与发展阶段中一项至关重要的工作。与第二次全国土地调查相比,第三次全国国土调查在基础数据信息采集、土地分类、调查底图制作、内业信息提取、外业举证及技术运用等方面有显著的变化。第三次全国国土调查数据采集技术的更新为全面细化和完善全国土地利用基础数据奠定基础,通过数据的准确采集和分析,掌握翔实准确的国土利用现状和自然资源变化情况,从而实现成果信息化管理与共享,满足生态文明建设、空间规划编制、自然资源管理体制改革等各项工作的需要。

本章展示了遥感影像图的处理、调查底图制作、调查界限与控制面积计算以及坡度和田坎的相关测算制作技术。

第一节　遥感正射影像图制作技术

一、基本概述

(一)遥感影像

遥感影像(也称遥感数据)包括航空遥感影像(也称航空影像、航空摄影、航空像片等)和航天遥感影像(也称航天影像、卫星影像、卫星像片等)。

1.航空遥感影像

航空遥感又称机载遥感,是指利用各种飞机、飞艇、气球等作为传感器运载工具在空中进行的遥感技术,其依据推扫成像原理,利用安装在飞行器上的遥感器感测地表物体对电磁波的反射和其发射的电磁波,并将数据特征记录下来以供识别和判断,在地学分析应用领域尤其是国土资源管理领域是不可或缺的信息源。

2.航天遥感影像

航天遥感泛指利用各种空间飞行器作为平台的遥感技术系统。它以地球人造卫星为主体,包括载人飞船、航天飞机和空间站,有时也把各种行星探测器包括在内。在航天遥感平台上采集遥感影像信息的方式有四种:一是宇航员操作;二是卫星舱体回收;三是通过扫描将图像转换成数字编码,传输到地面接收站;四是卫星数据采集系统收集地球或其他行星、卫星上定位观测站发送的探测信号,中继传输到地面接收站。

(二)图像处理

遥感图像处理是对遥感图像进行辐射校正和几何纠正、图像整饰、投影变换、镶嵌、特征提取、分类及各种专题处理等一系列操作,以求达到预期目的的技术。遥感图像处理可分为两类:一是利用光学、照相和电子学的方法对遥感模拟图像(照片、底片)进行处理,称为光学处理;二是利用计算机对遥感数字图像进行一系列操作,从而获得某种预期结果的技术,称为遥感数字图像处理。

(三)其他有关概念

1.像元

指数字影像的基本单元。

2.影像分辨率

主要指空间分辨率,即遥感图像上能够详细区分的最小单元的尺寸或大小,是用来表征影像分辨地面目标细节能力的指标。

3.影像灰度值

指记载了用像元表示的地物反射的该波段波长范围内的电磁波强度信号。

4.数字高程模型(DEM)

指在等间距平面格网点上以高程表达地形起伏的数据集。

5.正射纠正

指利用满足精度要求的纠正控制点和数字高程模型,对影像进行几何纠正和投影差改正。

6.数字正射影像图(DOM)

指利用数字高程模型(DEM)对航空、航天遥感影像进行正射纠正、接边、色彩调整、镶嵌,并按照一定范围裁切生成的数字正射影像数据集。

7.影像配准

指将同一地区的不同特性的相关影像(如不同传感器、不同时相、不同波段或传感器在不同位置获取的同一地区地物)在几何上互相匹配,即实现影像与影像间地理坐标及像元空间分辨率上的统一。

8.影像融合

指将不同类型传感器获得的同一地区的影像进行空间配准,将各影像中的优势或互补性有机结合起来产生新影像的技术过程。影像融合主要包括几何空间配准以及光谱特征和几何特征的综合。

9.全色数据

指对地物辐射中全色波段的影像摄取,在图像上显示是灰度图片。一般指 $0.5\ \mu m$ 到 $0.75\ \mu m$ 左右的单波段数据。

10. 多光谱数据

指对地物辐射中多个单波段的摄取,该数据中包含多个波段的光谱信息。

11. 模拟自然真彩色

指利用多光谱数据中的 3 个波段或计算后的 3 个波段,按照 R、G、B 3 个基色分量顺序合成的彩色影像与自然界中实际地物的色彩基本一致的影像。

12. 采样间隔

指处理后的数字影像相邻像素中心的距离,通常为一固定值。

二、DOM 数据源精度

(一)航空影像比例尺

基于数码相机航空摄影时,DOM 比例尺与数码相机像素地面分辨率的对应关系如表 3-1 所示。

表 3-1　不同比例尺 DOM 与数码相机像素地面分辨率对应关系

DOM 比例尺	数码相机像素地面分辨率
1∶500	优于 0.05
1∶1000	优于 0.1
1∶2000	优于 0.2
1∶5000	优于 0.4
1∶10000	优于 0.8

(二)航天影像比例尺

采用航天遥感数据制作的 DOM 比例尺与原始数据空间分辨率的对应关系见表 3-2。

表 3-2　不同比例尺 DOM 与航天遥感数据空间分辨率对应关系

DOM 比例尺	数据空间分辨率
1∶2000	≤0.5
1∶5000	≤1
1∶10000	≤2.5

三、DOM 精度指标

(一)平面位置精度

按照《国家基本比例尺地图测绘基本技术规定》(GB 35650—2017),DOM 地物点相对于实地同名点的点位中误差,不应大于表 3-3 之规定。特殊地区可放宽 0.5 倍。规定两倍中误差为其限差。

表 3-3 DOM 平面位置精度

单位:m

DOM 比例尺	平地、丘陵地	山地、高山地
1∶500	0.3	0.4
1∶1000	0.6	0.8
1∶2000	1.2	1.6
1∶5000	2.5	3.75
1∶10000	5.0	7.5

(二)镶嵌限差

(1)利用航空影像制作 DOM 时,像片或影像之间镶嵌限差见表 3-4。

表 3-4 像片或影像镶嵌限差

单位:m

DOM 比例尺	平地、丘陵地	山地、高山地
1∶500	0.1	0.15
1∶1000	0.2	0.3
1∶2000	0.4	0.6
1∶5000	1.0	1.5
1∶10000	2.0	3.0

(2)利用卫星影像制作 DOM 时,景与景之间的镶嵌限差见表 3-5。

表 3-5 景与景镶嵌限差

单位:m

DOM 比例尺	平地、丘陵地	山地、高山地
1∶2000	1.0	1.6
1∶5000	2.5	4.0
1∶10000	5.0	8.0

(3)利用不同分辨率影像(包括航空影像和卫星影像)制作 DOM 时,二者之间的接边限差见表 3-5。

四、数字正射影像图（DOM）制作

（一）航空摄影

考虑到浙江省气候、地形等因素，根据作业区范围和精度要求，对不同的地区采用不同的航摄方案，选择合适的摄影比例尺和地面分辨率，并参照相应规范进行航摄设计。

（二）像控测量

航空影像纠正所用控制点采用 GPS 实测或从≥1∶1000 比例尺的已有图件（数字正射影像或数字地形图）上采集。

（1）像控点布设按《1∶5000　1∶10000 地形图航空摄影测量外业规范》（GB/T 13977—2012）要求执行，采用平高区域网布点，网形尽量呈矩形。像控点在像片上的位置，选取纹理清晰、易于判别、交通便利的明显特征点。

（2）GPS 外业观测使用双频或单频接收机，采用静态或快速静态方法进行，观测时各项参数满足表 3-6 规定。外业观测后，以三维基线向量及其相应协方差阵作为观测信息，在约束平差确定的有效观测基础上，兼顾地面起算数据，在规定的国家坐标系下，使用软件对所有独立基线组成的闭合环形图进行三维约束平差。

表 3-6　GPS 外业观测参数

项目		双频	单频
卫星高度角		≥15°	≥15°
数据采样间隔		30 秒	30 秒
有效观测卫星数		≥4	≥4
PDOP		≤8	≤8
观测时段	闭合环	1	1
	附合线路	1	1
	散点	2	2
观测时间	0—5 km	5—10 分	15—30 分
	5—10 km	10—20 分	30—60 分
	0—15 km	≥30 分	≥60 分

注：观测时间以能解算出基线向量为准。

（3）数据解算及质量控制。像片控制点的选择、施测、整饰和数据解算等均参照《1∶5000　1∶10000 地形图航空摄影测量内业规范》（GB/T 13990—2012）和《全球定位系统（GPS）测量规范》（GB/T 18314—2009）等相关规范执行。解算及整饰完成后进行质量检查。

（三）DOM 制作

1. DEM 生产

DEM 生产的主要流程如图 3-1 所示。

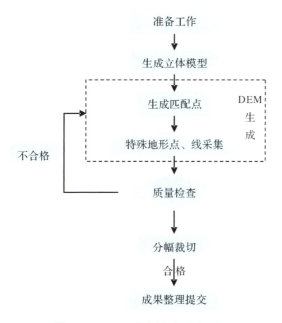

图 3-1　DEM 生产技术流程图

（1）准备工作。

DEM 制作前，首先将空中三角测量加密数据及航片数据整理好，确保数据的正确性，并明确相关要求。

（2）生成立体模型。

空三加密成果导入全数字摄影测量工作站，经检查定向精度等指标符合要求后，对立体模型进行预处理。

（3）DEM 生成。

DEM 的生成主要包括如下内容：

以一定的采样间隔的网格密度生成匹配点，这些点进行精编辑后作为特征数据使用。

对特殊地形，可以采集山头、洼地、鞍部等地形特征点以及山脊线、山谷线、面状水域线、水涯线、断裂线等特征线，并加入外业实测散点生成 DEM。

利用已完成的特征点、线进行三角内插及相关平滑处理，生成 DEM 数据。

（4）质量检查。

DEM 数据生成后，为确保 DEM 精度，对 DEM 进行检查，采用高程异常自动差错和人工精度检测两种方法。

第一种方法，高程异常自动查错：为避免 DEM 成果异常突起、凹陷和图幅间不接边等问题,需要对 DEM 成果进行高程异常自动查错。

第二种方法,人工精度检测:采用立体观察检测和像控点对 DEM 精度进行检测。立体观察检测方法是用 DEM 建立该区域的立体像对,在立体观察状态下检查 DEM 格网点或等高线是否切准地面。

检查内容主要包括:

检查 DEM 是否完整覆盖调查区域,是否存在漏洞。

检查不同模型 DEM 接边是否满足精度要求,是否存在粗差。

检查接边后 DEM 是否出现裂隙,重叠部分高程是否一致。

检查 DEM 高程精度是否符合要求。

(5)分幅裁切。

对检查修改好后的 DEM 数据进行镶嵌处理,可以以图幅或调查区域为单位。采用标准分幅时,应向四边扩展(图上约 10cm),以矩形覆盖。

(6)成果整理提交。

分幅裁切后,按规定进行格式转换并整理提交。

2. DOM 生成

(1)准备工作。

DOM 生产前,首先将空三加密数据、DEM 数据及航片数据整理好,确保数据的正确性,并明确 DOM 制作的相关要求。

(2)匀光匀色。

由于不同架次飞行的原始影像数据会存在差异,因此对原始影像数据进行匀光匀色处理,确保数据色彩等的相近性。

(3)单片正射纠正。

采用 DEM 数据、空三加密成果和影像数据进行影像重采样,完成影像的微分纠正,生成单模型数字正射影像。

(4)镶嵌处理。

单片 DOM 数据生产完成后,对其进行无缝镶嵌,要求避开存在投影差的区域(房屋等)和局部色差大的区域;并对镶嵌区域进行处理,确保地物的完整性,不增、减地物,避免重影、错位等现象。

(5)质量检查。

DOM 质量检查主要包括精度检查和图面质量检查,主要包括以下内容。

精度检查:使用已有资料,如像控点进行精度检查,确保地物点对最近野外控制点的图上点位中误差满足相关精度要求。

图面质量检查:确保影像清晰,层次丰富,幅与幅之间影像保持色调均匀,反差适中,图面上无影像处理留下的明显痕迹,在屏幕上有良好的视觉效果;影像接边重叠带不出现明显的模糊和重影,相邻数字正射影像严格接边。

(6)分幅装切。

质量检查完成后,进行标准图幅裁切,输出标准图幅 DOM。

(7)成果整理提交。

分幅裁切后,按规定进行格式转换并整理提交。

五、数字正射影像图(DOM)制作

DOM 生产是第三次全国国土调查的基础性工作,关系着整个调查工作能否保质、保量、按时完成,是土地利用现状调查、权属调查、数据库建设、成果汇总的依据。因此,DOM 生产是第三次全国国土调查非常关键的环节。航天遥感数字正射影像图(DOM)生产是调查底图生产的主体部分。DOM 生产是基于获取的航天遥感卫星原始影像,结合相应的控制资料及数字高程模型(DEM),使用遥感图像处理软件进行各环节处理,最后经过按调查比例尺裁切、叠加行政区域调查界线等要素、图廓整饰等,形成用于第三次全国国土调查的标准分幅调查底图。

航天数字正射影像图以数字正射影像图(DOM)和数字高程模型(DEM)为基本资料,采用控制点对浙江省范围的全色和多光谱影像进行正射纠正,经融合、镶嵌生成卫片 DOM,裁切为按照标准分幅外扩 10m 的彩色正射卫星影像图,并按照规程规定格式进行图廓整饰和元文件生成,具体步骤如下:

(一)控制点源 DOM 预处理

根据单景卫星影像范围,将该范围内的 1∶1 万 DOM 进行预处理,包括拼接(或投影换带与拼接)、格式转化等,制作该景卫星影像范围的 DOM。

(二)DEM 预处理

根据单景卫星影像范围,将该范围的 1∶1 万或涉及跨省区域的 1∶5 万 DEM 进行预处理,包括格式转化、拼接(或投影换带与拼接)等,制作该景卫星影像范围的 DEM。

(三)纠正影像图生产

在遥感与图像处理软件环境下,采用处理后的 DOM 和 DEM,对各卫星影像进行纠正、配准、融合、色调调整、镶嵌(或投影换带与镶嵌)、裁切等遥感技术处理,生产制作 1∶1 万标准分幅的数字正射纠正卫星影像图。

六、图廓整饰与元文件

图廓整饰数据由全国三调办提供的套装软件统一生成,必须根据全省行政界线数据对其进行 100％检查及修改。整饰内容为:坐标系内外图廓线、经纬度、公里网线及注记、图名、图号、比例尺、图名结合表、编制说明、制作单位、密级、版权说明等信息。

元文件按两列存储,按照规定记录成果数据的全面信息。

七、问题及处理

(一)影像数据覆盖

浙江省大部分地区采用航摄数字正射影像作为浙江省第三次国土调查底图,建德市采用高分辨率卫星影像制作调查底图,仅舟山部分岛屿和沿海部分岛屿因航摄条件限制,采用新近卫星影像制作调查底图。从底图应用效果看,航摄数字正射影像的低成本和清晰纹理较好地满足了调查需求。

(二)影像色调与纹理

由于航摄时间和季节跨度大,部分图幅上下航线色调差别较大,作业时在软件中做了处理,尽量保持影像色调一致性。第三次全国国土调查底图要求影像纹理清晰,色调均匀,反差适中,图幅之间无明显色差;彩色影像模拟自然真彩色,光谱信息丰富;时相相同或相近的镶嵌影像纹理、色彩自然过渡;时相相差较大、地物特征差异明显的镶嵌影像,允许存在光谱差异,但同一地块内光谱特征尽量一致;对正射影像里出现变形(如模糊、重影)的区域,通过适当贴补一块原始影像(经过纠正)的方法来解决;对影像阴影过长、密度过大,并已掩盖相邻地物的区域,进行阴影和密度处理;对影像反差过大或反差过小的区域进行反差调整,使其不影响地物的判别。

(三)影像镶嵌与分幅裁切

对于城区等图幅中的高层建筑,由于投影差别较大,在镶嵌时,镶嵌线选取沿街区、河流等处,避开建筑物投影差造成影像错位等情况。重叠区域影像的选取,原则上遵循时相新的压盖时相旧的,如果重叠区域新的影像存在云覆盖不能判读地物的现象,可以用旧的影像压盖新的影像。裁切时按《国家基本比例尺地形图分幅和编号》(GB/T 13989—2012)的规定进行图幅分幅与编号,并以标准图幅内图廓外接矩形外扩10 m。

(四)整饰数据和元文件

图廓整饰数据由全国三调办提供的套装软件统一生成,但生成的整饰DXF文件会出现经纬网格线遗漏、境界线和界端注记错误等问题,必须根据全省行政界线境界数据对其进行100%全面检查,修改错漏之处。

第二节 调查底图制作技术

以航空、航天遥感数据(影像)生产制作的DOM为底图,根据规划的调查比例尺,按照地图标准分幅进行裁切,并添加图廓、行政区域调查界限等要素,如此形成的标准分幅图DOM为调查底图。

调查底图制作是在国家任务下发后开展外业调查及举证和内业数据建库前的基础工

作,是调查过程中的关键一步,调查底图制作的质量直接影响着整个调查任务完成的精度和时间。调查底图是开展权属调查、地类调查、数据库建设的主要依据,是第三次全国国土调查的重要基础。

一、调查底图的内容

第三次全国国土调查工作底图内容主要包括:

(1)DOM 影像数据。

(2)基础行政区界线、永久基本农田范围、主要河流水系及名称、重要地名。

(3)重点地类变化图斑,包含国家下发疑问图斑、建设用地变化图斑、新增耕地、耕地二级类调整图斑(旱改水)、农用地变未利用地图斑。

(4)内业无法确认图斑,主要为影像无法确定的图斑和需要调查细化属性的图斑。

(5)外业调查举证拍照点矢量数据。

二、调查底图制作技术流程

调查底图的制作主要包括影像数据资料收集、资料叠加套合、内业处理、信息检索提取与融合、底图制作与输出。如图 3-2 所示。

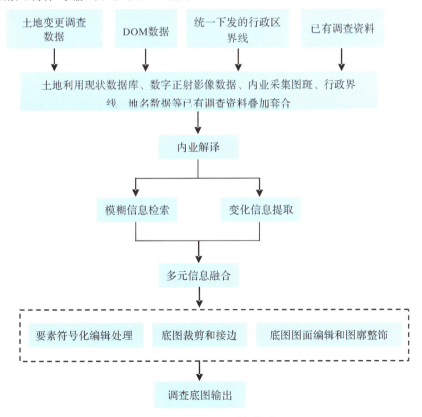

图 3-2 调查底图制作技术流程图

三、调查底图的制作

(一)遥感正射影像数据收集和准备

在第三次全国国土调查中,浙江省统一领取国家下发的优于 1 m 分辨率遥感影像制作的 DOM,统一收集 2014 年 1 月 1 日以后优于 0.2 m 分辨率航空正射影像数据和 2017 年 1 月 1 日以后优于 0.5 m 分辨率航天正射影像数据,并下发给浙江省县(市、区)使用。

(二)调查信息提取及调查底图制作

在国家提供的调查底图基础上,浙江省各县(市、区)套合优于 0.2 m 分辨率航空正射影像、第二次全国土地调查及年度变更调查数据库,全区域补充提取土地利用图斑,逐图斑对比数据库地类与最新高分辨率 DOM 地物特征的一致性,根据对比核实结果,提取不一致图斑,根据《工作分类》图式符号化或标注地类代码,并补充相关行政名称、地理名称注记信息,依据影像特征勾绘图斑边界。其中,一致图斑的界线充分继承现有调查界线。同时,根据数据库地类和影像特征,内业判断该图斑土地利用类型;对影像特征无法明确判断土地利用类型的,提供与影像特征可能对应的土地利用类型两种选项。根据《工作分类》图式符号化或标注地类代码,套合最新 0.2 m 分辨率 DOM,结合 0.5 m 等分辨率 DOM,补充相关行政名称、地理名称注记信息,形成调查工作底图和初始的外业调查底图数据。

四、调查底图质量控制

(一)总体要求

质量控制实行"二检一验"制度,即自检、预检和验收。自检由本单位质检机构实施,预检由全国三调办委托的监理机构实施,最终由全国三调办组织验收。自检、预检和验收均独立进行。

自检采用规范化技术管理手段,对过程成果及最终成果实行两级检查制度,对成果进行 100%检查,并填写相应质量检查记录表。

生产实行全过程的质量控制,加强生产过程中工序的质量控制,上工序成果经检查无误后才能进行下工序作业。

质检工作有计划有组织地开展工作,各级检查不省略或代替。

(二)质量控制内容

质量控制检查内容包括对调查底图制作过程中涉及的各环节成果质量、精度、完整性、规范性等内容进行检查。

1. 航空 DOM 生产质检

(1)标准分幅 DEM 成果。

检查数据格式、数学基础、采样间隔、裁切范围等基本要求是否符合要求;接边精度是否超限;数据质量和元文件等内容是否符合要求。

(2)DOM 成果。

检查文件命名、投影带号、数据格式、采样间隔、成果完整性等基本要求是否符合规定;DOM 影像内部接边是否符合要求;影像是否完整、清晰,纹理是否丰富,色彩是否美观,各图幅间色调是否基本一致,地物影像有无拉伸、变形等。

2. 航天 DOM 生产质检

(1)基础资料。

检查控制资料(包括 DRG、DEM、实测控制点等)的选择与处理是否满足要求,以及原始卫星影像是否满足生产需求。

(2)DOM 成果。

检查文件命名、投影带号、数据格式、采样间隔、成果完整性等基本要求是否符合规定;平面精度、接边精度、融合效果、镶嵌质量、完整性等是否符合要求。

3. 接边质量控制

调查底图接边质量检查,包括对同一批次或不同批次数据相邻图幅之间、不同比例尺数据之间的接边情况进行检查。

调查底图制作过程中,对同分辨率、同波段类型(单波段与单波段、多波段与多波段)的影像进行镶嵌接边,不同采样间隔、不同波段类型(即多波段与单波段)之间不进行影像镶嵌接边,但需要满足相关接边精度要求。同一批次标准分幅底图之间光谱及几何接边为无缝接边,其他情况接边满足接边限差要求。具体接边精度指标与要求如下。

(1)同分辨率、同波段数据接边限差及重叠限差要求。

①接边限差。1:1 万比例尺接边限差为 5 m(平原)和 8 m(山区),1:5 万比例尺接边限差为 25 m(平原)和 40 m(山区)。

②重叠限差(两幅相邻标准分幅影像重叠区域同名地物点之间的中误差)相应比例尺、相应地形条件,平面中误差的 2 倍。特殊地区放宽 0.5 倍。

(2)不同分辨率、不同波段数据接边限差及重叠限差要求。

①接边限差。不同数据源接边限差执行低分辨率数据标准,平地、丘陵地为 2 个像素,山地、高山地为 3 个像素,特殊地区放宽 0.5 倍。

②不同数据源重叠误差。相应比例尺、相应地形条件,平面中误差的 2 倍,特殊地区放宽 0.5 倍。

(3)相邻图幅接边。

当相邻图幅接边超限时,通过控制资料确定超限图幅及修改方案。

(4)分幅 DOM 质检。

检查其数据格式、数学基础、采样间隔、裁切范围等基本要求是否符合规定,接边精度、数据质量(包括影像的纹理和色调)、元文件等内容是否满足要求。

（5）其他成果。

检查控制点库、元文件、管理文件夹等内容是否符合要求。

（三）质量控制方法

浙江省第三次国土调查底图质量控制严密，质量检查贯穿底图生产全过程，同时建立了从生产单位自检，到监理单位对所有成果进行全面检查的制度，严格控制了各个生产环节可能出现的质量问题。

1.不同质检环节控制措施

（1）生产单位的质量控制环节。

生产单位在各个生产环节，对质量进行独立跟踪、检查，把握好各项精度指标，随时掌握质量状况，把质量问题消灭在生产过程中。

（2）监理单位的质量控制环节。

监理单位对生产单位提交的底图成果进行 100％ 的预检，对控制测量、影像纠正等关键环节的精度要求进行重点检查，同时均匀抽取一定比例的 GPS 实测点或者用于纠正的部分 DRG 对 DOM 的精度做出评定。

（3）接边质量控制环节。

由于浙江省第三次国土调查底图制作范围大、涉及的生产单位多、数据源多样，为了保证底图制作的质量，省三调办组织生产单位、监理单位集中进行接边精度检查，发现问题及时解决。

在质量控制过程中采用的主要方法：

①程序自动检查：通过设计检查模型算法和编制计算机程序，利用影像数据、信息文件、元文件、控制点文件的内容特征及其之间的数据关联和逻辑关系，自动检查文件名、元文件内容、控制点库结构等内容及其一致性。

②人机交互检查：借助地理信息系统和图像处理软件，通过人工目视判断，检查 DEM 精度、DOM 影像质量（色调和精度）等内容。

③人工核对检查：通过手工清点，检查成果资料的完整性和正确性，确定各种上交资料数量是否齐全，纸质文档填写格式是否规范、内容是否正确等。

④外业检测：通过外业实测 GPS 检查点检查影像平面精度。

⑤现场考察与质询。

2.引入过程监理

引入过程监理，缩短监理周期，加快底图制作进度，提高最终成果质量。过程监理不是一种形式，而是深入生产单位，针对生产的关键环节进行监理，发现问题，研究对策，解决问题。

第三节　调查界线与控制面积计算

一、调查界线组成与来源

(一)界线组成

浙江省第三次国土调查界线是以国界线、陆地(含岛屿)与海洋的分界线(零米等深线,即经修改的低潮线)和各级行政区界线为基础制作而成,包括国界、省界、市(地)界、县(市、区)界、乡(镇)界,其结果仅用于面积统计汇总,不作为权属调查的依据。

(二)调查界线的来源与使用

1.国界线

国界采用国家确定的界线。我国陆地边界线涉及周边 14 个国家与国内的 9 个省级行政区。第三次全国国土调查中使用的国界线采用外交部提供的最新勘界成果。

2.零米等深线

浙江省第三次国土调查中使用的零米线依据最新的海洋基础测绘资料制作。

3.行政区域界线

行政区域界线,是指国务院或者省、自治区、直辖市人民政府批准的行政区域相邻的有关人民政府行使行政区域管辖权的分界线,包括省界、市(地)界、县(市、区)界、乡(镇)界。

4.调查界线的使用

第三次全国国土调查控制界线采取国家总体控制,国家负责统一组织制作以省级行政界线为基础的调查界线(国界、零米线、省界的调整由国家负责完成);地方分级负责,省级负责省以下县级调查界线制作与确定,县级负责制作以乡镇、村级行政界线为基础的调查界线。浙江省由省级单位对年度土地变更调查界线进行坐标转换和界线更新,依据最新的遥感影像,在经自然资源部门审核后对新修建人工岸(港口、码头)、围填海造地等造成的实地变化进行调整,统一确定各级调查控制界线、控制面积,分级提供调查使用。

二、调查界线的调整

(一)调整依据

(1)沿海陆地及岛屿零米等深线,依据海军航保局提供的最新海洋基础测绘成果调整,各市(区、县)依据最新遥感影像发现的新修建人工岸(港口、码头)、围填海造地等造成的实地变化,由浙江省统一报送至全国三调办审核后完成调整。

(2)市、县级调查界线调整由省级负责完成,乡镇、村级调查界线及海岸线的调整由县(市、区)负责完成。各级分别依据相应等级民政部门行政区划的相关文件完成调整。因成图精度等客观因素造成调查界线与数字正射影像图(DOM)相对位置产生位移的,由浙江省统一组织对调查界线进行调整使之与 DOM 匹配,经界线双方民政部门同意并提请省级民政部门审核确认后作为最终调查界线。

(4)乡镇、村级调查界线,依据县(市、区)人民政府相关文件调整。

(5)海岸线即陆海分界线以大潮平均高潮线为准。

(二)调整方法

依据第三次全国国土调查确定的坐标系和比例尺,根据年度土地变更调查成果等已有基础资料,在继承的基础上,结合高分辨率遥感影像,需要对调查比例尺提高后新增上图图斑进行补充,对原界线精度进行调整,对提取的行政范围内界线与影像纹理明显不一致的线段进行采集和调整。调整后生成的行政区界线、零米线、海岸线、岛屿数据界线,经调整后的各调查界线及影像图依据相关主管部门的批准文件,由浙江省统一报全国三调办审核批准后使用。

(三)调查界线图的制作

依据第三次全国国土调查确定的坐标系和比例尺,以及按规定层级确定的省界、市界、县界调整数据,由省组织对年度土地变更调查界线进行坐标转换和界线更新,制作标准分幅数字化县级调查界线图,提供给下级县(市、区)使用,并报全国三调办备案。

1.技术路线

调查界线制作主要以国家下发的省级调查界线为基础,结合最新年度土地变更调查界线,收集各级调查界线发生变化的调整说明等界线资料,将数据标准化后进行调整,完成县与县之间接边,并进行拓扑检查确保数据无缝衔接,形成县级调查界线图。调查界线制作流程如图 3-3 所示。

图 3-3　调查界线制作流程图

2. 调查界线图制作

（1）行政界线资料收集整理。

浙江省充分利用国家下发的省级调查界线及图幅理论面积与控制面积接合图表，收集省民政厅或地方国土管理部门提供的市、县各级最新行政界线调整资料，对最新年度土地变更调查数据中的行政界线数据进行分析整理，形成最新行政界线资料。

（2）数据格式转换。

由于收集到的各类县级界线数据采用的数据格式不一（DWG、DXF、DGN、ArcInfo Corvage、Shape File 等），为了方便后期数据接边及界线调整，将各类数据的数据格式统一转换为 Shape File 数据格式。

数据格式转换采用 FME 软件。FME 空间数据转换是基于语义的格式转换（Semantic Translation），在转换过程中可以重新构造数据，也可根据特殊需求，提取相同数据源的不同层面和内容，而不是以单一格式输入数据。采用 FME 软件进行数据格式转换，得到需要的数据格式。利用 FME 软件将浙江省界线数据统一转换成 Shape File 文件。

（3）数据坐标系转换。

坐标转换工作主要针对收集到的各类县级界线数据，由于各地坐标系存在不一致的现象，为了便于数据接边及界线调整，需要将各类收集到的数据进行坐标转换，将其统一转换为 2000 国家大地坐标系。不同的坐标系统，其椭球参数不同，椭球之间没有统一的方法实现坐标转换。但是，在椭球所指的区域内，由于椭球面弯曲度变化较小，通过该区域同名点在不同的椭球系上存在的一定曲面数学关系，形成转换模型进行坐标转换。本项目采用转换方法是七参数转换法。

①在需要转换县范围内选择 3 个以上拥有 CGCS2000 坐标的控制点。

②将选择好的控制点坐标经纬度 B、L、H 转换为空间直角坐标 x、y、z。

③选择布尔莎七参数法解出坐标转换七参数。

④评估转换参数的精度，如果精度能达到要求，就可以作为转换参数，如果精度达不到要求就要重新选择控制点计算转换七参数。

⑤采用国家统一下发的 2000 国家大地坐标系坐标转换软件，将 1954 北京坐标系、1980 西安坐标系等系统数据转换到 2000 国家大地坐标系。

（4）数据结构标准化。

在数据坐标和格式一致后，为了便于后期数据接边及拓扑检查，需要将所有县级调查界线图层进行合并，需要对各县级调查界线图层数据进行数据结构标准化。数据结构见表 3-7。

表 3-7　调查界线图层结构

序号	字段名称	字段代码	字段类型	字段长度	小数位数	值域	约束条件
1	标识码	BSM	Int	10		>0	M
2	要素代码	YSDM	Char	10			M
3	行政区代码	XZQDM	Char	12		见 GB/T 2260	M
4	行政区名称	XZQMC	Char	100		见 GB/T 2260	M
5	控制面积	KZMJ	Float	15	2	>0	M
6	计算面积	JSMJ	Float	15	2	>0	O
7	描述说明	MSSM	Char	2		{01,00}	M

（5）行政界线调整。

①根据最新民政部门提供的行政区划调整资料，对照下发数据逐区县进行县级调查界线查看。调查界线需调整时，经过相邻县同意才做调整，并将调整后打印界线确认图交由双方确认。

②由于成图精度等客观原因造成调查界线与数字正射影像图相对位置产生偏移或矛盾的地方，按照勘界成果有关界址的描述，结合 DOM 对调查界线进行调整，经界线双方同意并提请双方民政部门审核确认后作为最终调查界线。

（6）县级界线接边。

①叠加县级调查界线及国家下发省级界线，按照国家下发省级界线调整县级调查界线，确保浙江省界上的县级界线与国家下发省级界线相一致。

②按照市进行县级调查界线图层合并，以市为单位进行内部县级调查界线接边，接边后进行拓扑检查修改。

③进行市级调查界线接边，在确保界线不重不漏基础上进行拓扑检查修改。

（7）拓扑检查修改。

将所有接边后的县级调查界线数据导入省级调查界线图层，形成合并后全省县级调查界线图层，建立拓扑关系，进行全省县级调查界线图层重叠缝隙等拓扑检查，确保拓扑关系无误后，进行外围界线与国家下发省级界线一致性检查。

①选择要进行拓扑检查的数据集。

②选择拓扑规则。

③检查修改，将检查出来的拓扑问题加载到 ArcGIS 中进行修改，直至拓扑检查无误后，形成县级调查界线数据。

(8)制作县级调查界线图。

利用处理好的县级调查界线数据成果制作全省县级调查界线图,图内包括省、市、县各级行政界线,省、市、县各级行政名称注记等。

三、国土调查控制面积计算

控制面积是国土调查中调查面积的总体控制,是以各级行政区界线为控制界线,标准分幅图幅理论面积为基础控制,计算的调查区域总面积(即控制面积)。第三次全国国土调查采用在调查之前先确定各调查区域的控制界线和控制面积,将矢量化的调查界线落在标准分幅图上,采用逐级、逐图幅面积控制方法。依据《第三次全国国土调查技术规程》(TD/T 1055—2019)规定,全国三调办制作各省级的调查控制界线和控制面积,浙江省三调办制作各县的调查控制界线和控制面积。

(一)资料情况

根据收集的资料进行整理分析,对其数据格式、坐标系等进行统一标准化处理。

1.依据以国家制作下发的省级行政界线为基础的全省 1∶5000 分幅控制面积,确定省级控制面积,国家下发的省级勘界成果作为省级控制界线。

2.界线资料包括全省县级行政界线、陆地(含海岛)与海洋的分界线(零米线)资料。

3.文件资料包括省、市(地)、县级调查界线对应各级民政部门行政区划调整相关文件,以及县(市、区)人民政府关于乡(镇)级调查界线的文件。各级调查界线发生变化需要调整的,应当依据相关主管部门批准文件,结合省、市(地)、县级调查界线对应各级民政部门行政区划调整相关文件,在最新年度土地变更调查界线基础上进行调整。

(1)浙江省县级以上行政勘界资料(不含水域勘界资料)。

(2)浙江省省界资料(全国三调办下发)。

(3)浙江省海岸线零米线资料(全国三调办下发)。

(4)浙江省海岛资料(全国三调办下发)。

(5)浙江省陆域控制面积和海岛控制面积(全国三调办下发)。

(二)控制面积计算流程

依据国家下发的浙江省省界、陆地(含岛屿)与海洋的调查控制界线以及土地变更调查时浙江省县级以上行政勘界线,生成全省各县(市、区)完整、封闭的行政界线。依据浙江省县级调查界线,按照调查确定的 2000 国家大地坐标系、1∶5000 比例尺,制作县级标准分幅矢量界线图(县级调查办依据省下发的县级标准分幅调查控制界线制作乡级调查控制界线)。标准分幅控制界线图制作完成后,以标准分幅图为单位,以图幅理论面积为控制,对有行政区域界线穿过的标准分幅图(破幅图)内的矢量界线数据按椭球面积计算公式分别计算图幅内各区域控制面积(即破幅面积)。控制面积具体制作流程如图 3-4 所示。

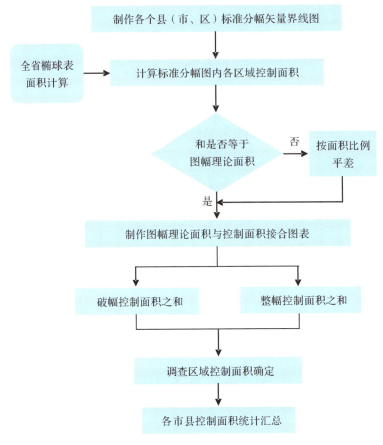

图 3-4　控制面积计算流程

(三)地球椭球面积的计算

地球是个椭球体,由于地球椭球表面同一纬度带上标准分幅图的图幅理论面积是相等的,每一幅图中的图幅理论面积是可以计算和控制的,因此,土地调查获得的各种用地类型的面积,采用了地球椭球表面上面积。计算地球椭球表面积是控制面积计算的基础,是确保调查面积准确的关键环节。在第三次全国国土调查中,地球椭球表面积计算包括标准分幅图的图幅理论面积的计算和任意图形(图斑)椭球面积的计算。

1.图幅理论面积的计算

图幅理论面积是指标准分幅图在地球椭球表面上的面积。第三次全国国土调查图幅理论面积主要指 1:5000 标准分幅图的图幅理论面积。

图幅理论面积计算公式:

$$p = \frac{4\pi b^2 \Delta L}{360 \times 60}\Big[A\sin\frac{1}{2}(B_2 - B_1)\cos B_m - B\sin\frac{3}{2}(B_2 - B_1)\cos 3B_m + C\sin\frac{5}{2}(B_2 -$$

$$B_1)\cos 5B_m - D\sin\frac{7}{2}(B_2 - B_1)\cos 7B_m + E\sin\frac{9}{2}(B_2 - B_1)\cos 9B_m\Big] \tag{3-1}$$

其中,A,B,C,D,E 为常数,按下式计算:

$e^2 = (a^2 - b^2)/a^2$;

$A = 1 + (3/6)e^2 + (30/80)e^4 + (35/112)e^6 + (630/2304)e^8$;

$B = (1/6)e^2 + (15/80)e^4 + (21/112)e^6 + (420/2304)e^8$;

$C = (3/80)e^4 + (7/112)e^6 + (180/2304)e^8$;

$D = (1/112)e^6 + (45/2304)e^8$;

$E = (5/2304)e^8$。

式中：

P——图幅理论面积（单位：m^2，保留 1 位小数）；

a——椭球长半轴（单位：m）；b——椭球短半轴（单位：m）；

ΔL——图幅东西图廓的经差（单位：分）；

$(B_2 - B_1)$——图幅南北图廓的纬差（单位：弧度）；

$B_m = (B_2 + B_1)/2$，B_m——图幅南北图廓的纬度平均值（单位：弧度）。

2. 任意封闭图形（图斑）地球椭球表面积的计算

任意封闭图形（图斑）地球椭球表面积是指任意封闭图形在椭球表面上的面积。为了保证任意封闭图形面积的计算与图幅理论面积计算的方法一致，第三次全国国土调查中任意封闭图形（图斑）面积的计算，也采用在椭球表面上计算的方式。

任意封闭图形地球椭球表面积的计算分为两步：第一步，利用高斯投影反解变换模型（公式），将采集的任意封闭图形的高斯平面坐标(x,y)换算为相应地球椭球的大地坐标（经纬度坐标 B,L）；第二步，利用地球椭球表面上任意梯形图块面积计算模型（公式）计算其地球椭球表面积，从而得到任意封闭图形（图斑）的地球椭球表面积。

（1）高斯投影反解变换数学模型（公式）。

根据大地测量学原理，直接给出高斯投影反解变换$(x,y \to B,L)$模型（公式）：

本公式用于将高斯平面坐标换算为相应椭球的大地坐标。

$y' = y - 500000 - 带号 \times 1000000$

$E = k_0 x$

$B_f = E + \cos^E(k_1 \sin E - k_2 \sin^3 E + k_3 \sin^5 E - k_4 \sin^7 E)$

$B = B_f - \dfrac{1}{2}(V^2 t)\left(\dfrac{y'}{N}\right)^2 \dfrac{1}{24}(5 + 3t^2 + \eta^2 - 9\eta^2 t^2)(V^2 t)\left(\dfrac{y'}{N}\right)^4 - \dfrac{1}{720}(61 + 90t^2 +$

$45t^2)(V^2 t)\left(\dfrac{y'}{N}\right)^6$

$L = \left(\dfrac{1}{\cos}B_f\right)\left(\dfrac{y'}{N}\right) - \dfrac{1}{6}(1 + 2t^2 + \eta^2)\left(\dfrac{1}{\cos}B_f\right)\left(\dfrac{y'}{N}\right)^3 + \dfrac{1}{120}(5 + 28t^2 + 24t^2 + 6\eta^2 +$

$8\eta^2 t^2)\left(\dfrac{1}{\cos}B_f\right)\left(\dfrac{y'}{N}\right)^5 + 中央子午线经度值（弧度）$
$$\tag{3-2}$$

式中：$t = -\tan B_f$；$\eta^2 = e'^2 \cos B^2 B_f$；$N = \dfrac{C}{V}$；$C = a^2/b$；$V = \sqrt{1 + \eta^2}$；$K_0, K_1, K_2,$

K_3, K_4 为与椭常数有关的量。

公式说明:若坐标为没有带号前缀格式,则不需减去带号×1000000;若坐标为有带号前缀格式,则需减去带号×1000000。

(2)椭球面上任一梯形图块面积计算公式。

椭球面上任一梯形图块面积应采用以下公式计算。

$$S = 2b^2 \Delta L \Big[A \sin \frac{1}{2}(B_2 - B_1)\cos B_m - B\sin \frac{2}{3}(B_2 - B_1)\cos 3B_m + C\sin \frac{5}{2}(B_2 - B_1)\cos 5B_m - D\sin \frac{7}{2}(B_2 - B_1)\cos 7B_m + E\sin \frac{9}{2}(B_2 - B_1)\cos 9B_m \Big] \tag{3-3}$$

其中:A,B,C,D,E 为常数,按下式计算:

$e^2 = (a^2 - b^2)/a^2$;

$A = 1 - (3/6)e^2 + (30/80)e^4 + (35/112)e^6 + (630/2304)e^8$;

$B = (1/6)e^2 + (15/80)e^4 + (21/112)e^6 + (420/2304)e^8$;

$C = (3/80)e^4 + (7/112)e^6 + (180/2304)e^8$;

$D = (1/112)e^6 + (45/2304)e^8$;

$E = (5/2304)e^8$。

式中:

S——地球椭球表面上任意梯形面积;

a——椭球长半轴(单位:m);

b——椭球短半轴(单位:m);

ΔL——图幅东西图廓的经差(单位:分);

$(B_2 - B_1)$——图幅南北图廓的纬差(单位:弧度);

$B_m = (B_2 + B_1)/2, B_m$——图幅南北图廓的纬度平均值(单位:弧度)。

①短半轴 b 的确定。

公式(3-3)中,椭球短半轴 b 由椭球扁率公式 $\alpha = \dfrac{a-b}{a}$ 推导计算,短半轴计算公式为 $b = a - a \times \alpha$,将 2000 系椭球的长半轴、扁率两个参数值代入短半轴计算公式,获取 2000 系椭球短半轴长度。短半轴 b 计算结果为 $b = 6356752.31414036$,单位:m。

②第一偏心率 e^2 的确定。

将 2000 系椭球短半轴、长半轴数值代入第一偏心率 e^2 计算公式,获取第一偏心率 e^2。

第一偏心率 e^2 计算公式:$e = (a^2 - b^2)/a^2$;

第一偏心率 e^2 计算结果:$e^2 = 0.0066943800229$。

(3)任意封闭图形(图斑)地球椭球表面积计算方法。

①任意封闭图形(图斑)地球椭球表面积计算原理。

对于采集的任意封闭图形,利用高斯投影反解变换模型(式3-2),将高斯平面坐标$(x,$

y)换算为相应地球椭球的大地坐标(B,L),再利用地球椭球表面上任意梯形图块面积计算公式(3-3)计算地球椭球表面积,从而得到任意封闭图形的椭球面积。

②计算方法。

任意封闭区域总是可以分割成有限个梯形图块,因此,任意封闭区域的面积为:

$$P = \sum_{i=1}^{n} s_i,$$

式中:

P 为任意封闭图形面积;s_i 为按多边形边线上的坐标点分割的梯形图块面积($i=1,2,\cdots,n$)用式(3-3)计算。

求封闭多边形区域(如图 3-5 所示)$ABCD$ 的面积,具体方法为:

A. 对封闭多边形区域的拐点连续编号(顺时针或逆时针),依次为 A、B、C、D,提取各拐点 A、B、C、D 以及各边 AB、BC、CD、DA 上各个内插点 E_i($i=1,2,3,4,\cdots,n$)的高斯平面坐标 $A(X_1,Y_1)$,$B(X_2,Y_2)$,$C(X_3,Y_3)$,$D(X_4,Y_4)$,$E_i(X_i,Y_i)$,其中 $E_i(X_i,Y_i)$ 表示各边上各个内插点的高斯平面坐标。

B. 利用高斯投影反解变换模型公式(3-2),将高斯平面坐标换算为相应椭球的大地坐标 $A(B_1,L_1)$,$B(B_2,L_2)$,$C(B_3,L_3)$,$D(B_4,L_4)$,$E_i(B_i,L_i)$,其中 $E_i(B_i,L_i)$ 表示各边上各个内插点的大地坐标。

C. 指定一条经线 L_0(如 $L_0=60°$),这样多边形 $ABCD$ 的各边 AB、BC、CD、DA 与 L_0 就围成了 4 个梯形图块(ABB_1A_1、BCC_1B_1、CDD_1C_1、DAA_1D_1)。

D. 将梯形图块 ABB_1A_1 按 AB 边上的坐标点分割成多个小梯形图块 $AE_iF_iA_1$,利用式(3-3)计算出各小梯形图块 $AE_iF_iA_1$ 的面积 S_i,然后累加 S_i 就得到梯形图块 ABB_1A_1 的面积,同理,依次计算出梯形图块 BCC_1B_1、CDD_1C_1、DAA_1D 的面积。

E. 多边形 $ABCD$ 的面积就等于 4 个梯形图块(ABB_1A_1、BCC_1B_1、CDD_1C_1、DAA_1D_1)面积的代数和。

则任意多边形 $ABCD$ 的面积 P 为:

$$P=ABCD=BCC_1B_1+CDD_1C_1+DAA_1D_1+ABB_1A_1$$

③计算要求。

高斯平面上的图斑椭球面积计算应按以下要求进行。

A. 利用式(3-2)将高斯坐标系下拐点与内插点的高斯平面坐标反算为大地坐标。

B. 指定一条经线 L_0,从选定多边形几何形状的起始点开始,沿顺时针或逆时针方向依次计算相邻两点构成的线段的长度,以及两点到指定经线的平行线构成的梯形的面积。

C. 计算过程中应顺同一方向逐点计算相邻两点连线与任意经线构成的梯形的面积。其中,使用本规范中式(3-3)计算面积时,式中的 B_1、B_2 分别沿前进方向依次取相邻两点

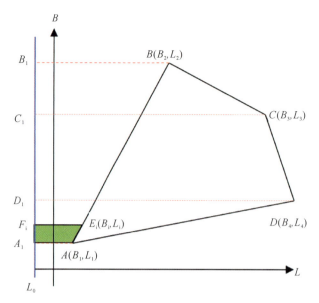

图 3-5　椭球面上任意多边形面积的计算

的大地纬度，ΔL 为相邻两点大地经度的平均值与 L_0 的差；若多边形包含内多边形（孔、洞），则该多边形面积为外多边形面积减去所有内多边形面积之和。

D. 计算所有梯形面积的代数和，即为该图斑的面积。

3. 面积计算中的常数、椭球参数和计算取位要求

（1）计算用到的常数、椭球参数。

在计算图幅理论面积 P 与任意图斑椭球面积 S 时，有关常数及保留的位数按给定数值计算。

常数：

$\pi = 3.14159265358979$

$\rho = 206264.8062471$

2000 国家大地坐标系（CGCS2000）椭球常数：

椭球扁率 $\alpha = 1/298.257222101$

椭球长半轴 $a = 6378137$

椭球短半轴 $b = 6356752.31414036$

椭球第一偏心率 $= 0.0066943800229$

椭球第二偏心率 $= 0.00673949677548$

极点子午圈曲率半径 $c = 6399593.62586$

相关常数：

$k_0 = 1.57048761144159\text{E-}07$

$k_1 = 5.05250178820567\text{E-}03$

$k_2 = 2.98472900956587\text{E-}05$

$k_3 = 2.41626669230084\text{E-}07$

$k_4 = 2.22241238938534\text{E-}09$

（2）计算中的取位及要求。

高斯平面坐标保留 4 位小数，小数点后第 5 位四舍五入。

高斯投影反解变换后的 B、L 以秒为单位，保留到小数点后 6 位，小数点后 7 位四舍五入。

椭球面积计算结果以 m^2 为单位，县级及以上控制面积计算结果保留 1 位小数，小数点后第 2 位四舍五入；其他面积计算结果保留 2 位小数，小数点后第 3 位四舍五入。

各种比例尺标准分幅图经差、纬差如表 3-8 所示。

在用大地坐标生成标准分幅图框时，要求在每条边框线的整秒处插入加密点。

在高斯平面坐标系下进行数据采集时，确保县级及以上行政界线线段长度≤70 m。

在椭球面积计算过程中，线段长度＞70 m 需要进行插值计算，内插点仅用于椭球面积计算，不应对线段进行分割；内插点个数等于线段长度除以 70，计算结果取整；在该线段上进行均匀插值参与计算（如线段长度 76 m，内插点应在 38 m 处），内插点坐标为大地坐标 B、L，单位为秒，保留 6 位小数，小数点后第 7 位四舍五入。

表 3-8 各种比例尺标准分幅图经差、纬差表

比例尺	1∶100 万	1∶50 万	1∶25 万	1∶10 万	1∶5 万	1∶2.5 万	1∶1 万	1∶5000	1∶2000	1∶1000	1∶500
经差	6°	3°	1°30′	30′	15′	7′30″	3′45″	1′52.5″	37.5″	18.75″	9.375″
纬差	4°	2°	1°	20′	10′	5′	2′30″	1′15″	25″	12.5″	6.25″

（四）控制面积计算

1. 基础数据处理

基础数据包括全省县级行政界线、陆地（含海岛）与海洋的分界线（零米线）以及以国家下发的省级行政界线为基础的全省 1∶5000 分幅控制面积。

对其数据格式、坐标系等进行统一标准化处理。

依据《第三次全国国土调查技术规程》（TD/T 1055—2019）要求，在计算椭球面积前，考虑到图形变化对椭球面积的影响，在高斯平面坐标系下确保县级及以上行政界线线段长度≤70 m。在椭球面积计算过程中，线段长度＞70 m 需要进行插值计算。内插点仅用于椭球面积计算，不对线段进行分割；内插点个数等于线段长度除以 70，计算结果取整；在该线段上进行均匀插值参与计算（如线段长度为 76 m，内差点在 38 m 处），见图 3-6。

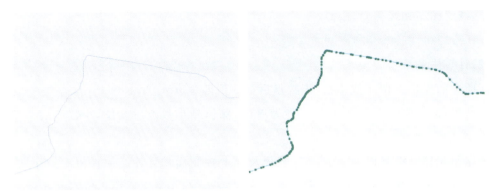

图 3-6　浙江省行政界线内插点

2.控制面积计算

（1）椭球面积计算。

对照 2000 国家大地坐标系图幅理论面积 1∶5000，计算 16328 幅标准分幅内区域控制面积。叠加国家下发的浙江省 1∶5000 分幅控制面积成果以及县级行政区域界线，形成浙江省分县（市、区）分幅控制面积成果。

以理论面积为准，对标准分幅内的矢量界线数据，依据《第三次全国国土调查技术规程》（TD/T 1055—2019）附录 D——图幅理论面积与图斑椭球面积计算公式及要求，计算各图幅范围内图斑椭球面积。原则上保证整幅图幅椭球面积计算成果与理论面积保持一致；破幅图幅各图斑椭球面积汇总值与图幅理论面积保持一致。

椭球面积计算结果以 m^2 为单位，县级及以上控制面积计算结果保留 1 位小数，小数点后第 2 位四舍五入。

（2）破幅图幅平差。

椭球面积计算成果中，破幅面积图幅内各区域控制面积之和等于图幅理论面积，若汇总值不等于图幅理论面积，应按比例进行平差。开发破幅面积平差插件，保证破幅面积图幅各区域椭球面积之和等于下发图幅中图幅理论面积，一般出现 $0.1\ m^2$ 的差值向面积较大的图幅靠拢，保障区域范围内椭球总体面积不受影响。

将计算的整幅和破幅控制面积保留在标准分幅行政界线面层中，控制破幅图幅中各破幅椭球面积值，各行政区图幅椭球面积汇总值作为图幅中各行政区域的控制面积，由此得到各行政区域界线所在图幅的破幅控制面积。控制面积叠加前后成果比对如图 3-7 所示。

图 3-7　控制面积叠加前后成果比对

（3）建立成果数据库。

根据国家下发的省级控制界线,浙江省收集的最新市、县行政界线勘界结果和零米线成果,调整形成最终行政界线,并由此成果分析处理并建立市、县级控制界线数据库。

全省控制面积成果分县（市、区）裁切、分类,整理获得全省县（市、区）控制面积成果数据库（如图 3-8 所示）。成果数据库中包括两个图层,行政区划图层涵盖全省 89 个县（市、区）行政区划范围,控制面积图层中整图幅和破图幅图斑合计 31167 个,字段包含行政区代码、图幅号、理论面积值、比例尺、类型、控制面积等内容。

Table
浙江省控制面积成果

NewMapNo	XMin	YMin	XMax	YMax	TheoryArea	AreaSum	NUM	memo	LabelSum	YMid	ScaleName	XZQMC	备注	控制面积
H51H061090	12246525	304345	12248450	304500	6911942.6	37717.4	0			3044225	1 5千	嵊泗县	海岛	1102.6
H51H061089	12245000	304345	12246525	304500	6911942.6	81.6	0			3044225	1 5千	嵊泗县	海岛	81.6
H51H061077	12222300	304345	12224225	304500	6911942.6	1.3	0			3044225	1 5千	嵊泗县	海岛	1.3
H51H060081	12230000	304500	12231525	304615	6910477.2	542.7	0		(542.7)	3045375	1 5千	嵊泗县	海岛	542.7
H51H060079	12226150	304500	12228075	304615	6910477.2	12.5	0			3045375	1 5千	嵊泗县	海岛	12.5
H51H060078	12224225	304500	12226150	304615	6910477.2	44658.8	0		(44658.8)	3045375	1 5千	嵊泗县	海岛	44658.8
H51H059086	12239225	304615	12241150	304730	6909010.8	1555.5	0			3046525	1 5千	嵊泗县	海岛	1555.5
H51H059085	12237300	304615	12239225	304730	6909010.8	2380.7	0			3046525	1 5千	嵊泗县	海岛	2380.7
H51H058089	12245000	304730	12246525	304845	6907543.5	37.1	0			3048075	1 5千	嵊泗县	海岛	37.1
H51H058088	12243075	304730	12245000	304845	6907543.5	1013.9	0			3048075	1 5千	嵊泗县	海岛	1013.9
H51H058086	12239225	304730	12241150	304845	6907543.5	1428	0			3048075	1 5千	嵊泗县	海岛	1427.9
H51H057088	12243075	304845	12245000	305000	6906075.3	197.2	0			3049225	1 5千	嵊泗县	海岛	197.2
H51H057088	12243075	304845	12245000	305000	6906075.3	624.6	0			3049225	1 5千	嵊泗县	海岛	624.6
H51H057086	12239225	304845	12241150	305000	6906075.3	1368.3	0			3049225	1 5千	嵊泗县	海岛	1368.3
H51H057085	12237300	304845	12239225	305000	6906075.3	2890.6	0			3049225	1 5千	嵊泗县	海岛	2890.6
H51H057085	12237300	304845	12239225	305000	6906075.3	3967.4	0			3049225	1 5千	嵊泗县	海岛	3967.4
H51H057085	12237300	304845	12239225	305000	6906075.3	29	0			3049225	1 5千	嵊泗县	海岛	29
H51H057084	12235375	304845	12237300	305000	6906075.3	27.6	0			3049225	1 5千	嵊泗县	海岛	27.6
H51H056087	12241150	305000	12243075	305115	6904606.2	325	0			3050375	1 5千	嵊泗县	海岛	325
H51H055086	12239225	305115	12241150	305230	6903136.2	84.4	0			3051525	1 5千	嵊泗县	海岛	84.4
H51H055086	12239225	305115	12241150	305230	6903136.2	21	0			3051525	1 5千	嵊泗县	海岛	21
H51H083075	12218450	301615	12220375	301730	6943950.8	1647.1	0			3016525	1 5千	岱山县	海岛	1647.1
H51H083075	12218450	301615	12220375	301730	6943950.8	6.6	0			3016525	1 5千	岱山县	海岛	6.6
H51H083067	12203450	301615	12205375	301730	6943950.8	4444.2	0			3016525	1 5千	岱山县	海岛	4444.2

图 3-8 浙江省控制面积成果数据库

（4）控制面积接合图表。

依据图幅理论面积与控制面积接合图表格式,制作省、市、县三级图幅理论面积与控制面积接合图表（如图 3-9 所示）。

最终形成浙江省省级图幅理论面积与控制面积接合图表（陆地）和浙江省省级图幅理论面积与控制面积接合图表（海岛）制图成果。图表成果以 1∶5000 图幅分割,左侧显示当前各图幅分布情况,单个图幅显示理论面积值与控制面积值;右侧汇总各行理论面积汇总值与控制面积汇总值,在右下角显示全省控制面积总值。

制作各地级市图幅理论面积与控制面积接合图表,涉及海岸线的地级市,分陆地与海岛分别制作。接合图表结构与省级保持一致,图表成果以 1∶5000 图幅分割,左侧显示当前各图幅分布情况,单个图幅显示理论面积值与控制面积值;右侧汇总各行理论面积汇总值与控制面积汇总值,在右下角显示各地市控制面积总值。

浙江省 1∶25 万分幅分图共 16 幅,都为破幅。浙江省 1∶10 万分幅以国际 1∶10 万地形图编号为基础,采用行列编号方法,行号在前列号在后,按每行纬差 20′、每列经差 30′进行分幅。浙江省 11 个地级市 1∶10 万分幅图共 96 幅。浙江省 1∶5 万分幅以国际 1∶10 万地形图编号为基础,采用行列编号方法,行号在前列号在后,按每行纬差 10′、每列经差 15′进行分幅。浙江省 11 个地级市 89 个县（市、区）1∶5 万分幅图共 331 幅。

单位：平方米（0.0）

图幅理论面积 1：5千	图幅理论面积 1：2千	纬度
		32°25′00″
6791830.1	754590.8	32°24′35″
	754647.8	32°24′10″
	754704.7	32°23′45″
6793367.3		
		32°22′30″

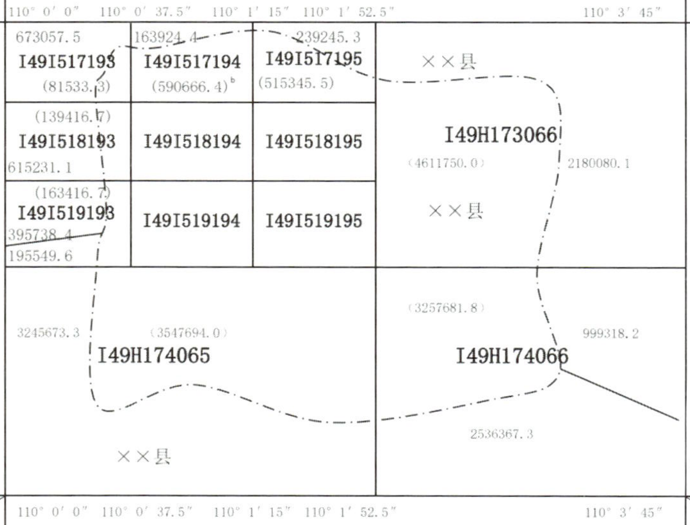

110° 0′ 0″
110° 0′ 37.5″
110° 1′ 15″
110° 1′ 52.5″
110° 3′ 45″
673057.5
I49I517193
(81533.3)
163924.4
I49I517194
(590666.4)b
239245.3
I49I517195
(515345.5)
××县
(139416.7)
I49I518193
615231.1
I49I518194
I49I518195
I49H173066
(4611750.0)
2180080.1
××县
(163416.7)
I49I519193
395738.4
195549.6
I49I519194
I49I519195
(3257681.8)
3245673.3
(3547694.0)
I49H174065
999318.2
I49H174066
2536367.3
××县

纬度	1：2千 破幅个数	1：2千 破幅面积	1：2千 整幅个数	1：2千 整幅面积	1：2千 总面积	1：5千 破幅个数	1：5千 破幅面积	1：5千 整幅个数	1：5千 整幅面积	1：5千 总面积
32°25′00″	3	1187545.2	0	0	1187545.2					
32°24′35″	1	139416.7	2	1509295.6	1648712.3	1	4611750.0	0	0	4611750.0
32°24′10″	1	163416.7	2	1509409.4	1672826.1					
32°23′45″						2	6805375.8	0	0	6805375.8
32°22′30″										
纬度/经度	5	1490378.6	4	3018705.0	4509083.6	3	11417125.8			11417125.8
横向合计	15926209.4									
界内总面积	15926209.4									

纬度/经度	110°0′0″	110°0′37.5″	110°1′15″	110°1′52.5″	110°3′45″
界内纵向累加值 1：2千	384366.7	2100018.9	2024698.0		
界内纵向累加值 1：5千	3547694.0		7869431.8		
纵向合计	15926209.4				

编制单位：　　　　日期：

a——位置填写具体行政区域名称

b——示意图中括号内为界内面积

图3-9　图幅理论面积与控制面积接合图表

（5）调查区域控制面积确定。

调查区域的控制面积是通过图幅理论面积与控制面积接合图表计算得到的。根据图幅理论面积与控制面积接合图表分别计算界线范围内本调查区域的破幅控制面积之和，本调查区域内所有整幅和破幅图幅面积之和即为本区域控制面积。

（6）各县市控制面积统计汇总。

建立市县级控制界线数据库，根据控制面积平差结果，制作各县市控制面积数据透视表，形成浙江省 89 个县（市、区）面积统计汇总表。

（7）零米线成果调整。

浙江省第三次国土调查控制面积计算及标准分幅接合图表制作项目实施时间跨年度，涉及浙江省省级零米线成果调整工作，从而影响沿海县（市、区）行政区划范围。根据县（市、区）提交的调整后零米线成果，经拓扑分析，修复图斑狭缝、叠加、多面等拓扑问题，最终形成全省行政区划成果。基于全省行政区划成果，经椭球面积重算、破幅面积平差等流程，最终形成最新的全省控制面积成果。

（8）行政界线成果调整。

2016 年 9 月，经国务院批准，撤销宁波市江东区，原江东区管辖的行政区域划归宁波市鄞州区管辖。涉及两县（市）交接区域出现新的破幅图幅，经椭球面积重算、破幅面积平差等流程，更新全省控制面积成果。

（9）成果验证。

采用全检和抽检分别验证成果数据的准确性和合理性。

全检验证成果准确性。导出计算前后图斑控制面积清单，利用数据透视表分类汇总破幅图斑面积，逐一比对每一幅图幅控制面积计算前后是否出现面积差值。

抽检验证成果合理性。抽取 10% 破幅图斑，重新计算破幅后控制面积值，合理验证比对控制面积重算值。

（五）主要工作成果

（1）浙江省图幅理论面积汇总表。

（2）图幅理论面积计算与控制面积接合图表制作项目总结。

（3）浙江省第三次国土调查图幅理论面积数据库。

（4）省、市、县三级图幅理论面积与控制面积结合图表（电子、纸质）。

控制面积汇总表如表 3-9 所示。

表 3-9　控制面积汇总表　　单位: m² (0.0)　hm² (0.00)

行政区域		辖区总面积		陆地总面积		岛屿面积		备注
代码	名称	m²	hm²	m²	hm²	m²	hm²	

四、调查界线和控制面积使用

经确定的调查界线用于明确各调查单位的范围,仅用于面积统计汇总,不作为确定实地行政界线和权属界线的依据,土地权属界线按实际情况调查。

控制面积用于控制调查区域的面积,对所有图斑面积进行控制面积调平修正,使得每个控制界线范围内所有图斑之和等于其控制面积,陆地、岛屿调查面积之和等于辖区总面积,沿海岛屿范围内所有图斑面积之和等于本岛屿的控制面积,辖区陆地地类图斑、岛屿地类图斑调查面积之和分别等于陆地、岛屿控制面积,辖区所有地类图斑调查面积之和等于辖区控制面积。

第四节　坡度分级图制作技术

地面坡度是重要的地形评定指标,在国土调查数据库建设过程中,主要关注的是耕地的坡度。耕地坡度为耕地质量评价、耕地面积统计以及耕地生态治理提供了重要的数据支持。在耕地质量评价方面,耕地坡度越小越适宜进行耕种,在耕地质量评价因子中所占的权重也越大。而在耕地面积统计工作中,需要扣除耕地当中一些非耕地,如田坎等,根据坡度级别来确定田坎系数并进行田坎面积扣除,进而可以更准确地统计耕地面积。同时,坡度还是土壤侵蚀的关键影响因素,在同等条件下,坡度大的地方更易发生土壤侵蚀,目前国家正加大力度推行退耕还林还草政策,明确规定坡度大于 25° 的地面不可进行开垦,可见耕地坡度的统计对实施耕地保护、防止水土流失、研究土壤侵蚀具有重要的参考价值。因此在第三次全国国土调查中便将其作为一项重要生产数据成果来开展全国性调查。

一、基本概念

(一)耕地坡度分级

耕地坡度分级是依耕地所处地势的坡面坡度,按对耕地利用的影响限制程度而划分的级别。坡度是地表单元陡缓的程度,通常把坡面的垂直高度和水平距离的比值称为坡度。

（二）坡度图、坡度分级图

坡度图是表示地面倾斜率的地图。主要用晕线或颜色在图上直接表示出坡度的大小或陡缓。

坡度分级图是利用 DEM 数据，将坡度栅格数据图进行分级并做矢量化处理，形成坡度分级矢量数据，按照技术规程中的耕地坡度分级指标，对地面坡度进行分级，即坡度分级图。

二、技术依据和规格

（一）数据存储方式

成果空间数据集采用 File Geodatabase 来管理空间数据。

（二）空间数据

图斑面积坡度图成果的最小图斑面积为 $750m^2$。

（三）坡度计算公式

1. 坡度计算公式

坡度计算公式：

$$\tan(P) = \sqrt{\left(\frac{\partial z}{\partial x}\right)^2 + \left(\frac{\partial z}{\partial y}\right)^2} \tag{3-4}$$

式中，$\frac{\partial z}{\partial x}$、$\frac{\partial z}{\partial y}$ 分别表示 x、y 方向的偏导数，P 为坡度。

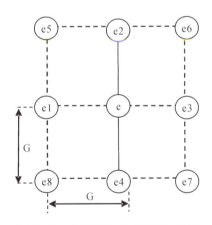

图 3-10　DEM 3×3 局部移动窗

图 3-9 中 G 表示格网尺寸，$ei(i＝1,2,\cdots8)$分别表示中心点 e 周围格网点的高程。

2. 生成坡度栅格数据图

利用坡度计算公式计算出每个格网的坡度值，生成坡度栅格数据图。计算时采用 3×3 窗口（见图 3-9），利用坡度计算模型（见表 3-10）计算坡度值。

表 3-10　坡度计算模型

$\partial z \partial y$	$\partial z \partial x$
$(e1-e3)/2G$	$(e4-e2)/2G$
$e8-e7+2(e1-e3)+(e5-e6)/8G$	$e7-e6+2(e4-2)+(e8-e5)/8G$
$e8-e7+e1-e3+(e5-e6)/8G$	$e7-e6+e4-2+(e8-e5)/8G$

(四)分层组织

坡度分级成果分县市区存储在县(市、区)名称文件夹中,数据库命名为"坡度图.gdb"。坡度图成果的属性结构如表 3-11 所示。

表 3-11　坡度分级成果物理结构表

数据库名	要素内容	字段名称	字段代码	字段类型	长度
坡度图.gdb	PDT	标识码	bsm	text	18
		要素代码	ysdm	text	10
		坡度级别	pdjb	text	2
		备注	bz	text	50

bsm:要求县市区单个存储单元唯一,示例:1、2、3……;

ysdm:填写坡度图要素的要素代码,示例:1000780000;

pdjb:坡度分级分为 5 级,填写 1—5,具体分级指标如表 3-12 所示。

表 3-12　坡度级别代码表

坡度(°)	分级
≤2	1
(2—6]	2
(6—15]	3
(15—25]	4
>25	5

三、区域范围与概况

浙江省位于中国东南部,长江三角洲南翼。东濒东海,南接福建,西衔江西、安徽,北邻上海、江苏。地跨北纬 27°02′—31°11′,东经 118°01′—123°10′。全省土地陆域总面积 10.56 万平方公里,其中,山地和丘陵约占 70%,平原和盆地约占 20%,河流和湖泊约占 10%,土地利用结构素有"七山一水两分田"之说。

全省地形复杂,整个地势由西南向东北倾斜,西南丘陵山区海拔分布多在 1km 以上,中部丘陵广布,大、小盆地错落分布其间,东北部为连片分布的平原。浙江省第三次国土调查坡度分析范围包含全省 11 市 89 个县(市、区),如表 3-13 所示。

表 3-13　浙江省第三次国土调查坡度分析范围

序号	市名	县(市、区)
1	杭州市	上城区、下城区、西湖区、江干区、拱墅区、滨江区、余杭区、萧山区、临安区、富阳区、建德市、桐庐县、淳安县等 13 县(市、区)
2	宁波市	海曙区、江北区、镇海区、北仑区、鄞州区、奉化区、象山县、宁海县、余姚市、慈溪市等 10 县(市、区)
3	温州市	鹿城区、龙湾区、瓯海区、洞头区、平阳县、永嘉县、苍南县、文成县、泰顺县、瑞安市、乐清市等 11 县(市、区)
4	嘉兴市	南湖区、秀洲区、嘉善县、海盐县、海宁市、平湖市、桐乡市等 7 县(市、区)
5	湖州市	吴兴区、南浔区、德清县、安吉县、长兴县等 5 县(市、区)
6	绍兴市	越城区、柯桥区、上虞区、嵊州市、新昌县、诸暨市等 6 县(市、区)
7	金华市	婺城区、金东区、武义县、浦江县、磐安县、兰溪市、义乌市、东阳市、永康市等 9 县(市、区)
8	衢州市	柯城区、衢江区、开化县、常山县、龙游县、江山市等 6 县(市、区)
9	舟山市	定海区、普陀区、岱山县、嵊泗县等 4 县(市、区)
10	台州市	椒江区、黄岩区、路桥区、三门县、仙居县、天台县、玉环市、温岭市、临海市等 9 县(市、区)
11	丽水市	莲都区、缙云县、景宁畲族自治县、庆元县、青田县、松阳县、云和县、遂昌县、龙泉市等 9 县(市、区)

四、技术路线及要求

将所有数据资料统一进行坐标转换和投影变换,转到待量算的空间定位参考系下。在 ArcGIS 平台下,基于 5m 格网 DEM,计算坡度信息分级矢量成果。基于行政区划成果和分级矢量成果,分别提取县级行政区的坡度分级成果。按照统计表格属性要求,计算坡度因子并填写表格。通过相加累计县(市、区)坡度统计结果,量算省级的坡度统计,并依据属性要求完善统计表格。坡度分级作业技术路线如图 3-11 所示。

五、基本要求和原则

一是原则上不能打破调查的耕地图斑界线,每个耕地图斑确定一个坡度级。

二是当调查的耕地图斑涉及两个以上坡度级时,面积最大的坡度级为该耕地图斑的

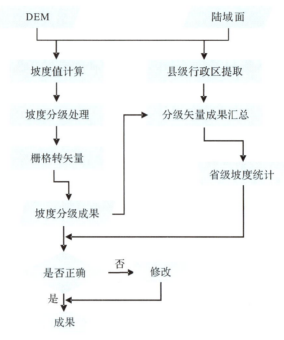

图 3-11 坡度分级作业技术路线图

坡度级。

三是当耕地图斑面积较大、含两个以上坡度级（如从山顶到山底为一个图斑），且各坡度级耕地面积相当时，可参照坡度分级界线，依据调查底图（DOM）上明显地物界线，将该耕地图斑划分为两个以上不同坡度级的图斑。

四是对于破碎耕地，整体视为一个图斑，按上述要求确定坡度分级。

五是当 DEM 存在缺陷造成坡度分级图与实地有较大差异时，应通过其他手段补充、完善，确定耕地图斑坡度级。

六、数字高程模型数据及资料收集

（一）行政区划范围数据

行政区划范围数据为县（市、区）行政区域最新成果，数据格式为 Shape File。空间参考为 CGCS2000 国家大地坐标系，高程基准为 1985 国家高程基准。该数据是计算坡度数字特征的重要数据源，用于划分统计单元。

（二）DEM 数据收集

浙江省第三次国土调查坡度分析使用的 DEM 数据为栅格格式，5m 格网分辨率，分布范围覆盖全省 11 市 89 县（市、区），共涉及 1∶1 万标准图幅农村土地利用现状调查 4308 幅。数据为 2017 年浙江省 1∶1 万基础测绘成果。如图 3-12 所示。

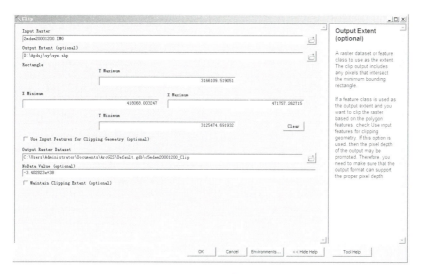

图 3-12 浙江省 DEM

(三)坡度分级图数据

采用浙江省第三次国土调查的坡度组合类型图数据,数据格式:ArcGIS 的 File Geodatabase(gdb)文件,数据按县(市、区)组织,数据范围与项目范围一致。

按照《利用 DEM 确定耕地坡度分级技术规定》制作坡度图。将坡度图与耕地图斑叠加,确定耕地图斑的坡度级。将浙江省坡度类型分为 5 个组合类型,1 级(0°—2°]平地,2级(2°—6°]平缓坡,3 级(6°—15°]缓坡,4 级(15°—25°]斜坡,5 级(25°—90°]陡坡。

(四)行政境界资料

采用浙江省第三次国土调查各县(市、区)行政界线数据,数据格式为 Shape File,坐标系统采用 3°分带,2000 国家大地坐标系统。

(五)DEM 的质量检查

DEM 数据的质量检查包括检查 DEM 精度和现势性及检查 DEM 接边处等是否有漏缺等。

七、坡度分级图制作

(一)DEM 预处理

1.数据检查

检查 DEM 数据格式、投影、网格大小等是否符合要求,通过 GIS 软件对 DEM 数据进行可视化图像显示,对 DEM 的质量、完整性进行检查。

2.数据格式转换

按照数据基础要求,将陆域面空间数据、DEM 等统一转换到同一个空间定位参考系下。DEM 数据进行格式转换,统一为"＊.img"格式。DEM 数据为 BIL 格式,转换为 float型并缩小至原本的十分之一。

(二)坡度分级量算

根据要求,坡度分级量算按照市县行政区域分幅进行。

1.DEM 数据提取

利用 ArcGIS 中的工具提取对应市县行政区域的 DEM 数据,如图 3-13 所示。

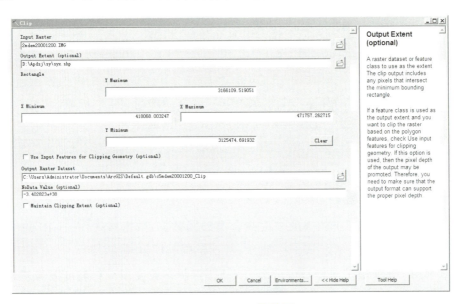

图 3-13　Clip 工具截图

2.坡度分级栅格图获取

利用 ArcGIS 生成坡度图,获取由 2m 格网间距 DEM 转换处理得到的坡度栅格图。然后按照坡度分级要求获取整型化后的坡度分级栅格图。如图 3-14 和图 3-15 所示。

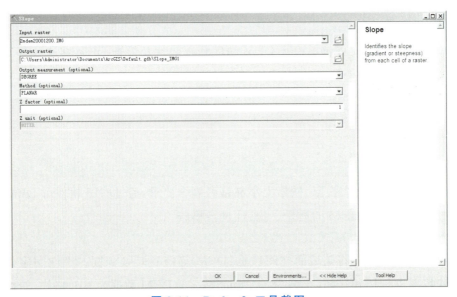

图 3-14　Reclassfy 工具截图

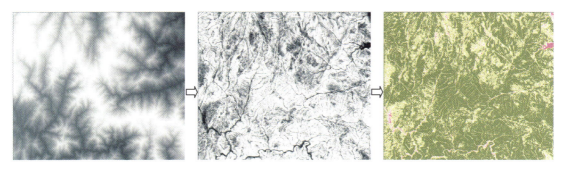

图 3-15 坡度分级流程图

3.线要素重新构面

采用 ArcGIS 工具,将栅格坡度分级图转换成矢量多边形(Polygon)坡度分级图。将坡度分级图矢量多边形转成线要素,考虑坡度图斑的合理性表达要求,对其进行平滑处理,最后对平滑后的线要素重新构面。如图 3-16 所示。

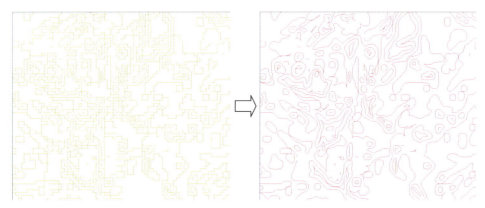

图 3-16 平滑处理对比图

4.小图斑去除

按要求消除 750 m² 以下的小图斑,利用 ArcGIS 中相应的工具将符合要求的小面积图斑融合至附近的图斑中。

5.坡度赋值

利用 ArcGIS 将消除小图斑后的矢量面与坡度栅格数据叠加赋值,按要求对坡度值归为 5 类,坡度分级及代码见表 3-12,坡度图成果样例如图 3-17 所示。

6.复核完善

若耕地图斑面积比较大且被分割后有多个面积较大的坡度级面积,对照调查底图(DOM)、地形图等资料进行复核,根据实际情况在明显地物界线处,将耕地图斑划分为两个或两个以上不同坡度级的图斑并赋予相应的坡度级。

(三)坡度面积统计量算

坡度分级面积统计量算以县(市、区)为统计单元,依次统计量算所有层次坡度分级面积,按照技术设计要求进行汇总。

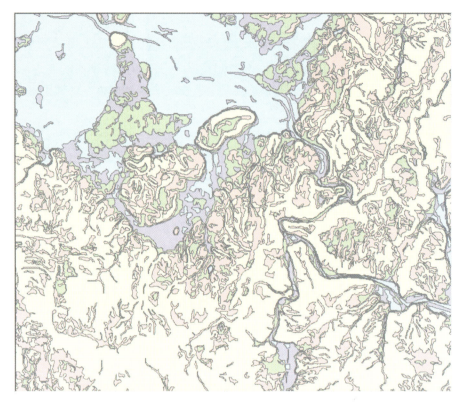

图 3-17　坡度图成果样例

(四)成果检查

1.内容

(1)耕地坡度分级方法是否正确。

(2)耕地坡度分级属性结构、属性值是否正确。

(3)数据拓扑结构是否正确。

2.要求

耕地坡度分级数据成果的检查验收按照土地调查要求,与土地调查成果验收同时进行。

八、与第二次全国土地调查坡度调查对比分析

(一)技术准备及参数分析

浙江省第三次国土调查坡度图制作采用 2017 年 1∶1 万 DEM(2 m、5 m 格网分辨率)数据源,在 ArcGIS 10.2 平台下进行坡度分级和相关数据处理,最后生成覆盖全省的坡度图成果,为第三次全国国土调查项目提供数据依据。浙江省第二次土地调查坡度图采用 2007 年 1∶1 万 DEM(20 m 格网分辨率)作为坡度图制作的数据源,在 ArcGIS 9.3 软件平台下,进行坡度分级和相关数据处理,最后生成覆盖全省的坡度图成果。两次调查坡度图制作具体参数对比如表 3-14 所示。

表 3-14　第三次全国国土调查与第二次全国土地调查坡度图制作参数对比表

序号	数据项名称	第三次全国国土调查坡度图制作参数	第二次全国土地调查坡度图制作参数
1	行政辖区	浙江省	浙江省
2	DEM 比例尺	1：10000	1：10000
3	DEM 生产时间	2017 年	2007 年
4	DEM 格网宽度	2 m、5 m	20 m
5	高程数据取位	0.1	0.1
6	平面坐标系统	CGCS2000 国家大地坐标系	1980 西安坐标系
7	高程系统	1985 高程基准	1985 高程基准
8	投影方式	高斯-克吕格投影	高斯-克吕格投影
9	中央子午线	120 度中央经线	120 度中央经线
10	分带方式	3 度分带	3 度分带
11	采用软件	ArcGIS 10.2 软件	ArcGIS 9.3 软件
12	最小上图图斑	750 m²	3000 m²
13	矢量平滑算法	低通滤波、众数滤波算法	Paek 算法
14	数据格式	gdb	mdb

从两次坡度图的制作参数比对表中可以明显发现差异部分：

1. 数据源不同

参考的 DEM 数据源时间相差 10 年，两次坡度图分别选用的是 2007 年 1：10000 DEM 和 2017 年 1：10000 DEM 数据源，前后 10 年的自然变化、人工干预，对地形地貌有一定的影响。

2. 数据源精度不同

参考的 DEM 数据源精度的区别对 20 m 和 2 m 的格网宽度反映出的地形坡度会有显著影响。

3. 最小上图图斑面积不同

第三次全国国土调查最小上图图斑面积是 750 m²，第二次全国土地调查最小上图图斑面积是 3000 m²，在坡度精细化的表达上会有显著差异。

4. 生产工艺和技术算法不同

第三次全国国土调查采用的软件平台版本的更新和算法的优化，使成果数据的精确度得到改良。

(二)差异原因分析

第三次全国国土调查坡度分级与第二次全国土地调查坡度分级数据变化的主要原因:

1.DEM 格网精度提高

DEM 格网宽度由第二次全国土地调查时的 5 m 提升至第三次全国国土调查的 2m。DEM 分辨率的提升使得坡度表示更精确,第二次全国土地调查数据未能反映出的坡度变化在本次项目中得到展现和统计,导致数据变化明显。

2.最小上图图斑面积减小

最小上图图斑面积由第二次全国土地调查时的 3000 m² 减少至目前的 750 m²。最小上图面积图斑影响坡度图精细化程度,更细化地表达了小面积区域的不同坡度等级,而非融入相邻大面积图斑,虽然小图斑总面积占比不高,但它也是影响因子之一。

3.自然及人工干预导致的地形变化

图 3-18 以新昌县城南中学南部(常台高速与新胡线旁)为例,展现地表因人工干预导致的坡度变化情况。明显看出经过几年的人工干预,土地坡度发生变化。

| 2017年影像图 | 2007年影像图 | 2017年影像对应的三调坡度图 | 2007年影像图对应的二调坡度图 |

图 3-18　地貌变化与坡度变化对比图

九、坡度图制作需注意的问题

全省坡度图的制作工作量非常大,遇到的特殊情况也比较多,因此在坡度图制作过程中需要注意一些问题:

县级行政区跨越不同带号坐标系,需对 DEM 进行投影换带,投影换带的重采样技术使用三次卷积插值法(CUBIC)和双线性插值法(BILINEAR),根据生产实际使用三次卷积插值法生成的坡度图最理想。使用最邻近分配法和众数重采样法重采样会引起 DEM 的高程不连续,生成的坡度图容易产生坡度跳变,出现异常的微地貌。

由于 DEM 图幅接边处会有高程跳变,容易产生 2 个格网宽且平行于 1∶10000 图框边界的异常坡度图斑,需将这些一次坡度图斑与具有最大面积或最长公用边界的邻近面合并来进行消除处理。根据实际生产经验,异常图斑的选取依据为图斑宽度小于 2 个格网宽且图斑节点数小于 20 个。

第五节　田坎系数测算技术

田坎是耕地的重要组成部分,两者密不可分,有耕地就有田坎的存在,由于不同地区、不同位置的耕地中田坎的数量、田坎的宽窄差异很大,使得耕地地块中田坎面积的比例不同,所以如果在耕地中不扣除田坎面积,将使调查中得到的耕地面积与实际耕种的面积不符,甚至在个别地区产生巨大的差异,以至在评估农业生产水平,确保有效种植面积,确定耕地保有量,保障粮食安全等方面,得出不符合客观实际的结论。所以,扣除耕地中的田坎面积、确定扣除标准和方法,是国土调查中确保有效耕种耕地面积准确的一项重要的内容和任务。

《第三次全国国土调查技术规程》(TD/T 1055—2019)中明确"田坎指梯田及梯状坡地耕地中,主要用于拦蓄水和护坡,南方宽度≥1.0 m",同时《第三次全国国土调查技术规程》(TD/T 1055—2019)中规定"原则上耕地坡度≤2°无须测算田坎,用田坎系数扣除田坎面积,坡度>2°时,测算耕地田坎系数"。因此,浙江省采用科学的方法和先进的数据采集技术,在第二次全国土地调查的基础上,对一些原有田坎系数与实际差异较大的区域或土地整治集中区域,由省统一调整田坎测算样方,对原有田坎系数进行修正和完善。确定耕地田坎系数测算样方的布设方法、测量方法和数据统计方法等,对于提高耕地调查的精度、确保第三次全国国土调查耕地面积的准确性具有重要意义。

一、田坎系数概念

田坎系数指耕地图斑中田坎面积占扣除其他线状地物(不包括田坎)后耕地图斑面积的比值,以百分数表示。田坎系数的大小随着耕地所处位置(丘陵、山区)、类型(梯田、坡耕地)和利用方式(水田、旱地)等的变化而变化。一般的规律是,耕地所在的地面坡度越大,田坎系数越大;梯田比坡耕地的田坎系数大;山区比丘陵的田坎系数大。

(1)耕地坡度划分为 5 个级别,即Ⅰ级(0°—2°),Ⅱ级(2°—6°),Ⅲ级(6°—15°),Ⅳ级(15°—25°),Ⅴ级(25°—90°)。将坡度为Ⅰ级的耕地视为平地,不作为调查的对象,而对坡度>2°的耕地按Ⅱ、Ⅲ、Ⅳ、Ⅴ 4 个坡度级进行田坎系数测算,并将测算的耕地类型分为坡地和梯田两项。

(2)田坎的认定。在第三次全国国土调查工作中,测算田坎系数时要求地形坡度>2°的耕地中,南方宽度>1.0 m,北方宽度>2.0 m 的田间地埂认定为田坎。故在本次测算中将2.0 m 以下的田间道路、沟渠及冲沟认定为田坎,2.0 m 以上的田间道路、沟渠及冲沟单独进行测量,在计算样方面积时按线状地物面积扣除。

(3)田坎系数是指耕地中的田坎面积与耕地总面积的比值,一般用百分数表示,计算公式如下:

$$TK = \frac{S(\text{坎})}{S(\text{耕})} \tag{3-5}$$

式中,TK 坎即为田坎系数,$S(\text{坎})$为田坎面积,$S(\text{耕})$为耕地总面积,即净耕地面积与田坎面积之和。

二、田坎系数测算技术流程

根据收集的数据资料,综合考虑浙江省地貌类型分区与田坎系数分组,制定出田坎系数测算的技术路线:①资料准备;②全省耕地分组;③样方选取;④田坎测量;⑤田坎系数汇总计算;⑥田坎系数精度验证。田坎系数测算具体技术流程如图3-19所示。

三、影响田坎系数的主要因素

影响耕地田坎系数的因素较多,包括耕地分布区域的地形地貌类型(特征)、地面坡度状况、耕地利用方式(梯田或坡地)、母质与土壤类型、田块规模(面积大小)和种植方式、耕地垦殖水平和开发利用程度等。结合浙江省实际,影响田坎系数的重要因素包括:

(一)地貌类型

浙江地处东南沿海,地貌类型较复杂,地势自西南向东北倾斜,呈阶梯状下降。地貌类型复杂多样,主要包括山地、丘陵、盆地、平原。山地和丘陵约占全省总面积的70.4%,平原和盆地占23.2%,河流和湖泊占6.4%。其中,西南山地的主要山峰海拔多在1000 m以上,中部以丘陵为主,大小盆地错落分布于丘陵山地之间,东北部是地平的冲积平原。山地、丘陵区的耕地田坎数量多、分布密集,田坎系数相对较大;平原区耕地分布集中连片,田坎系数相对较小。在考虑地貌类型对耕地田坎系数影响时,主要体现在样方选取要进行综合区划分区,而分区主要考虑大的地貌组合、具体地貌类型和行政区划等影响。

(二)地面坡度

坡度对田坎系数的影响呈正相关,即坡度越大田坎系数越大,坡度越小田坎系数越小。

(三)耕地利用方式

同一区域内耕地的不同利用方式,对田坎系数也有较大的影响。同一坡度级的梯田和坡地,田坎系数具有明显差异。按本次调查技术规程要求,耕地利用方式按梯田、坡地两种类型划分。

(四)耕地水平因素

地理位置的不同,经济发展的差异,耕作水平的高低,对田坎系数的影响也不尽相同。经济较为发达,农业机械化、集约化水平高的地区,耕地中田坎较少,田坎系数较小;反之,经济发展水平较低,农业机械化、集约化生产水平低的地区,耕地中田坎较多,田坎系数较大。

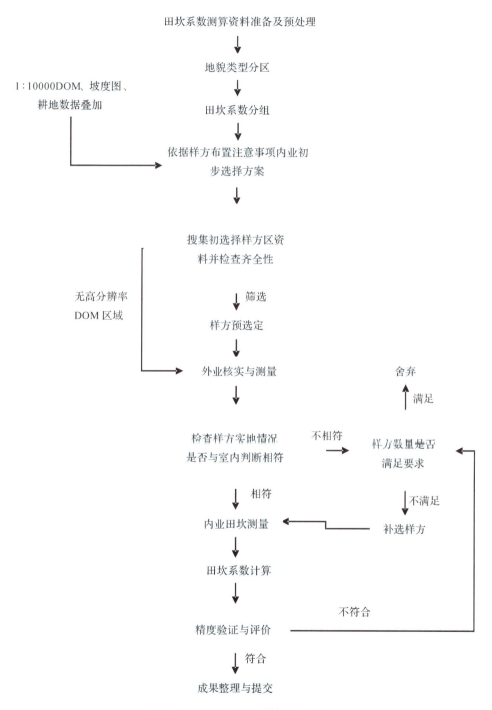

图 3-19　田坎系数测算技术流程

(五)耕地整治因素

目前保护耕地已越来越引起人们的高度重视。有组织或有意识的耕地整治活动,提高了耕地的质量,改善了农业生产的条件,增加了有效耕地面积。通过耕地整治前后的对比,整治后的田坎减少了,耕地系数变小了。

田坎系数大小随上述影响因素的差异而不同。一般规律是:耕地所在地面的坡度越大,田坎系数越大;山地耕地的田坎系数比丘陵耕地的大。山地、丘陵区的耕地田坎数量多,分布密集,田坎系数相对较大;平原区耕地分布集中连片,田块面积大,田坎面积相对较小。

四、耕地田坎系数测算方法和关键环节

(一)耕地田坎系数测算方法

基于2017年0.5 m空间分辨率遥感影像,依据第二次全国土地调查田坎系数测算地貌分区和样点采集成果,以土地利用变更调查耕地图斑为空间指引,采用3S+互联网的技术,更新区域内耕地空间分布范围,基于1∶10000高精度DEM数据进行耕地坡度分级,采用内外业结合的方式选取田坎样方,进行田坎测量和样方内线状地物面积量算。按照样方内田坎的总面积所占扣除样方内线状地物面积的耕地图斑比例,确定区域内不同坡度级的坡地、梯田田坎系数,验证评价田坎系数测算结果的真实性与准确性。

(二)田坎系数测算分区与分组

浙江地处东南沿海,地貌类型较复杂,地势自西南向东北倾斜,呈阶梯状下降。从浙江省土地更新调查数据看,由于受生物气候、地貌结构、地理环境及人类垦殖活动的综合影响,全省耕地分布地域差异非常明显。全省耕地主要分布在平原地区及海拔250 m以下的低丘缓坡地带,集中分布在杭嘉湖平原、萧绍宁平原、东南沿海平原,苕溪、钱塘江、曹娥江、甬江、椒江、瓯江、飞云江、鳌江等水系冲积、堆积形成的河谷平原,以及金衢、天(台)仙(居)、新嵊、诸暨、浦江、丽阳和松古等大小盆地。从不同类型耕地的地域分布看,全省灌溉水田主要分布在水网平原(杭嘉湖平原、萧绍宁平原等)、滨海平原(温黄平原、温瑞平原等)和合谷平原及大小盆地的底部和河谷地区,田块较为平缓,且具有良好的蓄水条件,排灌方便,水源一般都可保证。由于耕作历史悠久,生产条件优越,灌溉水田是浙江省质量最好、生产力最高的耕地,是粮油生产和基本农田保护的重点区域。望天田主要分布在全省丘陵山区的山坡、山垄、岗背和台地上,并筑有田坎蓄水,主要依靠天然降雨和自流灌水种植,抗旱能力差。旱地是浙江省面积仅次于灌溉水田的耕地类型,主要分布在丘陵山坡、山麓及岗背、台地上,多与望天田交错分布,其间一般筑有地坎,部分山区旱地坡度较高,以种植大豆、小麦、油菜等经济作物为主。因此,总体来看,浙江省耕地广为分布,主要集中分布在平原、河谷盆地区,丘陵和山区也有分布。坡度>25°的陡坡耕地主要分布在

浙西南山区、宁(波)绍(兴)台(州)交界的天台山脉,以及大盘山脉和浙西北天目山脉等地区;坡度在15°以下的平坡、缓坡耕地主要分布在杭嘉湖、宁绍、温台三大平原及金衢盆地和各低丘河谷地区。

根据上述分析,综合考虑浙江省地貌类型、坡耕地利用特点及土地利用分区情况,结合第三次全国国土调查田坎系数测算要求,浙江省89个县(市、区)分别划为浙西丘陵山地区(Ⅰ)、浙东盆地丘陵岛屿区(Ⅱ)、浙中丘陵盆地区(Ⅲ)、浙南山地丘陵区(Ⅳ)和浙北及浙东平原区(Ⅴ)5个区进行分区田坎系数测算。其中,浙北及浙东平原区(Ⅴ)的县(市、区)绝大多数耕地图斑地面坡度≤2°,不需要测算田坎系数,其中个别坡耕地图斑采用直接实测扣除田坎方法;其余4个区均开展分区田坎系数测算。1∶2000调查区域的坡耕地图斑,也采用直接实测扣除田坎方法。

分区划定后,再根据地面坡度和耕地利用类型,对田坎系数样方进行分组。耕地坡度分级是反映耕地地表形态、耕地质量、生产条件、水土流失的重要指标之一。将耕地分为5个坡度级,坡度≤2°的视为平地,其他分为梯田和坡地两类,采用系数扣除的方法进行调查。根据耕地所在的地面坡度,全省共分为4个分区、32个分组,具体综合分区与分组的结果如表3-15和表3-16所示。结合县(市、区)的耕地分布和比例、耕地类型和所处地貌类型等信息,依据其在各个坡地级别的不同耕地类型中所占的面积比例,确定样方在各个县(市、区)的分配情况。

表 3-15　浙江省田坎系数测算分区表

分区	涉及市	划入县(市、区)	备注
浙西丘陵山地区(Ⅰ)	杭州、湖州、衢州	拱墅区、西湖区、滨江区、余杭区、萧山区、桐庐县、淳安县、建德市、富阳区、临安区、吴兴区、德清县、长兴县、安吉县、开化县等15个县(市、区)	
浙东盆地丘陵岛屿区(Ⅱ)	宁波、温州、舟山、台州、绍兴	鄞州区、江北区、北仑区、镇海区、象山县、宁海县、余姚市、奉化区、鹿城区、龙湾区、瓯海区、洞头区、平阳市、苍南县、乐清市、瑞安市、越城区、绍兴市、上虞区、新昌县、诸暨市、嵊州市、定海区、普陀区、岱山县、嵊泗县、黄岩区、路桥区、玉环市、三门县、温岭市、临海市、天台县、仙居县等34个县(市、区)	玉环市及临海市部分1∶2000调查区域按实测扣除
浙中丘陵盆地区(Ⅲ)	金华、衢州	婺城区、金东区、武义县、浦江县、兰溪市、义乌市、东阳市、永康市、磐安县、柯城区、衢江区、常山县、龙游县、江山市等14个县(市、区)	
浙南山地丘陵区(Ⅳ)	温州、丽水	莲都区、青田县、缙云县、遂昌县、松阳县、云和县、庆元县、景宁县、龙泉市、永嘉县、文成县、泰顺县等12个县(市、区)	
浙北及浙东平原区(Ⅴ)	杭州、嘉兴、宁波、台州	上城区、下城区、江干区、南湖区、秀洲区、南浔区、平湖市、桐乡市、海宁市、嘉善县、海盐县、海曙区、鄞州区、慈溪市、椒江区等15个县(市、区)	不需测算田坎系数

表 3-16　田坎系数样方分区分组表

坡度	2°—6°		6°—15°		15°—25°		>25°	
分区 \ 分组	梯田	坡地	梯田	坡地	梯田	坡地	梯田	坡地
浙西丘陵山地区（Ⅰ）	1(1)	1(2)	1(3)	1(4)	1(5)	1(6)	1(7)	1(8)
浙东盆地丘陵岛屿区（Ⅱ）	2(1)	2(2)	2(3)	2(4)	2(5)	2(6)	2(7)	2(8)
浙中丘陵盆地区（Ⅲ）	3(1)	3(2)	3(3)	3(4)	3(5)	3(6)	3(7)	3(8)
浙南山地丘陵区（Ⅳ）	4(1)	4(2)	4(3)	4(4)	4(5)	4(6)	4(7)	4(8)

（三）样方分配

一是样方选取方法。根据浙江省实际,确定各县(市、区)4个坡度分级需选取样方的数量,采用高分辨率的数字正射影像图与数字坡度图、土地利用现状变更调查数据库套合的方法进行样方综合选取,提高样方选择的效率和样方测算的精度。

二是样方分配情况。按照浙江省田坎系数测算分区分组状况,全省共选择 968 个田坎系数样方。再结合各县(市、区)的耕地分布、耕地类型和所处地貌类型等信息,依据其在各个坡度级别的不同耕地类型中所占的面积比例,确定样方在各个县(市、区)的分配情况,比例越大,样方数量越多,代表性越强。

（四）样方选取

选取的样方均匀分布于每个分组,在不同坡度级内分别按梯田和坡地类型各选择 40 个样方,单个样方面积不小于 $0.4\ \text{hm}^2$(6亩)。同一组的样方从影像上看,地貌和耕地类型应基本一致。选取的样方一般为完整图斑,即由地形、道路、沟渠、其他地类边界所围合的完整耕地区域,不宜将完整的耕地区块割裂选取,最好选择不包含路、沟、渠等线状地物的耕地地块。为便于对比分析,第二次全国土地调查中地貌和耕地类型未发生变化的样方全部保留。选取样方时结合样方面积、影响印制等因素,根据更新的耕地图斑采用计算机随机生成规定数量的样本点,然后结合实地踏勘进行人工筛选,对每一分组内的样本进行复合筛选,每个坡度级按梯田和旱地分别选择 30 个典型样方,形成样方分布图和样方表。并随机抽取 1% 的比例进行实地验证,确保样方耕地类型、坡度准确。样方补点遵循以下原则:

1.代表性

在地貌类型、地面坡度、耕地类型等因素上具有代表性。

2.合理性

按耕地类型的分布规律布点。选低山、丘陵两种不同地貌类型均匀布点,避免重复和单一,达到均匀、合理的要求。结合浙江省按地貌类型等划分的田坎系数测算分区,使各个分区内样方的坡度级、耕地类型、样方数量和样方位置等,均能合理。

3.多点性

若耕地面积大、样方布点多、净耕地面积大、样方代表性强,则求得的田坎系数准确性高。样方数量的确定,既根据每个县(市、区)耕地面积所在分区耕地面积的比例,也根据每个县(市、区)各坡度级耕地面积占所在区域对应坡度级耕地面积的比例。耕地类型中坡度分组的耕地面积占所在分区耕地面积比例越大,布设的样方数量应越多。

4.特殊性

样方布点一般应考虑样方分布的均匀性和合理性,但对个别特殊情况应单独应对。如某县(市、区)的某一局部区域可能较为特殊,对这一特殊区域应布设样点。

5.可操作性

布点时除了要考虑样方分布的均匀性和代表性,还应考虑样方附近是否有道路、水体、房舍等明显参照地物,交通是否便利,以便在图上和实地定位样方,易于实测。

(五)样方测量方法与数据处理、分析

1.样方测量方法

采取内业采集、外业实地测量的方法进行测算。内业采集和田坎长度测量使用第三次全国国土调查的 0.5 m 或 1 m 分辨率的遥感正射影像作为底图,用 ArcGIS 软件在选定的样方内进行田坎、线状地物和样方面积量算。为保证勾绘精度,勾绘时固定比例尺(1:200),各类边界采集精度控制在 1 个像素以内,特殊情况下适当放宽至 2 个像素。样方边界处的田坎和线状地物如果邻近地物是耕地,则按田坎所属地块确定是否量算,如果邻近地物是非耕地,则不算在该样方内;外业实地测量田坎宽度,宽度量取水平距离,一般测量三组数据,求取平均宽度,测量精确至 0.1 m。当田坎宽度不等时,分成若干分段进行量取,取平均值,计算田坎面积。

2.样方面积测算的要求

样方面积是样方的净耕地面积、田坎总面积和其他线状地物总面积三者之和。样方面积需实地测算,内业量算的面积仅用于核验。测算样方面积时应注意以下几点:

(1)在确定的样方内,实地测量每条田坎的长度及宽度,计算每条田坎的面积。不论田坎在工作底图上的影像是否清晰,均不在图上量取田坎长度。

(2)田坎的宽度指田埂或地埂底部的宽度。对曲线型田坎和宽度不均匀的田坎,分段测量其长、宽并计算面积。

(3)位于样方内部或边沿的可调绘上图的其他线状地物,单独测量其长、宽。根据长、宽数据计算的其他线状地物面积不计入该样方的田坎总面积中,避免在计算田坎系数时重复扣除面积。

(4)样方一般有田坎或其他线状地物围成,样方外围线的拐点应选在这些田坎或其他线状地物的中轴线上。在计算田坎系数时,样方边沿的这些田坎,每条都以其 1/2 面积计入样方的田坎总面积;样方边沿的这些其他线状地物,每条都以其 1/2 面积计入样方的其

他线状地物总面积。

（5）长度、宽度的单位为 m，量至 0.1 m；面积单位为 m^2，算至 0.01 m^2。

3.样方检查

（1）检查内容。

样方田坎系数测算是否符合有关要求，测算完成后进行内业 100%检查，具体检查的内容包括：资料是否齐全，图形绘制与表格填写是否规范，样方数量是否满足要求，样方坡度级别是否符合要求，样方是否具有代表性，测算的方法与精度是否符合要求等。

（2）样方剔留。

样方剔留的原则如下：

①检查样方坡度级别是否符合要求。田坎系数样方选取和测算中各样方的坡度都按照统一制作完成的坡度图来进行遴选。

②检查样方是否具有代表性。按地貌类型、耕地类型、样方大小等因素判断样方是否具有代表性。对不具代表性的样方予以剔除。在实际样方测算中，由于样方较难选择，部分坡度级别为 4 和 5 的样方面积可以小于 0.4 hm^2。

③检查资料是否齐全，图形绘制与表格填写是否规范。主要检查：样方是否有田坎系数测算记录表，记录表有否按规定填写基本信息，有否绘制样方草图，草图中有否详细记录田坎及其他线状地物的位置及编号。对资料不齐全或图形绘制与表格填写不合要求的样方予以剔除。

④检查样方的测量方法与精度是否符合要求。特别是样方内部和边沿的其他线状地物有否单独测量，坡度测量方法是否准确等。对测量方法不合要求的地方，如具有较好的代表性，可重新进行测量。

⑤检查田坎系数计算方法是否正确。主要检查：位于样方内部的其他线状地物面积有否全部扣除，位于样方边沿的其他线状地物面积是否按 1/2 扣除；当样方边界是田坎时，该田坎面积的 1/2 是否计入该样方的田坎总面积中；有否遗漏或重复扣除应扣除的面积。样方田坎系数应逐个核实。并检查计算所得的田坎系数与田坎系数测算表上填写的田坎系数是否一致。如原有代表性较好的样方，其测量方法正确，仅田坎系数计算有误的，可在内业重新进行田坎系数计算。

（3）样方补测。

经样方检查后，对不符合要求的重新进行测算，或在补选样方后对其进行测算。

4.田坎系数的计算

单个样方田坎系数（RD）＝田坎面积合计/（样方面积—其他线状地物面积合计）×

100%。组内平均田坎系数（$\overline{RD}$）等于组内样方田坎系数的算术平均值，即 $\overline{RD} = \dfrac{\sum\limits_{i=1}^{n}RD_i}{n}$。

为保证样方田坎系数的准确性和代表性,使用所有样方的田坎系数平均值作为中间值,上下各浮动 15%,确保符合同一组样方各田坎系数,最大值与最小值的差值不得大于最小值的 30% 的要求。

5.样方整理

样方的田坎系数测算完成后,按分区分组进行整理。对于同组(地面坡度一致、耕地类型一致)中各个样方的田坎系数,进行最大值与最小值的差值分析,偏差较大的样方予以删除,样方数量不足则补选样方测算,直至各类样方的数量和质量均达到要求,从而形成全省的田坎系数测算成果。

(1)单个样方整理。

单个样方整理包括两个方面:一是为每个样方填写样方田坎系数测算表,绘制样方草图和样方影像套合图;二是整理完所有样方后,形成田坎系数测算成果样方数据及分布图。

①以单个样方为单位填写样方田坎系数测算记录表(表 3-17)。填写内容包括每条田坎和其他线状地物的编号、长度、宽度和面积,样方面积,田坎系数,田坎面积合计,其他线状地物面积合计,县(市、区)的名称,所处乡、村等名称或代码,图编号、样方编号,坡度级,耕地类型,测量人和监察人姓名和检查日期等基本信息。

表 3-17　样方田坎系数测算记录表

区:　　　　组:　　　　样方编号:　　　　县:　　　乡:　　　村:　　　图幅号:

耕地类型:　　　　坡度级:　　　　　　　　　单位:m²(0.0)m(0.0)

田坎				其他线状地物			
编号	长	宽	面积	编号	长	宽	面积
1	2	3	4	5	6	7	8

续　表

	合计			合计	

样方面积：　　　　　　　　　　田坎系数：

草图：　　　　　　　　　　　　备注：

量测人：　　　日期：　　　检查人：　　　日期：　　　第　页　共　页

填表说明：

1.本表以样方为单位填写；

2.耕地类型,填写梯田或坡地；

3.样方田坎系数计算公式:样方田坎系数＝田坎面积合计/(样方面积－其他线状地物面积合计)×100％；

4.草图栏,实地绘制样方及样方内的田坎和其他线状地物位置、编号等；

5.备注栏,填写需要备注的有关内容。

样方测量完成后,按1∶2000—1∶500比例尺绘制样方草图,图上详细绘注田坎及其他线状地物的位置、编号,并注记样方面积、耕地类型等。样方草图附在该样方田坎系数测算记录表后。样方草图上需标注比例尺。

根据调查底图中样方截图,叠加标注施测田坎及编号,绘制样方影像套合图。

所有样方测算完成后,形成Shape File格式的田坎系数测算成果样方点数据和Shape File格式的田坎系数样方面分布数据,见表3-18和表3-19。

表3-18　样方点属性表结构

序号	字段名称	字段代码	字段类型	字段长度	小数位数	值域	约束条件	备注
1	标识码	BSM	Int	5			必填	全省保持唯一性
2	样方编号	YFBH	Int	5			必填	按县从1开始顺序编
3	坐落单位代码	XZDM	Char	12			必填	县(市、区)代码
4	坐落单位名称	XZMC	Char	50			必填	县(市、区)名称
5	所在具体地名	SZWZ	Char	50			必填	乡(镇)、村等地名
6	图幅号	TFH	Char	20			必填	所在的图幅号
7	所属分区	SSFQ	Char	10			必填	所在的分区
8	所属分组	SSFZ	Char	10			必填	所在的分组
9	样方耕地类型	GDLX	Char	1			必填	坡地填写P,梯田填写T
10	坡度级别	PDJQ	Char	1			必填	坡度级别,如2
11	样方面积	YFMJ	Double	15	2		必填	

序号	字段名称	字段代码	字段类型	字段长度	小数位数	值域	约束条件	备注
12	其他线状地物面积	XWMJ	Double	15	2			
13	田坎面积	TKMJ	Double	15	2		必填	
14	田坎系数	TKXS	Double	15	4		必填	
15	备注	BZ	Char	50				填写其他需要说明的内容

表 3-19　样方面属性表结构

序号	字段名称	字段代码	字段类型	字段长度	小数位数	值域	约束条件	备注
1	标识码	BSM	Int	5			必填	全省保持唯一性
2	样方编号	YFBH	Int	5			必填	按县从1开始顺序编
3	坐落单位代码	XZDM	Char	12			必填	县(市、区)代码
4	坐落单位名称	XZMC	Char	50			必填	县(市、区)名称
5	所属分区	SSFQ	Char	10			必填	所在的分区
6	所属分组	SSFZ	Char	10			必填	所在的分组
7	坡度级别	PDJQ	Char	1			必填	坡度级别,如2
8	耕地类型	GDLX	Char	1			必填	坡地填写P,梯田填写T
9	田坎系数	TKXS	Double	15	4		必填	

(2)按组、按分区整理。

完成全省所有样方测算后,按田坎系数样方分区分组表汇总每个分组的田坎系数测算成果,样方编号以县(市、区)为单位按顺序编号,在县(市、区)内保持唯一性,全省所有样方以样方标识码保持唯一性。

完成所有样方分组汇总后,按田坎系数样方分区分组表汇总每个分区的田坎系数测算结果,填写分区样方田坎系数汇总表。

6.田坎系数数理统计分析

根据各测算分组的样方田坎系数制作散点图,各样方田坎系数围绕均值线上下均匀分布,波动值须符合田坎系数测算要求,符合数理统计规律。

7.平均田坎系数计算

按规程要求,每一坡度级选择不少于30个符合要求的样方进行平均田坎系数计算(表3-20)。平均田坎系数计算公式:平均田坎系数＝同一坡度样方田坎系数之和/同一坡度样方数。

表 3-20　平均田坎系数

省：　　　　　　　　区：

坡度级	样方类型	样方田坎系数总和	平均样方数	平均田坎系数	坡度级	样方类型	样方田坎系数总和	样方数	平均田坎系数
2°—6°	梯田				6°—15°	梯田			
	坡地					坡地			
5°—25°	梯田				>25°	梯田			
	坡地					坡地			

备注：

计算人：　　　　　　日期：　　　　　　检查人：　　　　　　日期：

填表说明：

1.平均田坎系数＝样方田坎系数总和/样方数。

2.备注栏,填写需要备注的有关内容。

(六)田坎系数检核

田坎系数测算检核内容包括样方范围确定是否正确、坡度确定是否正确、测量成果是否准确等。检查验收的主要内容包括成果是否齐全,样方的地貌类型和耕地坡度级划分是否正确,样方是否具有代表性,样方数量和每一个样方面积是否符合要求。实地抽查 8 个样方(每个坡度级两个,梯田、坡地各一个),检查田坎丈量是否正确,平均田坎系数计算是否正确,田坎系数样图制作是否符合要求,田坎面积扣除方法是否正确等。

第四章　土地利用现状调查技术

　　土地利用现状调查是第三次全国国土调查的重中之重，包括农村土地利用现状调查和城市、建制镇、村庄(简称城镇村庄)内部土地利用现状调查。

　　农村土地利用现状调查，是指对城市、建制镇、村庄用地范围以外的土地进行的调查。以县(市、区)为基本单位，以国家统一提供的调查底图为基础，实地调查每块图斑的地类、位置、范围、面积等利用状况，查清全国耕地、种植园、林地、草地等农用地的数量、分布及质量状况，查清独立工矿、水域及水利设施用地、湿地等各类土地的分布和利用状况。

　　城镇村庄内部土地利用现状调查，是以省统一提供的优于 0.2 m 分辨率航空正射影像为基础，充分利用城镇村庄数字地籍调查、不动产登记等成果，开展城镇村庄内部土地利用现状细化调查工作，全面查清城镇村庄内部商业服务业、工业、住宅、公共管理与公共服务和特殊用地等各类土地利用状况，建立城乡一体化土地调查数据库。

　　本章主要介绍以县级为基本调查单位开展土地利用现状调查的主要内容与技术方法等。

第一节　内业信息提取技术

　　内业信息提取工作的任务是：将国家统一制作的最新高分辨率数字正射影像图(DOM)与更新到最新年份的土地调查数据库套合，对比分析遥感影像特征与土地调查数据库图斑空间及地类的一致性。按照土地利用现状分类标准，在全辖区范围内，逐地块判读土地利用现状信息，并根据影像现状与元数据库一致性进行对比分析，提取影像与数据库基本一致(B 类)和不一致(A 类)图斑的全覆盖内业信息，并依据影像特征预判土地利用类型。

一、内业信息提取内容

(一)基础资料检查与处理

　　对内业信息提取基础资料的正确性进行检查，对基础资料存在问题的进行合理处理。主要包括：对 DOM 影像进行检查与反馈；对镶嵌块进行检查与修正；对最新土地调查数据库 DLTB 存在系统偏移的，做必要的纠正，根据整体偏移或局部偏移情况做相应处理；对集中连片建成区范围进行勾绘等。

(二)A类图斑提取

即提取影像特征与数据库地类不一致的图斑。A类图斑根据影像特征内业预判类型分为六个一级类,十一个二级类及六个标注类型(见表4-1)。同时,对于影像特征难以支持单一地类的,预判类型为复合地类和细化地类。

(三)B类图斑提取

即提取影像特征与数据库地类基本一致的图斑。B类图斑内业预判类型仍沿用原第二次全国土地调查数据库地类代码,即采用2017版国家标准《土地利用现状分类》(GB/T 21010—2017)。

表 4-1 A 类图斑地类代码表

影像特征	地类代码
耕地	01
园地	02
林地	03
草地	04
明确大型固定建(构)筑物	20
铁路	1001
轨道交通用地	1002
公路用地	1003
机场用地	1007
港口码头用地	1008
管道运输用地	1009
河流水面	1101
沿海滩涂	1105
内陆滩涂	1106
沟渠	1107
水工建筑用地	1109
盐碱地、沙地、裸土地、裸岩石砾地	12
小型建(构)筑物	JZ
高尔夫球场	GEF
采矿用地	CK

影像特征	地类代码
硬化地表	YH
在建动土	DT
水面	SM

(四)成果整理方法

以区县为单位采用 ArcGIS 软件的 mxd 格式工程文件对所有成果进行统一管理和显示,成果包括:遥感影像、A 类图斑、B 类图斑、集中建成区范围和县级调查界线。

二、内业信息提取总体原则

(一)充分依据遥感影像

在内业信息提取过程中,依据遥感影像进行建成区范围判定、图斑勾绘及地类预判。在优于 1 m 高分辨率卫星遥感影像基础上,根据影像时相,综合分析调查区的自然地理特性、地形地貌特征、植被类型、土地利用结构、分布规律与耕作方式等情况,掌握调查区各地类典型地物影像特征,建立全面有效的解译标志,保障信息提取和地类判定的准确性。

对于影像自身质量问题、云雾影响等导致的无法进行内业信息提取的区域,参考数据库提为 B 类图斑,待后批次合格影像替换补充后重新修订图斑类型。

(二)把握重点区域和重点地类

自然地理因素对人类生产生活影响较大,因此不同区域分布的各类土地利用类型差异性较大。按照地类分布的客观性,山区、高山区及交通欠发达地区一般人为因素干扰较小,地类多为林地、草地、未利用地等自然地表覆盖,而园地、耕地及建设用地较少,存在的不一致信息较少;丘陵地区园地、耕地分布较多,而平原地区一般人文活动强度较大,地类复杂,影像与数据库不一致情况相对较多,尤其是变化周期比较短的城镇周边,是土地利用变化的多发区域,需要重点关注。浙江省地貌类型主要由山地、丘陵、盆地、平原构成,地貌构成复杂多样。因此,在调查过程中要结合管理的需要,考虑遥感影像对地物的识别能力,将耕地、建设用地,以及区县数据库错误比较多的地类作为重点地类,在内业信息提取中重点关注。

(三)保证农用地变未利用地的可靠性

当数据库为耕地、园地、林地,而影像特征疑似荒草地等未利用地时,内业信息提取要认真分析该处区位分布及周边环境。只有影像上有明显草地特征,如分布在道路难以到达的山区,以及河流、采矿、在建工地周边等可能分布荒草地的区域,影像具有连片无明显地垄分割,地表植被粗糙不均匀、色彩浅黄等荒草地特征的作为 A 类图斑提取,否则作为

B 类图斑继续保持原地类。同时,原则上除大面积分布荒漠、戈壁、盐碱、沼泽地区域外,不在 A 类图斑新增 12 类未利用地。

(四)数据库图斑严重错乱区域需完整勾绘

当同一类地物数据库中某一区域存在大量图斑破碎繁杂、边界不规则、类型错误等混乱现象,不需要逐图斑核实其图斑一致性,根据影像特征,按一个 A 类图斑完整提取该地物。

如图 4-1 所示,该处建筑群在数据库中图斑存在严重错乱,根据影像按 A 类图斑完整提取该建筑群图斑,内业预判地类为"20"。

图 4-1 数据库图斑严重错乱区域处理示意图

(五)保持已基本建成同一建设用地单元的完整性

根据遥感影像特征,对于一个整体已具备明显建设用地特征(可判定为 20 类)的区域,内部夹杂有少量绿化用地、广场院落等类型,根据影像地物间的空间关系,可以判定为同一个建设用地单元或宗地的,作为一个整体提取,避免把同一单位、宗地或相同地物机械切割;通过影像特征不能准确判定为同一个建设用地单元或宗地的,按照影像特征进行分类提取。

(六)保证图斑勾绘边界的准确性

根据遥感影像特征,严格按照内业信息提取的技术指标,保证图斑的勾绘精度满足要求,图 4-2 为勾绘错误与正确示意图。

三、内业信息提取关键技术与方法

(一)技术路线

基于 CGCS2000 坐标系,利用国家统一制作的优于 1 m 分辨率的 DOM 影像,结合最新土地调查数据库,以影像特征为基础,以土地调查数据库为基础库,对研究区进行综合分析,建立解译标志。使用矢量采集专业软件,以区县为单位,在基础数据收集的基础上,

错误　　　　　　　　　　　正确

图 4-2　图斑边界勾绘错误与正确示意图

对比遥感影像和数据库地类图斑，对发生局部或整体系统偏移的图斑进行纠正，通过影像特征识别、解译标志建立进行人机交互内业信息判读，提取地类不一致图斑。总体流程如图 4-3 所示。

(二)技术指标

1. 最小上图面积

内业预判为明确的固定建(构)筑物(20)、建筑(JZ)、机场用地(1007)、港口码头用地(1008)及水工建筑用地(1109)的图斑，建设用地最小上图面积为 100 m²；设施农用地最小上图面积为 200 m²；农用地(不含设施农用地)最小上图面积为 400 m²；其他地类最小上图面积为 600 m²。

2. 宽度指标

实地宽度≥1 m 的河流、铁路、公路、管道用地、农村道路、林带和沟渠等线状地物，按图斑调查。

3. 勾绘精度

图斑勾绘边界相对于 DOM 上明显同名地物的位移不大于 2 倍采样间隔；受地物阴影等情况影响时，勾绘边界精度根据实际情况可以适当放宽，难以分辨清楚的地物可不提取。

(三)基础资料检查与处理

内业信息提取前，首先对基础资料的正确性进行检查，并对存在问题的基础资料进行必要的处理。

1. DOM 影像检查与反馈

检查 DOM 影像是否存在影响内业信息提取的问题，例如，偏色、重影、纹理丢失、亮度偏暗等，对此类影响内业信息提取的影像问题进行反馈和修正。

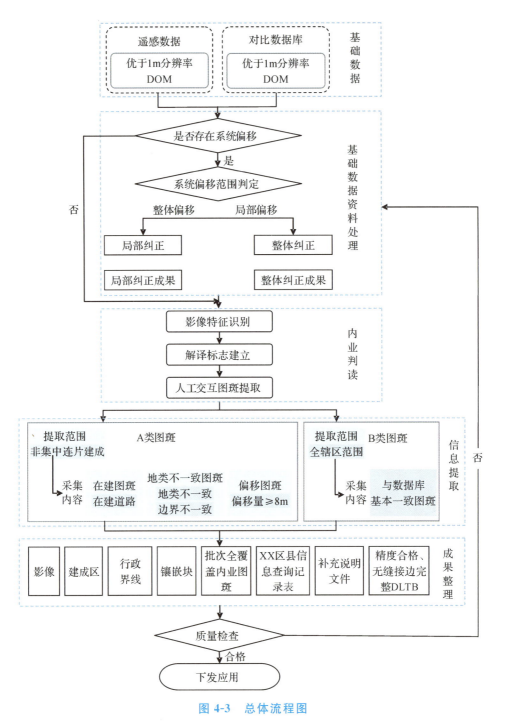

图 4-3　总体流程图

2.镶嵌块及行政界线检查与处理

对镶嵌块信息填写的合理性进行检查,对于不合理情况进行合理修正;检查行政界线与镶嵌块及影像的一致性,对存在不一致的情况进行及时反馈与合理处理。

3.基础数据库检查与处理

检查数据库地类图斑与影像是否存在系统偏移,无系统偏移的不做处理,若数据库地类图斑与影像有系统偏移,做必要的纠正,根据整体偏移或局部偏移情况做相应处理。

采用 ArcGIS 软件的空间校正功能,对照遥感影像与基础数据库,对判定为整体偏移或局部偏移的 DLTB,进行外边缘控制和内部纠正处理。

(四)集中连片建成区勾绘

在调查内业信息提取工作中,将影像上建(构)筑物较为密集连片的区域作为"集中连片建成区"。原则上集中连片区以原数据库地类为 201 或 202 图斑为基础,根据遥感影像特征,勾绘该区域内集中连片的建成区范围。集中连片区范围内统一作为 B 类图斑,预判地类根据原数据库情况采用 201 或 202,集中连片范围外再根据影像特征进行详细勾绘和判定地类。集中连片建成区范围勾绘示例如图 4-4 所示。

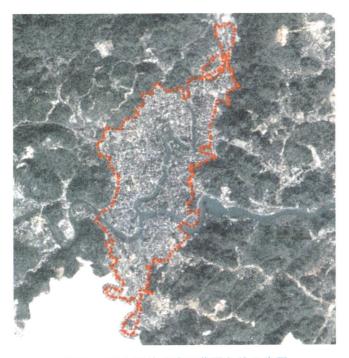

图 4-4　集中连片建成区范围勾绘示意图

(五)内业信息提取

1.解译标志建立

根据土地利用类型,针对因地形、时相、区域及种植类型不同而造成地类影像特征的差异,采用分地形、分时相、分区域、分类型的方式建立各土地利用类型的典型解译标志,解译标志示例如表 4-2 所示。

表 4-2　解译标志示例——耕地

区域		平原区	山地、丘陵区
时相	春夏		
	秋冬		

2. 图斑勾绘提取

依据最新 DOM 影像,对比最新土地调查数据库,逐地块判读土地利用现状信息,并采用专业矢量采集软件等,进行人机交互图斑提取,并预判土地利用类型。

四、内业信息提取关键点

(一)勾绘建成区,明确图斑提取范围

内业信息提取范围原则上是在影像建筑物较为集中连片的城镇村建成区外部,影像上建筑物较为密集连片的城镇村内部不提取不一致信息。快速全面检查调查区内最新遥感影像,手工勾绘该区域内集中连片的建成区范围线,根据实际情况可绘制一个或多个建成区图斑,以此作为下一步内业信息提取的作业边界。

(二)充分依据遥感影像

内业信息提取中建成区范围判定、图斑勾绘及地类预判均完全依据遥感影像。在优于 1 m 高分辨率卫星遥感影像(部分地区优于 0.2 m 高分辨率航空遥感影像)基础上,根据影像时相,综合分析调查区的自然地理特性、地形地貌特征、植被类型、土地利用结构、分布规律与耕作方式等情况,掌握调查区各地类典型地物影像特征,建立全面有效的解译

标志,保障信息提取和地类判定的准确性。同时,对于影像自身质量问题、云雾影响等导致的影像无法正常判读区域,内业不需要提取不一致信息。

(三)内业地类预判的优先顺序

受遥感数据时相、分辨率及调查区地表附着物自然特性的影响,遥感影像在地类识别上容易出现混淆,特别是"同谱异物,同物异谱"现象较多。这一问题主要出现在耕地、草地、灌木林地以及园地与林地之间。因此,当从遥感影像上难以明确判定地类时,在深入分析该处地形地貌、周边环境、植被特征,以及参考周边类似影像特征的数据库地类基础上进行判别,内业地类预判遵循耕地、园地、林地、草地的优先顺序(如图4-5)。如果采用复合地类,原则上不跨地类,而选择"耕园林草"相邻的两个地类。

图 4-5　遵循耕—园—林—草的先后顺序预判

(四)农用地变未利用地提取

当数据库为耕地、园地、林地,而影像特征疑似草地等未利用地时,在提取不一致信息时对该处区位分布及周边环境进行分析。影像上有明显草地特征,如对道路难以到达的山区、河流、采矿、在建工地周边等可能分布荒草地的区域,影像呈现出连片、无明显地垄分割、地表植被色彩浅黄且不均匀等特征时进行农用地变未利用地提取。

五、成果内容与管理

(一)成果内容

浙江省第三次国土调查内业信息提取成果以县级辖区为单位,以文件夹形式统一存放,文件夹命名采用"县级行政代码+任务批次数编号+县级辖区名称"。成果内容、命名及格式如表4-3所示。

表 4-3　浙江省第三次国土调查内业信息提取成果内容

内容	文件命名	格式
工程管理文件	县级行政代码＋区县名称	mxd
内业信息图斑	县级行政代码 nytb	Shape File
集中建成区范围	县级行政代码 jcq	Shape File
调查区行政界线	县级行政代码 xzjx	Shape File
调查区正射影像图	县级行政代码＋数据源 DOM	img、tif
影像镶嵌块	县级行政代码 xq	Shape File

(二)成果管理

　　浙江省第三次国土调查内业信息提取成果采用专业软件分项加载使用或采用预先设计的工程文件对所有成果进行统一加载使用。工程文件存放在成果文件夹中,命名为"县级行政代码＋区县名称",采用 ArcGIS 软件的 mxd 格式,各矢量成果显示格式要求如表 4-4 所示。

表 4-4　各矢量成果显示格式要求

矢量成果		内部填充	外边线			标注(NYYPDL)		
						字体	字号	颜色
nytb	A 类图斑	无	实线	红色 (255,255,255)	线宽 3	宋体	20 加粗	黄色 (255,255,0)
	B 类图斑	无	实线	黑色(0.0.0)	线宽 2	宋体	18 加粗	黑色(0,0,0)
Jcp		蓝色格网线	无	—	—	—	—	—
Xzjx			无	虚线	绿(0,255,0)	8		

　　按照各矢量成果显示格式要求,工程文件能够比较清晰地显示出各要素信息,区县的工程文件成果显示效果如图 4-6 所示。

　　按照影像地物特征与浙江省第二次土地调查数据库一致性,内业提取图斑(nytb)分为 A 类图斑和 B 类图斑,A 类图斑是影像与数据库不一致图斑,B 类图斑是影像与数据库基本一致图斑。所有内业图斑属性表结构及说明如表 4-5 所示。

图 4-6　工程文件成果显示效果示意图

表 4-5　内业图斑属性表结构及说明

序号	字段名称	字段代码	字段类型	字段长度	小数位数	备注
1	县级行政区代码	XZQDM	Char	6		
2	县级行政区名称	XMC	Char	30		
3	图斑编号	TBBH	Char	10		注1
4	中心点 X 坐标	XZB	Double	15	1	
5	中心点 Y 坐标	YZB	Double	15	1	
6	遥感数据相时	SX	Char	20		注2
7	图斑类别	TBLB	Char	10		注3
8	内业预判地类	NYYPDL	Char	10		注4
9	图斑面积	TBMJ	Double	15	1	单位:亩
10	图斑特征	TZ	Char	5		注5

注1:A 类图斑采用"A+编号";B 类图斑采用"B+编号"。

注2:根据图斑提取所依据的遥感影像的数据时相填写,填写至日,如"20180506"。

注3:图斑类别分为 A 类图斑与 B 类图斑两种,根据图斑所属类别分别标注相应代码。

注4:根据影像地物特征内业预判用地类型,B 类图斑仍沿用浙江省第二次土地调查数据库地类代码,建成区标注为 201 或 202。A 类图斑采用表 4-1 相应地类代码。

注5:根据图斑特征,偏移图斑标注"PY",在建道路图斑标注"ZJ",两种及以上地类混杂内业难以区分需地方细化调查的图斑标注"XH"。

第二节　农村土地利用现状调查

农村土地利用现状调查是以县(市、区)为基本单位,以国家统一提供的调查底图为基础,实地调查每块图斑的地类、位置、范围、面积等利用状况。农村土地利用现状调查是一项系统工程,涉及的环节和内容较多,本节介绍以县级为基本调查单位开展农村土地利用现状调查的主要内容、技术方法和要求等。

一、调查内容

以国家统一提供的调查底图为基础,结合省收集的最新优于 0.2 m 分辨率航空正射影像,通过不一致图斑分析与补充提取、内业预处理与外业实地举证,调查每块图斑的地类、位置、范围、面积等利用状况。

二、调查技术路线及方法

(一)调查技术路线

土地利用现状调查以采用综合调绘法为主,对内业提取不一致图斑逐一进行实地地类认定和属性标注,调绘图斑边界,同步开展举证工作,同步开展图斑举证工作,对影像未能反映的地物进行补测,最后依据外业调查结果,进行内业矢量化和建库工作。技术路线如图 4-7 所示。

(二)调查方法

农村土地利用现状调查主要采用综合调绘法。以内业解译判读、外业调查核实和内业建库相结合的调绘方法开展调查。

第一步,不一致图斑分析与补充提取。将国家下发的不一致图斑套合 1 m 分辨率遥感影像,进行内业核对,主要是查看不一致图斑与影像的套合度和国家对地类的预判情况。

第二步,内业预处理。在室内对影像进行预判解译,以全国三调办下发的 DOM 和浙江省三调办下发的优于 0.2m 分辨率的航空影像为基础,在计算机中依据影像特征进行图斑边界勾绘和地类内业预判并将其标绘在调查底图上制作外业底图。

第三步,外业调查。到实地对内业标绘的地类、界线和属性等内容逐一进行核实、修正或补充调查,对需要举证的图斑进行拍照举证。

第四步,内业整理完善。依据外业调绘修改完善内业预判数据,形成最终调查数据成果,为建立城乡一体化的数据库提供数据基础。

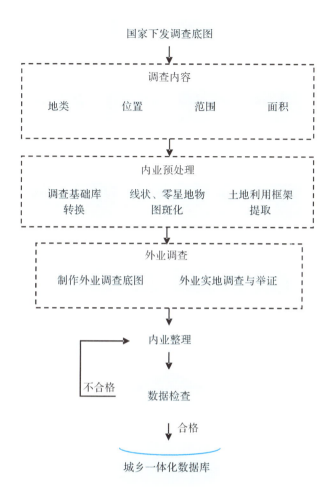

图 4-7　农村土地利用调查技术路线

三、不一致图斑分析与补充提取

(一)不一致图斑套合检查

不一致图斑套合检查目的是掌握国家提取图斑的位置精度情况和地类预判正确性。将国家下发的不一致图斑叠加国家下发的影像,以及套合 0.2 m 分辨率正射影像,检查图斑与影像套合精度情况。

(二)不一致图斑地类初定

将不一致图斑套合影像和基础库,逐图斑进行地类的判读,将判读结果与国家预判地类进行比较,对判读不一致的图斑提取并进行举证。

(三)补充提取不一致图斑

除了国家提取的不一致图斑外,补充提取影像特征与基础库地类不一致的图斑。提取时重点针对影像特征为建设用地而数据库中现状地类是非建设用地的图斑、农用地内部地类明显和影像不一致的图斑,以及影像为农用地特征而数据库中现状地类为未利用地图斑等,如图 4-8 所示。

(1)在建图斑:当数据库图斑地类为非建设用地,影像特征为推土在建的房屋、道路等建筑工程,道路作业面宽度≥8m 时,提取为在建图斑,图斑类别标注为"ZJ"。

(2)地类不一致图斑:当数据库中现状地类与影像特征反映的土地利用类型不一致时提取为地类不一致图斑,图斑类别标注为"BYZ",并根据影像特征内业初判数据库中现状地类。

不一致图斑提取时同时考虑符合调查精度的各种地类上图面积和线状地物宽度,把握重点区域和重点地类不一致图斑提取。对提取的现状不一致图斑进行地类预判。

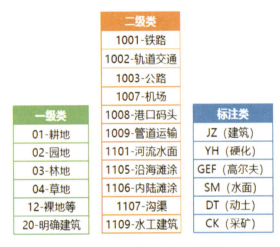

图 4-8　不一致图斑标注说明

①现状不一致图斑的提取规则如下:

基础库为建设用地,影像现状显示为耕地特征或是未建设痕迹的按不一致图斑提取,内业预判地类标 01。

基础库为农用地,影像现状显示有明显建设特征的按不一致图斑提取,内业预判地类标 20。

基础库为林地,影像现状显示有果园或是茶园特征的按不一致图斑提取,内业预判地类标 02。

遥感影像显示为堤、坝特征的,实地为坑塘水面的土质堤的按现状上图,不提取不一致图斑;若堤坝硬化且面积达到上图标准,则按不一致图斑提取,如果其为水库水面的硬化堤坝,提取不一致图斑,按水工建筑 1109 标注。

根据建设用地农转、征地红线,套合 DOM 数据以及地类图斑数据,提取现状未建设但位于建设用地红线内的图斑,外业进行实地核实,实地仍为非建设用地的仍保持其原地类,实地已动工建设的按建设范围上图,外业举证。

②无须提取的不一致图斑：

原库中已有线状地物或是零星地物的直接图斑化，不提取不一致图斑。

原库中地类图斑边界变化不大时，不提取不一致图斑，直接调整图斑边界。

耕地中种植的林木或是果园等，不提取不一致图斑，根据现状勾绘图斑边界，备注LM、YM等种植属性，外业核实上图。

四、内业预处理

内业预处理内容主要包括参考数据整理、基础库的处理（线状地物零星地物图斑化、地类细化、批准建设资料整理等）、国家下发的遥感监测图斑的预处理、补充提取不一致图斑、土地权属数据预处理等。内业预处理目的是制作外业调查底图和为后期数据建库提前做好数据基础。工作流程如图4-9所示：

图 4-9　内业数据预处理工作流程图

采用叠加分析、缓冲区分析、土地利用现状专业分析等分析方法提取与本次调查有关的数据信息，分层分类进行整理。

(一)调查基础库转换

按照《第三次全国国土调查技术规程》（TD/T 1055—2019）和《国土调查数据库标准》（TD/T 1057—2020）要求，将国家下发的基础库进行处理：

1. 数据结构转换

依据《国土调查数据库标准》(TD/T 1057—2020)将第二次全国土地调查数据结构进行转换。通过建立第三次全国国土调查数据层与第二次全国土地调查数据层之间的对应关系,利用第三次全国国土调查数据建库软件将第二次全国土地调查数据结构统一转换,对于需要拆分或合并的数据层或是不能统一转换的数据结构,人工手动修改转换。

2. 地类编码转换

第三次全国国土调查图斑地类编码依据《工作分类》,包含 13 个一级类、56 个二级类。根据第二次全国土地调查分类标准与第三次全国国土调查分类标准之间的对照关系进行地类编码转换;城镇村要求细化的地类编码先继承原第二次全国土地调查地类编码,预处理时根据高分辨率影像和其他参考数据进行细化及地类预判。

第二次全国土地调查编码向第三次全国国土调查编码转换,对照表如下,重点需要对一对多的第二次全国土地调查编码进行检查处理。如:第二次全国土地调查有林地和灌木林地转换为第三次全国国土调查后需要区分乔木林地、竹林地、红树林地、森林沼泽和灌丛沼泽,因此转换后需要结合影像和实地调查进行判定,如表 4-6 所示。

表 4-6　第三次全国国土调查与第二次全国土地调查地类对照表

二调代码	二调名称	三调代码	三调名称	备注
		00	湿地	三调新增地类
		0303	红树林地	三调新增地类
		0304	森林沼泽	三调新增地类
		0306	灌丛沼泽	三调新增地类
		0402	沼泽草地	三调新增地类
		0603	盐田	三调新增地类
115	沿海滩涂	1105	沿海滩涂	
116	内陆滩涂	1106	内陆滩涂	
125	沼泽地	1108	沼泽地	
01	耕地	01	耕地	
011	水田	0101	水田	
012	水浇地	0102	水浇地	
013	旱地	0103	旱地	
02	园地	02	种植园用地	
021	果园	0201	果园	

二调代码	二调名称	三调代码	三调名称	备注
022	茶园	0202	茶园	
		0203	橡胶园	三调新增地类
023	其他园地	0204	其他园地	
03	林地	03	林地	
031	有林地	0301	乔木林地	
		0302	竹林地	三调新增地类
032	灌木林地	0305	灌木林地	
033	其他林地	0307	其他林地	
04	草地	04	草地	
041	天然牧草地	0401	天然牧草地	
042	人工牧草地	0403	人工牧草地	
043	其他草地	0404	其他草地	
20X	城镇村及工矿用地	05	商业服务业用地	
		05H1	商服用地	
		0508	物流仓储用地	
		06	工矿用地	
		0601	工业用地	
		0602	采矿用地	
		07	住宅用地	
		0701	城镇住宅用地	
		0702	农村宅基地	
		08	公共管理与公共服务用地	
		08H1	机关团体新闻出版用地	
		08H2	科教文卫用地	
		0809	公用设施用地	
		0810	公园与绿地	
		09	特殊用地	
10	交通运输用地	10	交通运输用地	

续　表

二调代码	二调名称	三调代码	三调名称	备注
101	铁路用地	1001	铁路用地	
		1002	轨道交通用地	三调新增地类
102	公路用地	1003	公路用地	
20X	城镇村及工矿用地	1004	城镇村道路用地	三调新增地类
		1005	交通服务场站用地	三调新增地类
104	农村道路	1006	农村道路	
105	机场用地	1007	机场用地	
106	港口码头用地	1008	港口码头用地	
107	管道运输用地	1009	管道运输用地	
11	水域及水利设施用地	11	水域及水利设施用地	
111	河流水面	1101	河流水面	
112	湖泊水面	1102	湖泊水面	
113	水库水面	1103	水库水面	
114	坑塘水面	1104	坑塘水面	
117	沟渠	1107	沟渠	
118	水工建筑用地	1109	水工建筑用地	
119	冰川及永久积雪	1110	冰川及永久积雪	
12	其他土地	12	其他土地	
20X	城镇村及工矿用地	1201	空闲地	
122	设施农用地	1202	设施农用地	
123	田坎	1203	田坎	
124	盐碱地	1204	盐碱地	
126	沙地	1205	沙地	
127	裸地	1206	裸土地	
		1207	裸岩石砾地	三调新增地类

3. 属性转换处理

按照浙江省第三次国土调查数据库标准对数据属性进行完善处理。包括要素代码处理、标识码统一赋值、图斑关联标识等属性数据处理完善。

(二)线状地物、零星地物图斑化

根据《第三次全国国土调查技术规程》(TD/T 1055—2019)要求,铁路(1001)、公路(1003)、城镇村道路(1004)、农村道路(1006)、管道运输用地(1009)和河流(1101)、沟渠(1107)、水工建筑(1109)等线状地物全部以图斑调查,线状地物图斑被调查界线、土地权属界线分割的,按不同图斑调查上图。

基于变更调查数据库中零星地物、线状地物,套合影像图,零星地物达到上图面积的按图斑勾绘,零星地物不达上图面积的与相邻地类合并;线状地物根据原宽度与走向,套合影像勾绘,部分线状地物可根据交通数据、水利数据、地形图与国情普查数据整理提取,部分线状地物实地已经灭失的不上图,对新增的线状地物进行补充勾绘。

影像能明显反映线状地物的,规则地物采用缓冲构面,不规则图形手动构面;影像不能明显反映的线状地物的,根据基础库宽度与走向直接构面。

线状地物调查需根据地类、走向、宽度与权属分割;线状地物交叉的,应保持上部连续,下部断开;穿越村庄的国有公路、河流等,保留公路、河流的完整性。

1.线状地物图斑化

根据《第三次全国国土调查技术规程》(TD/T 1055—2019)要求,线状地物只有在权属、坐落、宽度、走向(东西、南北各为一个方向)、地类五类属性均基本一致时,方可划为一个图斑。因此根据线状地物的具体情况,参考地理国情普查数据中的道路等级信息,确定道路的主次关系,对平面相交的线状地物按照高等级通、低等级断的原则处理线状地物图斑。同时,调取农转用数据中的道路红线和城镇规划数据,将属于道路用地的两边绿化等用地范围划入线状地物图斑。

线状地物在图斑化过程中,依据《第三次全国国土调查技术规程》(TD/T 1055—2019)对宽度大于 1 m 以上的线状地物进行综合取舍,线状地物取舍时主要根据线状地物的重要性、连通性原则,优先选取宽度较宽、具有通达重要性、能形成网状的线状地物进行图斑化,以构成区域内线状地物的合理性。

2.零星地物图斑化

按照各种地类最小上图面积要求,依据影像纹理范围勾绘出原零星地物的图斑范围。在零星地物图斑化过程中,对原零星地物记载的面积以及影像真实反映的地类范围进行转化。零星地物的地类在继承原第二次全国土地调查地类的基础上根据影像实际情况核实,对影像上无法明显判读的进行外业核实。零星地物中面积小于最小上图图斑面积要求的地类就近归并到其他地类图斑中。

(三)土地利用框架提取

1.城镇土地利用框架

根据影像特征,在内业按图斑勾绘需要上图的河流、沟渠、公路、铁路、农村道路等线状地物的图斑边界,保持初始数据库与卫星影像特征基本一致,提取调查范围内基本土地利用框架。将内业无法确定是否上图的线状地物,或内业无法准确判定图斑边界的线状地物,列入调查图斑,并对其开展外业调查。线状地物调查以实地现状支持地类上图,同时保证道路、水系连通。城镇土地利用框架构建路技术路线如图 4-10 所示。

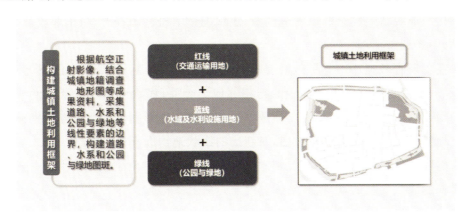

图 4-10　构建城镇土地利用框架技术路线图

土地利用框架主要是由城镇内部的交通运输用地、水域及水利设施用地、公园与绿地等构成的。城镇土地利用框架的构建是利用正射影像、地籍调查、大比例尺地形图、城乡规划或地理国情普查等数据,采用转换、提取或矢量化等方法,勾绘城镇国土调查区内的交通运输用地、水域及水利设施用地、公园与绿地等,制作内部地类细化调查的工作分区,即进行网格化控制(如图 4-11 所示),其方法为:

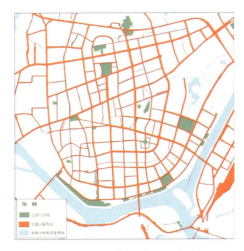

图 4-11　城镇土地利用框架

(1)参考已有资料分清主次。

套合城镇规划数据,按照土地现状分类标准,选择规划红线、规划蓝线、规划绿线,对比分析已有影像地物特征一致性:

①套合影像图,结合城镇道路规划中的红线来确定城镇交通运输用地。

②套合影像图,结合城镇道路规划中的蓝线来确定城镇水域及水利设施用地。

③套合影像图,结合城镇道路规划中的绿线来确定城镇的公园与绿地。

套合不动产登记与地理国情监测数据,现有不动产登记与地理国情监测数据由于精度和现势性都较好,通过数据抽取的方式制作框架数据。提取该数据中对应的交通运输用地、水域及水利设施用地、公园与绿地,参照影像图调整边界制作土地利用框架数据。

(2)参考正射影像图。

参考资料不能利用的,直接参照正射影像图对城镇土地利用框架数据进行数字化提取。在提取城镇土地利用框架数据时,根据国土调查工作分类标准,结合影像特征,确定交通运输用地、水域及水利设施用地、公园与绿地的边界范围。

2.村庄土地利用框架

以正射影像图为基础,结合村庄地籍调查、土地整治等资料,采用数字化或数据转换、抽取等方法,主要绘制村庄调查范围内的公用道路、水塘或成片林木等,构建村庄土地利用框架。

(1)使用村庄地籍调查(农村宅基地及集体建设用地调查)。

在村庄地籍调查成果的基础上,采用转换、抽取等方法,对照正射影像,转绘村庄土地调查区内的公用道路、农村居民点、村委会与学校、工矿企业、水塘与林地、其他土地等,来制作土地利用框架数据。

(2)使用正射影像图。

村庄地籍调查数据、土地整治等难以利用的,可以参照现有的正射影像图对村庄土地利用框架数据进行数字化提取。在提取村庄土地利用框架数据时,需要根据国土调查工作分类标准,结合影像特征,确定公用道路、水塘,或成片林木等。

五、外业调查

(一)外业底图制作

将内业预判解译数据套合变更调查数据库,结合国家下发的图斑及其他相关资料,制作外业调查底图。

1.数据分析

将国家下发的重点地类不一致图斑、内业判绘图斑、县级重点调查图斑、原数据库地类、地类细化标注等数据进行叠加分析,提取在外业实地调查阶段需要重点核实的地类图斑和界线及外业举证图斑。

2.标注外业调查核实重点图斑

在底图上标注出内业无法明确判读认定、需要外业调查核实的图斑。包括:

(1)在预判地类图斑勾绘过程中,图斑边界有疑问或者无法准确划分的图斑。

(2)在预判地类图斑地类判读过程中,地类用途不明确的图斑,包括地类图斑无法唯一确定的图斑或者没有按照工作分类要求细化的图斑。

（3）内业勾绘或矢量上图后边界有疑问的线状地物图斑。

（4）内业判读难以明确细化属性的图斑。

（5）耕地种植属性有疑问或者不明确的图斑。

（6）根据集体土地所有权及城镇外独立国有建设用地使用权资料，无法确定权属性质的权属不明确图斑。

3.标注外业举证图斑

在底图上标注出省和国家核查需要举证的图斑，包括重点地类变化图斑、调查地类与原数据库地类不一致且影像特征不明显的图斑、调查地类和界线与国家内业判读不一致的图斑。

（1）对认定地类与全国三调办内业判读地类不一致的图斑，进行实地举证。但原数据库地类为耕地，内业提取地类为其他农用地，经地方调查为耕地，标注种植属性与国家影像判读地类一致的，可不举证。

（2）重点地类变化图斑原则上需实地举证。包括相对于原土地调查数据库新增的建设用地和设施农用地图斑、原有耕地内部二级地类发生变化的图斑，以及原有农用地调查为未利用地的图斑。

（3）在国家未提取变化图斑的区域，相对于原数据库调查新增的变化图斑和影像底图未能反映或无法明确判定的图斑，需进行举证。

4.外业底图配置

（1）准备外业资料。

外业资料包括：国家下发的优于 1 m 分辨率数字正射影像图，行政区界线，内业预处理形成的土地利用数据库，经预判需外业举证的不一致图斑，地方提取的不一致图斑，样本地类图斑，边界、权属、建设用地等疑问图斑。

（2）平板设备数据导入。

对于需外业调查的图斑，按照国家举证平台要求，对行政区代码、县名称、图斑预编号、图斑面积以及 XY 图斑中心点等必填字段赋值，县域范围内每个图斑预编号唯一。采用浙江省第三次国土调查在线举证平台县级端下载的"数据制作工具"，将经过工具处理的图斑数据导入带定位功能的外业调查设备中，开展外业实地调查工作。

（二）外业实地调查与举证

1.调查内容与要求

调查内容主要是认定地类、判定边界范围、地物补测记录权属和种植属性等信息，依据遥感影像和实地现状进行图斑综合调绘。按照实地现状认定地类的原则，逐图斑核实确认图斑地类及标注信息，调绘图斑边界，记录土地权属等相关属性信息；内业判读地类与实地现状不一致的，应按实地现状调查；对影像未能反映的新增地物进行补测。

2. 外业图斑调绘

到实地对内业解译图斑的地类、界线和属性等内容逐一进行核实、修正或补充调查。对内业不确定或无法解译的影像部分作重点调查;对室内解译正确的予以确认,有错误的进行修正;对影像上未反映的隐蔽地物进行实地调绘,并将核实调绘的内容及属性标绘在调查底图上或记录在《国土调查记录表》中。

3. 图斑标注

(1)耕地标注。

耕地图斑除标注水田、旱地二级地类编码外,按实际利用情况标注种植属性。原则上不因标注种植属性而分割耕地图斑,一块耕地内有多种种植情况的,按主要种植情况标注。标注属性主要包括未耕种、休耕、种植粮食作物、粮与非粮轮作、种植非粮食作物、林粮间作。

(2)种植园用地标注。

林业部门调查的林区内的种植园用地,应按现状调查,认定为种植园用地,如原地类是林地,标注林区内的种植园用地属性。

(3)草地标注。

对灌木覆盖度>30%,<40%的草地图斑,标注灌丛草地属性。

(4)地类样本采集。

为规范和统一土地分类标准,同时为核查提供基础样本,进行地类样本采集工作。在正式开展调查工作前对本区域涉及的所有地类,选取至少1—2个典型地块,进行地类样本采集。

样本选取结合影像判读和外业调查工作。样本地块在内业依据影像选取,或通过外业实地调查选取。选取地类单一、特征明显的典型地块作为地类样本,以保持样本影像特征和实地利用特征的一致性。样本地块的边界需重新勾绘,不直接采用地类图斑的原始边界。为保证地类单一,勾绘形状以矩形为主。使用统一下发的软件进行地类样本采集工作,在样本地块实地拍摄中保持地类样本照片的完整性、单一性、典型性、清晰性、远近协调。合理分配空白和实体所占空间布局,以在提高艺术美感的基础上,准确、美观地反映地类特征。

根据区域自然地理、地形地貌特征、植被类型及土地利用结构、分布规律与耕作方式等情况,建立调查区地类样本库。

(5)新增地物补测。

对影像未能反映的新增地物进行补测,补测主要采用仪器补测法(卫星定位补测法)和简易补测法。

①补测平面位置精度要求。

量距丈量精度要求:用皮尺或钢尺丈量距离时,测量单位为m,保留1位小数。平面位置精度要求:补测的地物点相对邻近明显地物点距离中误差,平地、丘陵地不大于

2.5m,山地不大于 3.75m,最大误差不超过 2 倍中误差。

②补测方法。

A.简易补测法。

简易补测法又分为简易直接补测法、简易间接补测法两种。

(a)简易直接补测法。

用于补测地物的较小或较规整,且四周有较多的实地与影像对应的明显地物点作为控制的地区。

一般使用钢尺或皮尺、圆规、三角尺等简单测量工具,将地物补测到调查底图上。有比较法、截距法、距离交会法、直角坐标法、延长线截距法等。

(b)简易间接补测法。

该方法是利用收集的与补测地物有关的图件资料,如设计图、竣工图等,将图件资料上的有关调查内容,采用透绘法、转绘法等方法,标绘在调查底图上。主要用于已有相关资料的地区。

标绘后对其标绘内容进行实地核实确认,与实地的位置、界线一致时,予以确认;不一致时,按实地现状进行修改后确认。

B.仪器补测法。

仪器补测方法主要采用以下三种方法。

(a)PAD 直接采集上图。

使用 PAD 进行实地测量,确定够上图面积,得到矢量数据。内业根据矢量数据与相应图斑做裁切处理,处理周围图斑之间的拓扑关系,然后重新计算所切图斑的面积,若有小于最小上图面积的图斑,优先使用相近地类图斑合并的原则,再考虑边界重合最大的原则进行合并。采集完成后,利用影像进行比对修正。

(b)RTK、全站仪测量采集。

使用 RTK、全站仪对新增地物四周进行实地打点,得到新增地物角点坐标,导出为 DAT 文件,然后用相关软件根据角点坐标进行矢量化,得到矢量数据。内业根据矢量数据与相应图斑做裁切处理,处理周围图斑之间的拓扑关系,然后重新计算所切图斑的面积,其中小于最小上图面积的图斑,优先使用相近地类图斑合并的原则,再考虑边界重合最大的原则进行合并。

(c)GPS 仪器补测法。

GPS 仪器补测法是采用第三次全国国土调查外业调查平板,通过使用蓝牙与 CORS 连接高精度便携式 GPS 开展地物修补测,所使用 GPS 仪器精度达 0.5—1 m,可实现手动采集与自动采集。

(6)图斑外业举证。

外业举证采用省三调办统一下发的"互联网+"举证软件进行,工作流程如图 4-12 所示。

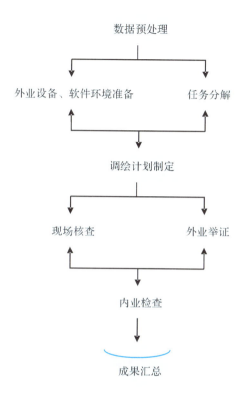

图 4-12　外业举证工作流程图

A. 工作要求。

对国家下发的不一致图斑、地方自主提取的不一致图斑进行实地举证核实,外业调查中发现国家或内业未提取的不一致图斑也要举证。使用带卫星定位功能和方向传感器的手机或 PAD,利用"互联网＋"举证软件。

B. 举证流程。

举证包括地类样本举证和初次举证。

地类样本库拍摄:正式开展调查工作前,对本区域涉及的所有地类,进行地类样本采集。

初次举证:开展外业调查的同时,对不一致图斑和重点地类变化图斑等,进行初次举证。初次举证中,若经内外业数据检查发现存在有举证不规范、应举证未举证的情况,由外业人员再次补充举证材料。

六、数据编辑

数据编辑包含地类图斑采集、图斑切割与合并、属性赋值、面积计算等。

(一)基于高清影像与已有数据开展图斑地类采集,对同纹理影像采集边界形成单个地类图斑;根据权属界线及村级界线进行图斑边界调整与分割;根据坡度等级对耕地进行分割处理等。

(二)基于外业调查成果,实地已经发生改变的,根据实际情况进行合并与分割。

（三）对数据库各字段进行赋值,包含地类编码、地类名称、坐落单位代码、坐落单位名称、权属单位代码、权属单位名称、城镇村属性码、图斑细化代码、种植属性代码等。

（四）对数据库各图层进行椭球面积计算以及图斑面积、图斑地类面积计算。

七、调查接边

（一）接边内容

在调查过程中,依据影像辅助实地调查,对不同行政区界线两侧公路、铁路和河流等重要地物进行接边,确保重要地物的贯通性;对影像反映明显的地物界线进行接边,保证同名地物的一致性;对地类、权属等属性信息进行接边,保证水库、河流、湖泊、交通等重要地物调查信息的一致性。

（二）接边精度要求

当行政界线两侧明显地物接边误差小于图上 0.6 mm、不明显地物接边误差小于图上 2 mm 时,双方各改一半接边;否则双方应实地核实接边。

第三节　城镇村庄内部土地利用现状调查

城镇村庄土地利用现状细化调查是土地利用现状调查的一项重要内容。其重点是调查城镇村庄土地利用图斑,统筹衔接城乡土地调查成果,建设城乡一体化土地调查数据库。第二次全国土地调查时对城市（201）、建制镇（202）、村庄（203）没有做细化调查,都是按一个大图斑调查的,没有查清城镇村庄内部商服、工业、仓储、住宅、公共管理与公共服务和特殊用地等地类的土地利用状况。第三次全国国土调查中的城镇村庄内部土地利用现状调查工作任务主要是:收集调查区的遥感影像、地籍调查、土地登记、土地供应、城乡规划、地形图、国情普查、城乡建设等方面的资料;分析资料的现势性和可利用性,以遥感影像为基础,通过内业判读,转绘城镇村庄土地利用现状图斑;通过城镇村庄土地利用资料的相互印证、经验研判和实地查验等方法,检查确认城镇村庄土地利用图斑的正确性;统筹衔接城镇村庄和农村土地调查数据,建立城乡一体化数据库。

一、调查内容

浙江省城镇村庄内部土地利用现状调查是以最新优于 0.2 m 分辨率航空正射影像为基础,充分利用城镇村庄数字地籍调查、不动产统一登记等成果,结合城镇低效用地调查、工业用地调查等相关数据,参考最新城乡规划的现状调查相关资料,对城市、建制镇、村庄内的土地利用现状开展细化调查,查清城镇村庄内部商业服务业、住宅、公共管理与公共服务等地类的土地利用状况,调绘地类界线,标注地类属性。城镇村庄内部土地利用现状调查是采用内业勾绘和实地核实相结合的方法,确定城镇村庄内部每个图斑的土地利用类型。

二、调查技术路线及方法

(一)调查技术路线

对已完成地籍调查的区域,充分利用不动产登记数据、供地数据等现有城镇村庄地籍调查成果,对照优于 0.2 m 分辨率航空正射影像,结合城镇低效用地调查、工业用地调查等相关数据,开展城镇村庄内部土地利用现状调查。对未完成地籍调查的区域和城镇村新扩区域,依据最新 0.2 m 分辨率航空正射影像、地形图、规划图等图件资料,由所在地自然资源主管部门组织街道办事处、自然资源管理所及村委会相关人员配合建库单位技术人员,采用内业勾绘和实地核实相结合的方法,查清城镇村庄内部每个图斑的土地利用类型,同时进行城镇村属性码标注。

调查以"互联网+"和"3S"一体化技术为支撑,以内业预判、外业核实和现场举证为工作模式,充分运用大数据、云计算等技术,建立城乡一体化的土地调查数据库。技术路线流程如图 4-13 所示。

(二)调查方法

以 DOM、原数据库中城市(201)、建制镇(202)、村庄(203)、采矿用地(204)以及风景名胜及特殊用地(205)图斑为基础,划定城镇村庄调查范围,参考相关资料,制作工作底图。以地籍调查成果和 DOM 为基础,通过内业勾绘和外业核实,调绘城镇村庄土地利用现状图斑,统筹衔接城镇村庄和农村土地利用现状数据,建立城乡一体化的土地利用现状数据库。

三、调查信息提取与整理

提取的信息主要包括:(1)土地利用现状数据;(2)城镇村庄数字地籍调查数据以及实行不动产统一登记之后的权籍调查数据;(3)1:2000 数字地形图;(4)优于 0.2 m 分辨率的航空遥感正射影像(没有覆盖地区采用 0.5 m 分辨率航空或航天遥感影像);(5)土地审批、地名地址、城镇村庄规划、土地整治、土地登记、土地供应等资料。整理调查范围内的地籍调查、地名地址、城镇村庄规划、城镇村庄大比例尺地形图、土地审批、土地供应、土地登记、土地整治等其他相关资料,统一数据格式,坐标系统转换为 2000 国家大地坐标系。以最新 0.2 m 分辨率 DOM 数据成果为基础,确定与参考数据之间的内在关系,整合参考数据于统一平台。

四、调查范围和界线

套合城镇村庄数字地籍调查、不动产登记等成果,参考最新的城乡规划的现状调查相关资料,对城市、建制镇、村庄内的商业服务业、工矿用地、物流仓储用地、住宅用地、公共管理与公共服务用地和特殊用地等地类的界线进行调绘,标注地类属性,城镇村庄内部土地利用现状调查按照《工作分类》进行调查和汇总。

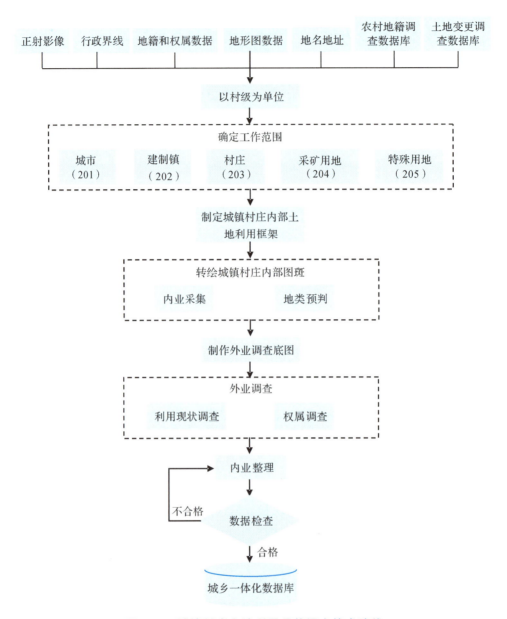

图 4-13　城镇村庄土地利用现状调查技术路线

　　城镇村庄内部土地利用现状调查,在城镇村庄地籍调查数据库成果基础上开展,对相邻多个宗地属同一地类的图斑进行合并,按照《工作分类》归并地类。对于城镇村庄地籍调查、不动产登记未覆盖区域,依据最新遥感影像、地形图、规划图等图件资料,在村委会等相关人员协助下,采用内业勾绘和实地核实相结合的方法,确定城镇村庄内部每个图斑的土地利用类型。

　　城镇村庄周边实地现状是农用地的,不划入城镇村庄集中连片范围内;原数据库是建设用地但实地现状是农用地、批准未建设的建设用地、已拆除复垦的存量建设用地,同样不划入城镇村庄集中连片范围内;山区跳棋式分布的村庄,以实际情况勾绘单独图层。城镇村庄界线为地类图斑的界线，按照单独图层方式录入国土调查数据库。农村与城镇村庄土地利用现状调查的界线，依据低精度服从高精度的原则，由县（市、区）负责接边。

五、城镇村庄内部土地利用现状细化分类

根据《第三次全国国土调查技术规程》(TD/T 1055—2019)要求，城镇村调查比例尺为1∶2000，以 0.2 m 分辨率正射影像为基础，对城镇村庄内部的土地利用现状开展细化调查。

利用不动产登记、城镇建设规划数据等参照数据，内业预判划定城镇村内部土地利用图斑，制作外业调查工作底图，供外业调查城市、建制镇、村庄内的商服用地、工矿仓储、住宅用地、公共管理与公共服务用地和特殊用地等土地利用状况。城镇村庄内部土地利用现状调查按照《工作分类》要求进行分类调查和汇总。主要作业流程如图 4-14 所示：

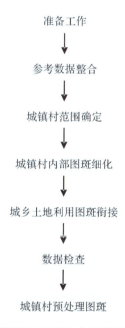

图 4-14　城镇村内部细化分类作业流程图

参考基础库数据、变更调查成果以及影像现状，根据《第三次全国国土调查技术规程》(TD/T 1055—2019)要求，确定城市(201)、建制镇(202)、村庄(203)的范围，划定城市(201)、建制镇(202)、村庄(203)的边界。

(一)城镇内部土地利用现状细化分类

1.参考不动产登记、地理国情监测、城镇建设规划等数据

通过数据转换更新、抽取等方法制作城镇土地利用框架，然后以高分辨率的正射影像为基础，内业预划定城镇村内部土地利用图斑地类，制作外业调查工作底图（如图4-15所示）。

图 4-15　城市土地利用图斑转绘过程

2.依据不动产登记数据综合填写城镇土地利用图斑属性

在影像图上,加载不动产登记数据,依据宗地用途和国土调查工作分类标准,初步判定宗地的土地利用类型,合并土地利用类型一致的宗地综合形成城镇土地利用图斑。

3.直接参考影像勾绘

(1)对于地类与影像特征不一致的图斑,通过影像特征能直接判断地类的直接认定地类,不能直接认定地类的做好标注,进行外业调查核实。

(2)影像上已经拆除,在城镇村内部的,按空闲地认定;已经拆除且实地已经耕种的图斑按农用地现状认定。

4.勾绘土地利用现状图斑

将城市、建制镇已划分成若干土地利用大区块,在每个大区块中(图 4-16),按照以下方法勾绘城镇土地利用图斑。

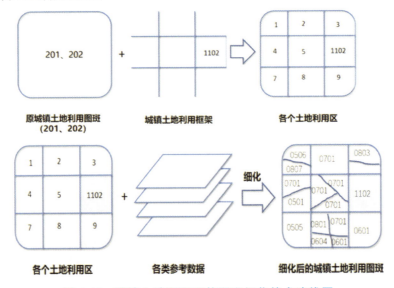

图 4-16　城镇土地利用现状图斑细化技术路线图

（1）利用参考资料勾绘城镇土地利用图斑。

依据影像图，参考规划功能分区资料，按照《工作分类》，初步勾绘城镇土地利用图斑。

利用其他数据核查城镇土地利用图斑。参考不动产登记数据、土地供应数据、卫片执法检查数据等资料，初步核查勾绘的城镇土地利用图斑的准确性。

（2）依据不动产登记数据综合填写城镇土地利用图斑属性。

在影像图上，加载不动产登记数据，依据宗地用途和国土调查工作分类标准，初步判定宗地的土地利用类型，合并土地利用类型一致的宗地综合形成城镇土地利用图斑。

（3）直接参考影像勾绘。

对于地类与影像特征不一致的图斑，通过影像特征能直接判断地类的直接认定地类，不能直接认定地类的做好标注，待外业核查。

影像上已经拆除，尚未建设或耕种的，按拆除未尽认定；已经拆除且实地已经耕种的图斑按农用地认定。

（二）村庄内部土地利用现状细化分类

以高分影像调查底图为基础，结合农村地籍调查（宅基地及建设用地使用权调查等）成果和其他相关资料，按照《工作分类》，结合影像特征，判定土地利用类型，采用转换、提取等方法，勾绘村庄调查区内的公用道路，转绘农村居民点、村委会、学校、工矿企业、其他土地等，形成覆盖全部调查区的村庄土地利用图斑。

在无农村地籍调查成果的区域，直接利用正射影像，依据影像特征和现状，结合地名地址，勾绘村庄土地调查区内的公用道路（街巷用地）、农村居民点（农村宅基地）、村委会与学校（机关团体用地）、工矿企业（工业用地）、水塘（坑塘水面）与林木（公园与绿地）、其他土地等，初步形成覆盖全部调查区的村庄土地利用图斑。

调绘要求：

（1）村庄内部的符合上图面积的耕地、种植园用地、林地等土地按土地利用现状图斑调绘。

（2）房前屋后不符合上图面积的空地、晒场、树木及宅基地之间的通道等可归并到相邻的宅基地图斑。

（3）村庄内部符合上图面积的水塘宜按照使用特征调绘，以生活用水为主的水塘可归并到相邻的建设用地图斑，以农业生产用水为主的水塘应调绘坑塘水面。

（4）村庄内部的村委会、学校、广场、绿地、工矿仓储用地等应按照《工作分类》中相应地类细化调查。

（5）穿越村庄的公路、铁路、河流等，保留公路、铁路、河流的完整性，不作为村庄内部的图斑进行调绘。

（6）村庄内部的全部图斑应标注"203"属性。

六、地类调查

(一)地类图斑

城镇村庄内部土地利用现状调查应依据《工作分类》,划分土地利用现状图斑。多种用途宗地按主要用途标注地类属性,商住复合用地图斑按建筑面积比例分别细化标注商业服务业用地和住宅用地面积。超大型宗地内具有不同用途分区的,划分为不同图斑。被道路、水系分割的同类宗地划分为不同图斑,道路、水系、绿地等单独划分图斑。

(二)最小上图面积

城镇村庄地类图斑的最小上图面积:建设用地 100 m²;设施农用地 200 m²;农用地(不含设施农用地)400 m²;其他地类 600 m²。

(三)外业调查底图制作

根据收集的优于 0.2 m 分辨率的影像数据、地名地址数据和行政界线数据,结合内业采集及预判的地类成果,制作外业调查底图,其比例尺不小于 1:2000。在制作外业调查底图时要对内业判别有疑惑的图斑进行重点标注,便于外业调查时进行针对性核查。具体如图 4-17 所示。

图 4-17　城镇村庄内部土地利用现状外业调查底图

(四)外业核实

以村庄地籍调查、土地登记、土地承包经营权登记、林权登记、土地整治、国土执法监察和其他相关资料为依据,结合实地查勘,核实村庄内部土地利用现状图斑的准确性。针对外业核实发现的问题,修正村庄内部土地利用现状图斑边界和地类属性等内容。

(五)城乡土地利用现状图斑衔接

1.衔接内容

以调查底图为基础,衔接城乡土地利用现状图斑,重点做好城镇村庄调查范围与农村土地利用现状调查范围、国有土地图斑与国有土地图斑、国有土地图斑与集体所有土地图斑、集体所有土地图斑与集体所有土地图斑、城镇村庄道路图斑与农村道路图斑等界线位置和属性内容的衔接。

2. 衔接方法

城镇村内部和外部道路相接时，道路应断开，城镇村内一个图斑，城镇村外一个图斑；同时尽量保持道路贯通完整性。被道路、街巷、水系等线状地物分割的同类宗地应分割为不同的图斑，道路、街巷、水系、绿地等单独划分图斑；有多种用途的宗地按照主要用途划分图斑，超大型宗地按照宗地内用途划分为不同图斑。

3. 衔接后的成果

具体包括四个方面的衔接成果：

一是城镇村庄土地调查范围、界线农村土地利用现状调查范围、界线无缝衔接；

二是城镇村庄内部土地利用现状图斑和农村土地利用现状图斑的地类无缝衔接；

三是城镇村庄内部土地利用现状图斑与农村土地利用现状图斑相互衔接时，以低精度图斑界线服从高精度图斑界线位置为原则，考虑图斑衔接的圆滑性和协调性；

四是城镇村庄道路与农村道路相互连通时，各自独立划定图斑，保持道路表现时的完整性。

（六）城镇村庄图斑标注

城镇村及工矿用地标注。对城市、建制镇和村庄范围内的地类图斑进行标注：城市（201）、建制镇（202）、村庄（203）；城镇村庄内部的采矿用地、盐田、空闲地和特殊用地等根据坐落分别标注"201、202、203"；城市、建制镇和村庄范围外的独立工业用地分别标注"201A、202A、203A"。城市、建制镇和村庄范围内按照集中连片的原则划定，所对应范围界线按照单独图层方式录入国土调查数据库。

已拆除的存量建设用地按实地现状调查。拆除图斑现状为非农用地，且原数据库为20X地类的，实地在城镇村范围内的可按空闲地调查，标注20X属性；未拆除到位的拆除图斑，按图斑拆除前建设用地地类调查，同时提取单独图层；拆除图斑现状为农用地的，无论原地类是否是20X地类，一律按实地利用现状调查，不能标注20X属性。

城镇村庄外部的采矿用地、特殊用地等，按实地利用现状调查为0602或09的，标注204或205属性。原有204或205范围内的耕地、林地等，分别认定为耕地、林地等地类，不标注204或205属性。

原有农村居民点范围内的耕地、林地等农用地图斑按实地利用现状调查，标注203属性；村庄周边耕地、林地等，达到上图面积的，按实地利用现状调查，不标注203属性；空闲地、公园绿地等按实地利用现状调查，标注203属性。

城乡接合部大片的林地、水面等应按实地利用现状调查，不标注201或202属性；城镇内部的农用地、水面等原则应按现状调查，标注201或202属性；城镇内部的公园及其附属的林地、绿地、水面等按公园与绿地调查，标注201或202属性。

工业用地标注：火电工业用地（HDGY）、钢铁工业用地（GTGY）、煤炭工业用地（MT-GY）、水泥工业用地（SNGY）、玻璃工业用地（BLGY）、电解铝工业用地（DLGY）。

（七）地类认定问题处理

空闲地、公园和绿地图斑位于城镇村工矿范围内的认定，以四面都处于城镇村或工矿用地建设用地范围内为标准，如三面是建设用地，另一边是河流或公路的也放入空闲地。

位于城镇村庄外的独立的生态小公园建筑物、构筑物部分按公用设施用地（0809）或特殊用地（09）调查。

现状为推（堆）土状态的区域，第二次全国土地调查以来地类一直为 20X 的，按原地类调查，如基础库为 203，则第三次全国国土调查地类认定为 0702。

未建设开发完成的路网，按照公路等调查，不认定为城镇村道路用地，不标注 20X。

第三次全国国土调查新增耕地种植属性不标注为"未耕种"。第二次全国土地调查耕地及历年新增耕地范围内的荒草不认定为 0404，需按原耕地地类调查并标注"未耕种"属性。严格控制耕地二级类变化，水田一般不认定为旱地。

第四节　统一时点更新

第三次全国国土调查统一时点更新的主要内容包括农村土地利用现状的更新、城镇村庄内部土地利用现状的更新、统一时点数据库的更新等工作，在开展变化信息核实更新的同时，对初始调查阶段发现的错误一并进行纠正。统一时点更新对于确保调查成果与实地现状一致，保证调查成果的现势性具有重要意义。

一、基本内容

（一）统一时点

第三次全国国土调查的数据统一时点为 2019 年 12 月 31 日。

（二）主要目标

利用 2019 年度浙江省土地变更调查工作的正射影像图和年度新增建设用地图斑提取结果，与浙江省第三次国土调查数据库对比，通过实地补充调查，开展第三次全国国土调查完成时点与 2019 年 12 月 31 日期间的行政界线、图斑界线、地类信息和权属界线的变化调查，将浙江省第三次国土调查成果反映的国土空间利用状况更新到 2019 年 12 月 31 日统一时点上，满足国民经济和社会发展对于国土利用基础数据的需要。

统一时点更新的主要目标对象主要包括三个方面，一是国家下发的遥感监测图斑，二是国家下发的核查疑问图斑，三是地方自主提取的变化图斑。

1. 国家遥感监测图斑

全国三调办下发的遥感监测图斑，重点提取了新增建设用地和推（堆）填土图斑。

2.国家核查问题图斑

初始调查成果报全国三调办复核后发现的问题图斑,包括内业复核发现的疑问图斑以及外业"互联网＋"在线核查发现的问题图斑。

3.自主提取变化图斑

在国家下发的遥感监测图斑的基础上,浙江省县(市、区)利用统一时点更新影像提取遥感监测图斑以外的地类变化图斑,利用初始调查数据库提取数据库地类与影像反映地类不一致的图斑。

(三)统一时点调查工作任务

浙江省已完成调查的县级单位,开展统一时点更新工作。浙江省第三次国土调查统一时点更新的主要任务是:按照国家统一标准,利用卫星遥感、互联网、云计算等技术,统筹利用现有资料,以最新的正射影像图为基础,提取地类变化信息,开展实地调查举证,全面掌握第三次全国国土调查初始时点和统一时点间的地类、面积和权属变化情况,更新第三次全国国土调查数据库。

1.补充报备用地管理信息

依据全国三调办下发的新增建设用地管理信息和新增耕地用地管理信息,结合本地区土地管理各类项目实际实施情况,及时补充完善部综合信息监管平台报备的各类用地管理信息。

2.开展权属调查成果修正

县级在开展统一时点更新前,对照确权登记资料(审批书、登记卡、土地使用权或所有权证、宗地图)核实图斑权属性质属性标注,根据核实结果对图斑权属信息进行修正。

3.开展调查数据接边

县级在开展统一时点更新前,对第三次全国国土调查初始调查数据库进行接边,确保不同行政区两侧重要地物的贯通性,保证同名地物的一致性以及地类、权属等属性信息的一致性,满足第三次全国国土调查成果汇总质量检查要求,保障第三次全国国土调查成果应用。

4.开展第三次全国国土调查统一时点更新调查

浙江省各县级调查单元以 2019 年 12 月 31 日为统一时点,通过比对第三次国土调查统一时点与初始调查底图采用的正射影像图,在国家下发的统一时点更新遥感监测成果基础上,内业提取第三次全国国土调查初始时点以来各类土地的变化情况,形成第三次国土调查统一时点更新调查底图;以实地现状认定地类为原则,实地调查第三次国土调查始时点和统一时点间内每一块变化土地的地类、范围、权属和面积等实际情况;对按《第三次全国国土调查实施方案》(国土调查办发〔2018〕18 号)和《第三次全国国土调查技术规程》(TD/T 1055—2019)等明确需要举证的图斑逐一实地拍照举证;在县级第三次国土调查初始数据库基础上,形成第三次全国国土调查统一时点更新数据增量包。

县级第三次全国国土调查初始数据库采用地方提交的复核数据库,将全国三调办复核检查发现的错误图斑,"互联网+"和外业核查确认的未修改到位的错误图斑,以及其他方式发现的调查错误图斑(以下简称初始调查问题图斑),一并纳入统一时点更新工作进行整改,并随第三次全国国土调查统一时点同步更新。

5.开展第三次全国国土调查统一时点更新市级检查

县级人民政府要对统一时点更新调查成果的真实性负责。市三调办负责督促本区域各县级调查单元落实好县级自查工作,并协助省级单位做好抽样图斑的核查工作,做好全市范围内第三次全国国土调查涉密数据保密检查工作。

6.开展第三次全国国土调查统一时点更新省级全面检查

浙江省三调办对各县级调查单元的第三次国土调查统一时点更新成果进行全面的检查,重点检查地方变化图斑提取的彻底性、准确性,图斑更新的及时性、正确性,以及更新数据的真实性,将内业核查发现的疑似错误图斑反馈地方进行整改。同时,开展省级"互联网+"在线核查和重点疑问图斑的外业抽查,确保第三次全国国土调查成果的现势性。

7.整合建立省级第三次全国国土调查数据库并开展数据汇总分析等工作

对通过国家检查的县级调查数据库进行梳理,整合其他自然资源调查及相关管理数据,开展数据库缩编等工作,最终形成2019年12月31日统一时点的第三次国土调查浙江省级数据库,在此基础上汇总第三次国土调查数据成果。统一时点更新技术路线如图4-18所示。

(四)更新调查内容

1.调查界线调整及数据接边

(1)调查界线调整。

县级调查界线如果发生变化需要调整,必须依据相关主管部门的批准文件,报全国三调办批准后调整。省三调办根据国家下发的控制界线和控制面积,统一计算全省各县控制面积,下发各地使用。

(2)权属信息修正。

浙江省县(市、区)进一步核实国有与集体土地的范围,对在第三次全国国土调查初始调查阶段将国有土地图斑的权属性质标注为集体土地所有权性质,或者把集体土地图斑的权属性质标注为国有土地所有权或使用权性质的错误全部进行修正。

对于取得国有土地使用权的地块,图斑权属性质属性标注为20(国有土地使用权)。除依集体土地所有权证或者享有集体所有权的事实被依法确认的外,对于未取得国有土地使用权的林地、草地、河流水面、滩涂及其他土地,图斑权属性质属性标注为10(国有土地所有权)。对于已发证的河流水面(颁发给水利局的),图斑权属性质属性标注为10(国有土地所有权)。

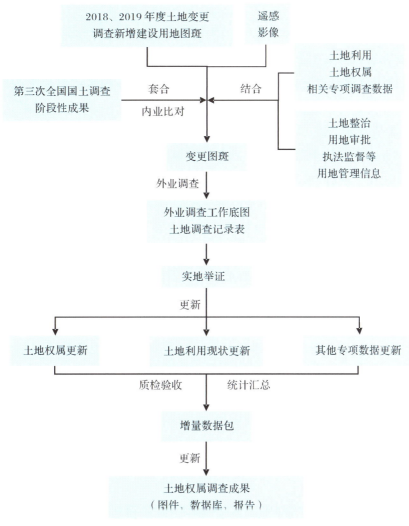

图 4-18 统一时点更新技术流程图

（3）数据接边。

数据接边以第三次全国国土调查初始调查数据库为基础开展，主要内容是：依据遥感影像辅助实地调查，对不同行政区界线两侧公路、铁路和河流等重要地物进行接边，确保重要地物的贯通性；对影像反映明显的地物界线进行接边，保证同名地物界线一致；对地类、权属等属性信息进行接边，保证水库、河流、湖泊、交通等重要地物调查信息的一致性。

当行政界线两侧明显地物接边误差小于图上 0.6 mm、不明显地物接边误差小于图上 2.0 mm 时，双方各改一半接边；否则双方应实地核实接边。

接边后的数据成果以整库方式提交，三调办检查合格后下发地方作为统一时点更新初始数据库。行政界线调整、零米线更新工作与接边工作一并完成。

2. 资料收集及图斑提取

(1)资料收集。

全国三调办组织采集 2019 年年底亚米级卫星遥感数据,加工制作分县(市、区)正射影像图,下发地方使用。省三调办收集全省 2019 年度地理国情监测成果数据等相关资料,下发各地,作为县级内业预判的指引。

(2)第三次全国国土调查统一时点更新变化图斑提取。

全国三调办在正射影像图基础上,内业提取第三次全国国土调查初始调查时点以来的疑似建设变化图斑和推(堆)填土图斑,制作分县(市、区)的第三次全国国土调查统一时点更新遥感监测成果,下发地方辅助开展第三次全国国土调查统一时点更新工作。

县级调查单元以全国三调办下发的第三次全国国土调查统一时点更新调查底图为基础,比对第三次全国国土调查统一时点影像与初始调查影像,参考新增耕地用地管理信息、省级下发的相关资料,内业补充提取第三次全国国土调查初始调查时点以来的各类土地利用变化图斑。重点是第三次全国国土调查初始库是耕地,统一时点更新影像特征为种植园地、林地、草地和坑塘水面的图斑,以及园、林、草之间发生变化的图斑,农用地变化为未利用地的图斑。对于第三次全国国土调查初始调查前即为设施农用地,但初始调查阶段没有调查、举证,无法确定用途是否改变的图斑,应纳入外业调查图斑,开展外业调查、举证工作。

县级完成图斑提取后,将补充提取的图斑提交省三调办,省三调办组织人员,依据省级《统一时点更新核查方案》,对县级提取的图斑开展全面检查。

3. 农村土地利用现状更新

(1)内业预判。

县级通过内业比对,检查国家提取的遥感监测图斑和地方补充提取的各类土地变化图斑在第三次全国国土调查初始调查时是否已经调查上图,将未调查上图的图斑作为县级外业调查图斑,套合第三次全国国土调查统一时点正射影像图,叠加自然资源管理相关数据,制作县级外业调查数据,开展外业实地调查工作。

(2)外业调查。

县级调查单元按照实地现状认定地类的原则,对于县级外业调查数据中所有的县级外业调查图斑以及自然资源管理涉及的地块,实地逐图斑核实确认图斑地类,并标注信息,调绘图斑边界,记录土地权属等相关属性信息;对影像未能反映的新增地物进行补测。第三次全国国土调查统一时点更新的地类调查认定要求应与第三次全国国土调查《第三次全国国土调查实施方案》(国土调查办发〔2018〕18 号)、《第三次全国国土调查技术规程》(TD/T 1055—2019)、《第三次全国国土调查补充通知》(国土调查办发〔2019〕7 号)、《第三次全国国土调查技术问答》以及全国三调办对地方调查问题的答复等保持一致。第三次全国国土调查统一时点更新的变化图斑涉及的图斑属性标注和单独图层,按照第三次全国国土调查初始调查相关要求完成。第三次全国国土调查初始调查所有单独图层涉及的图斑，如在统一时点时已发生变化的，按实地现状对调查数据予以更新，同时在单独图层删除相应范围。在外业调查时，了解耕地 2019 年度种植利用状况，对耕地种植属性进行更新。

县三调办赴实地对初始调查问题图斑和初始调查后的实地变化图斑进行踏勘，按照实地现状对此类图斑进行修改。如果对于初始调查问题图斑认定结果地方存在异议，应在统一时点更新成果上报时，同步提交全国三调办反馈的初始调查问题图斑列表，在"情况说明"字段中详细说明原因。

（3）调查举证。

县级调查单元在开展外业调查的同时，使用带卫星定位和方向传感器的设备，利用"互联网＋"举证软件，对需举证的图斑地块进行拍摄，制作包含图斑实地卫星定位坐标、拍摄方位角、拍摄时间、实地照片及举证说明等综合信息的加密举证数据包，上传至统一举证平台。

对于全国三调办下发的疑似建筑物和推（堆）填土遥感监测图斑，在第三次全国国土调查初始调查时未调查上图的，逐图斑拍照举证。按建设用地调查的图斑，依据遥感影像特征能够准确认定为建设用地的，如住宅小区、规模化工厂、水工建筑、农村宅基地、机场、火车站、港口码头、公路、广场、桥梁、运动场、停车场、学校等，可不举证；按建设用地调查的图斑，举证照片不足以确认为建设用地的，拍摄内部照片；按设施农用地调查的图斑，拍摄建筑物内、外部照片或能反映用途的建筑物、构筑物照片，其中依据影像特征能够准确认定的，如打谷场等，可不举证；国家下发的疑似建筑物的图斑，实地不是建设用地或设施农用地的，须拍摄举证照片。对于在备案的新增耕地项目之外，统一时点更新调查新增的耕地，逐一实地举证。对于在初始调查阶段没有开展外业调查、举证的设施农用地图斑，逐一实地举证。

第三次全国国土调查初始数据库的农用地图斑更新为其他草地、盐碱地、沼泽地、沙地、裸土地、裸岩石砾地等未利用地的，水田更新为旱地等耕地内部二级类变化的，进行实地举证。对于采用类型举证、承诺举证、高清影像举证或因降雪等天气或其他自然灾害原因实际无法开展补充举证的，在举证信息表的类举标注字段，填写"类型举证""承诺举证""高清影像举证""积雪覆盖""按规程无须举证"或"无法到达"等情况，未填写相关情况的视为未举证。

4. 城镇村庄内部土地利用现状细化调查

县级调查单元充分利用地籍调查和不动产登记成果，开展第三次全国国土调查统一时点更新城镇村庄内部土地利用现状调查。对地籍调查和不动产登记中发生变化的图斑，要按照《第三次全国国土调查实施方案》（国土调查办发〔2018〕18 号）和《工作分类》的要求，补充开展变化调查。对于地籍调查和不动产登记资料覆盖不完整或数据现势性不强的,县级三调办协调辖区街道办事处、乡镇政府,了解城镇内部拆建情况,涉及地类变化的予以更新。

5.权属界线上图和补充调查

县级调查单元根据日常确权登记工作掌握的权属变化情况开展第三次全国国土调查统一时点权属更新,权属界线发生变化的,按照集体土地所有权和不动产调查相关规定,开展权属界线补充调查。

二、新方法与要求

(一)工作要求

统一时点更新仅对从完成调查时间到统一时点之间的农村土地利用现状变化部分进行变更,未发生变化的部分不得擅自变更。调查界线未发生变化时,土地调查控制界线和面积不得改动。

(二)更新方法

一般地区采用综合调绘法和实地补测的方法。

1.筛选外业举证图斑

利用国家下发的遥感监测图斑、问题图斑以及自主提取的变化图斑,套合统一时点影像,提取需要进行外业核实举证的图斑。对于影像明显反映地类的,直接进行内业更新。

2.开展外业核实举证

将国家监测图斑以外需实地核实举证的图斑导入省第三次国土调查在线举证平台,利用在线举证APP开展外业实地核实举证,拍摄带坐标和方位角的实地举证照片,并记录每一个举证地块的土地利用状况。

3.开展权属变化的调查

对权属发生变化的图斑进行实地调查,包括权属界线的调整以及权属性质的变化情况。

4.开展城镇村庄内部细化调查更新

利用统一时点影像以及日常发证资料,对城镇及村庄内部土地利用现状发生变化的区域同步进行调查及更新,对原细化调查存在明显错误的情况一并进行纠正。

5.开展数据库更新

结合实地举证照片,逐图斑更新初始调查数据库,制作增量数据包,汇总整理形成统一时点更新数据成果。

(三)调查底图制作

国家采用2019年9至12月份卫星遥感数据制作统一时点DOM,与第三次全国国土调查DOM和土地调查数据库套合,提取新增建设用地图斑。以县级行政辖区为调查单元,在统一时点DOM上套合新增建设用地图斑,制作统一时点调查底图。

(四)内业提取

浙江省各县级调查单位组织收集有关土地利用、土地权属以及相关专项调查等方面变化的数据资料。利用国家下发调查底图,与土地调查数据库套合比对,参考 2018 年度和 2019 年度变更调查国家下发的遥感监测图斑,提取其他地类变化图斑。结合土地整治、用地审批、执法监察等各类用地管理信息,在内业预判的基础上确定需要举证变更的图斑,制作统一时点调查工作底图和数据。

(五)土地权属更新调查

浙江省各县级调查单位核实国有与集体土地的范围,对于在第三次全国国土调查初始调查阶段将国有土地图斑的权属性质标注为集体土地所有权性质,将集体土地图斑的权属性质标注为国有土地所有权或使用权性质的错误进行修正。

对于取得国有土地使用权的地块,图斑权属性质属性应标注为 20(国有土地使用权)。除依集体土地所有权证或者享有集体所有权的事实被依法确认的外,对于未取得国有土地使用权的林地、草地、河流水面、滩涂及其他土地,图斑权属性质属性应标注为 10(国有土地所有权)。对于已发证的河流水面(颁发给水利局的),图斑权属性质属性应标注为 10(国有土地所有权)。

(六)土地利用现状更新调查

1.地类图斑

单一地类的地块,以及被行政区、城镇村庄等调查界线或土地权属界线分割的单一地类地块为图斑。

城镇村庄内部同一地类的相邻宗地合并为一个图斑。地类图斑编号统一,以行政村为单位,按从左到右、自上而下的顺序从 1 开始编号。

2.地类图斑划分及表示

按《工作分类》末级地类划分图斑。

调查界线、土地权属界线分割的地块形成图斑。

当各种界线重合时,依调查界线、土地权属界线的高低顺序,只表示高一级界线。

3.图斑地类认定

依据《工作分类》,按照图斑的实地利用现状认定图斑地类。

对最新年度土地变更调查数据库中永久基本农田范围外的可调整地类图斑进行核实,情况属实的仍按可调整地类调查。

批准未建设的建设用地按实地利用现状调查和认定地类。

根据《中华人民共和国土地管理法》临时使用的土地,按图斑原来的利用状况调查和认定地类。

4.图斑调查方法

依据调查底图,实地逐图斑调查图斑地类,调绘图斑边界,修正国家内业提取的图斑界线。当有更高精度航空影像时,也可根据其影像特征调绘图斑边界。调绘图斑的明显界线与 DOM 上同名地物移位不大于图上 0.3 mm,不明显界线不大于图上 1.0 mm。

对影像未能反映的新增地物应进行补测,有条件地区采用仪器补测法使用高精度测量设备进行补测,条件不具备的地区采用简易补测法。补测的地物点相对邻近明显地物点距离中误差,平地、丘陵地不超过 2.5 m,山地不超过 3.75 m,最大误差不超过 2 倍中误差。

填写《土地调查记录表(电子手簿)》,记录图斑地类、权属和其他属性信息。

5.线状地物调查

铁路、公路、农村道路、河流和沟渠等线状地物以图斑方式调查,线状地物图斑被调查界线、土地权属界线分割的,按不同图斑调查上图。

线状地物调查应充分利用交通及水利等部门的相关资料,保证道路和水系的连通性。线状地物发生交会时,从上向下俯视,上部的线状地物连续表示,下压的线状地物断在交叉处。

线状地物边界应依据影像特征调绘,对宽度较小的农村道路或沟渠等影像不能准确调绘的,按照原有单线线状地物的走向和宽度以图斑的形式上图。

6.图斑标注

(1)耕地实际利用情况标注。

根据耕地图斑上的种植情况标注:种植粮食作物(LS)、种植非粮作物(FLS)、粮与非粮轮作(LYFL)、休耕(XG)、林粮间作(LLJZ)和未耕种(WG)。种植粮食作物(LS)指种植谷类、豆类和薯类作物的用地;种植非粮作物(FLS)指种植蔬菜、棉花、油料、糖类、饲草、烟叶等作物的用地;粮与非粮轮作(LYFL)指粮食作物与非粮作物轮种、间种和套种等情况,包括临时种植牧草;休耕(XG)是指有计划地"休养生息"的耕地;林粮间作(LLJZ)是指退耕还林工程范围内,尚未达到成林标准的耕地;未耕种(WG)是指不在休耕范围内,可直接恢复耕种的无种植行为的耕地(包括轮歇地)。

(2)耕地细化标注。

按照耕地位置、立地条件等标注:河道耕地(HDGD)、湖区耕地(HQGD)、林区耕地(LQGD)、牧区耕地(MQGD)、沙荒耕地(SHGD)和石漠化耕地(SMGD)。同时根据种植作物的类型,同步标注种植粮食作物(LS)、种植非粮作物(FLS)及粮与非粮轮作(LYFL)属性。河道耕地(HDGD)是指位于河流滩涂上的耕地;湖区耕地(HQGD)是指位于湖泊滩涂上的耕地;林区耕地(LQGD)是指林区范围内,第二次全国土地调查时是林地的耕地;牧区耕地(MQGD)是指牧区范围内过度开垦的耕地;沙荒耕地(SHGD)是指受土地荒漠化、沙化影响退化的耕地;石漠化耕地(SMGD)是指受石漠化影响的耕地。

（3）建设用地标注。

建设用地图斑标注城市（201）、建制镇（202）、村庄（203）、盐田及采矿用地（204）、特殊用地（205）或各类独立工业用地的地类编码。城市（201）、建制镇（202）、村庄（203）范围按照集中连片的原则划定，所对应范围界线按照单独图层方式录入国土调查数据库。工业用地要按火电、煤炭、水泥、玻璃、钢铁、电解铝等类型进行标注。

已拆除的存量建设用地按实地现状调查。拆除图斑现状为非农用地，且原地类为20X地类的，可按空闲地调查，标注20X属性；未拆除到位的拆除图斑，为违法用地而拆除恢复原地类的，按原地类调查，将其占地范围以单独图层的方式存储在数据库中，拆除图斑原地类为耕地的，按耕地调查，并标注"未耕种"属性；拆除图斑现状为农用地的，无论原地类是否是20X地类，一律按实地利用现状调查，不能标注20X属性。

城镇村庄外部的采矿用地、特殊用地等，按实地利用现状调查，认定为06或09的，标注204或205属性。原有204或205范围内的耕地、林地等，分别认定为耕地、林地等地类，不标注204或205属性。

原有农村居民点范围内的耕地、林地等农用地图斑按实地利用现状调查，标注203属性；村庄周边耕地、林地等，达到上图面积的，按实地利用现状调查，原则上不标注203属性，如原数据库是203且确属农村宅基地范围，可标注203属性；空闲地、公园绿地等按实地利用现状调查，标注203属性。

城乡接合部大片的林地、水面等应按实地利用现状调查，不标注201或202属性；城镇内部的农用地等原则应按现状调查，标注201或202属性；城镇内部的公园及其附属的林地、绿地、水面等按公园与绿地调查，标注201或202属性。

（4）种植园用地标注。

林业部门调查的林区内的种植园用地，应按现状调查认定为种植园用地，如原地类是林地，标注林区内的种植园用地属性。

（5）草地标注。

对灌木覆盖度大于30％，小于40％的草地图斑，标注灌丛草地属性。

（6）工业用地细化标注。

工业用地按照类型细化标注：火电工业用地（HDGY）、钢铁工业用地（GTGY）、煤炭工业用地（MTGY）、水泥工业用地（SNGY）、玻璃工业用地（BLGY）、电解铝工业用地（DLGY）。

（7）"即可恢复"或"工程恢复"地块标注。

"即可恢复"（JKHF）指清理后即可恢复耕种，"工程恢复"（GCHF）指清理后仍需要采取工程措施才能恢复耕种。

A. 对于耕作层未被破坏，临时种植园木、林木或临时养殖的地块，细化调查为果园、茶园、其他园地、乔木林地、灌木林地、其他林地、坑塘水面等地类的，标注"即可恢复"

(JKHF)属性。

B.在耕地上临时种植盆栽观赏花木、速生杨、构树、桉树等,及利用耕地进行绿化装饰和种植不利于耕作层保护的草皮出售的地块,按现状调查,标注"工程恢复"(GCHF)属性,对经实地判断清理后不影响耕种的,也可标注"即可恢复"(JKHF)属性。

C.对于其他第二次全国土地调查时的耕地及其后的新增耕地,实地已是种植园用地、林地、草地及坑塘水面的,按现状调查,标注"工程恢复"(GCHF)属性。

D.对于第二次全国土地调查时的可调整地类图斑,经所在县级自然资源主管部门和农业农村两部门共同评估认为仍可恢复为耕地的,继续保留可调整地类属性,并根据实地状况,标注"即可恢复"或"工程恢复"属性。

E.第二次全国土地调查为耕地,在年度变更调查变更为可调整地类的,不再保留可调整地类属性,根据实地状况,标注"即可恢复"或"工程恢复"属性。

(8)废弃地块标注。

对于废弃的公路、铁路和尾矿,分别在按公路用地、铁路用地和采矿用地调查的基础上,增加标注"废弃"(FQ)属性。

7.城镇村庄范围界定

城市(201)、建制镇(202)、村庄(203)范围按照集中连片的原则划定。城市(201)、建制镇(202)、村庄(203)范围界线,按照单独图层方式录入土地调查数据库。

三、数据增量更新

(一)更新内容

第三次全国国土调查统一时点数据库更新工作,以各地复核阶段上报的最终版第三次全国国土调查初始数据库及统计报表为基准,且初始数据库必须经过全国三调办组织的国家级数据库质量检查。

县级统一时点更新数据包必须完全通过质检软件检查,确保数据成果无错误。

(1)空间数据更新。包含调查界线、权属界线、地类数据及专项调查数据的更新。

(2)属性数据更新。由空间范围更新带来的属性数据更新以及其他属性更新。

(3)县级土地调查库及专项调查数据库的内容、结构参照《国土调查数据库标准》及数据库建设相关技术规定。

(二)更新方法

以统一时点前形成的县级土地调查库及专项调查数据库为基础,依据内外业成果,更新数据库,提取变化图斑,并依据变化图斑汇总变化信息,生成更新数据包。

使用数据库质量检查软件,对土地调查数据库、专项调查数据库进行质量检查,不合格的数据,逐条修改完善,直至检查合格。对于外业核查确认的地类错误图斑,地方拒不修改的,国家组织修改。对于国家组织修改的县级数据成果,数据库质量不合格影响国家级数据库建设的,国家统一组织修改完善,并将修改完善后的成果发还地方。

(1)县级采用第三次全国国土调查数据库变更软件,以第三次全国国土调查初始数据库为基础,将发生变化的信息逐块录入并变更第三次全国国土调查初始数据库,生成第三次全国国土调查初始数据库与统一时点之间的增量变化信息及相关变更统计报表。

(2)县级采用国家统一下发的第三次全国国土调查数据库质量检查软件,将增量变化信息导入该软件生成县级统一时点更新数据包,并利用第三次全国国土调查数据库质量检查软件开展统一时点更新数据包与第三次全国国土调查初始数据库的校核与数据质量检查工作。

(3)县级统一时点更新数据包成果经省级检查、国家最终质量检查通过并确认后,各级三调办组织开展本级第三次全国国土调查数据库统一时点更新工作。

(三)数据库更新要求

数据库更新采用的土地调查数据库及专项调查数据库应通过国家检查。

通过数据库更新生成的变化信息以及汇总形成的更新数据包,符合数据库更新有关标准与技术规定。

数据库更新过程中,涉及发生变化的图形,保证变化前总面积与变化后总面积完全一致。未变化的图形面积不改变。

更新后的数据库所有地类面积之和,应等于相应调查区域、权属单位控制面积,同时等于更新前数据库汇总面积。

数据库更新所生成各项统计汇总表,保证图数一致、符合汇总逻辑要求,同一数据在不同表格中应一致。

专项调查数据的更新,采用整图层更新的方法,将相关信息更新之后,作为单独图层存储。

数据库更新后,进行数据库质量检查与汇总。

(四)数据库检查内容

数据库质量检查的对象主要是第三次全国国土调查形成的各类数据成果,检查内容主要包括数据完整性、逻辑一致性、拓扑正确性、属性数据准确性、汇总数据正确性等五个方面。

1.数据完整性检查

检查数据覆盖范围、图层、数据表、记录等成果是否存在多余、遗漏内容;检查数据有效性,能否正常打开、浏览、查询。

2.逻辑一致性检查

检查数据图形和属性表达的一致性,包括图层内部图形和属性描述的一致性,以及图层之间数据图形和属性描述的一致性等。

3. 拓扑正确性检查

检查要素图形空间位置的正确性，以及图层间和图层内是否存在重叠、相交、缝隙等拓扑错误。

4. 属性数据准确性检查

检查要素属性描述的正确性。

5. 汇总数据正确性检查

检查由数据库汇总所得的各类汇总表的表内数据逻辑、表间汇总逻辑，以及表格汇总面积和数据库汇总面积的一致性。

第五章　土地权属调查技术

土地权属,也称地权,是指土地产权的归属。土地产权,简单地说是对土地拥有的权利及通过土地形成的权力关系。土地权属调查就是确定土地权利归属。土地权属调查是指对土地权属单位的土地权属来源、权属性质及权利所及的界线、位置、数量和用途等基本情况的实地调查与核实。

土地权属调查既可满足查清土地权属的需要,也是为土地确权登记,建立土地统计台账,办理国有土地使用权证、集体土地所有权证、集体土地使用权证提供法定图文证据和数据资料,为依法科学管理土地提供依据。

本章主要围绕土地权属调查内容、调查技术方法、权属调查成果与质量控制,以及调查界限和问题的处理展开。

第一节　调查内容及原则

一、调查内容

浙江省土地权属调查以农村集体土地所有权确权登记和城镇以外国有土地使用权确权登记成果为基础,将集体和集体、集体和国有土地所有权界线落实到国土调查成果中,对发生变化的土地使用情况开展补充调查,调查内容包括对界线和行政区名称发生变化的地区进行相应调整,以及对县市区和集镇区的建成区范围内部的社区界进行调查。

土地权属调查的基本单元是宗地,宗地即被权属界址线所封闭的地块。一个地块内,由几个土地使用者共同使用而使用期间又难以划清权属界线的叫混合宗或共同宗,但国有和集体土地不允许混合设立共同宗地。宗地包括国有土地使用权宗地、集体土地所有权宗地和集体土地使用权宗地。集体土地所有权宗地还分为乡镇和村两种。国有土地使用权宗地包括国有建设用地使用权宗地和国有农用地使用权宗地。集体土地使用权宗地包括集体建设用地使用权宗地、宅基地使用权宗地和集体农用地使用权宗地。

土地权属调查要求将农村集体土地确权登记成果中的权属界线转绘到国土调查底图上;城镇以外的独立国有土地使用权界线,依据集体土地所有权调查成果转绘到国土调查底图上;城镇内部的国有土地使用权界线不调查上图;城镇内部街道行政界线调查上图,具体要求内容如下:

（1）地籍发证数据需要整理调查的内容包括地籍档案及地籍数据库数据。

地籍档案。地籍档案作为地籍管理的核心资料，具有依据、凭证和法律效力。调查工作需对档案内地籍调查表中不完善、不准确的内容进行完善、修正，对缺少地籍调查表的档案进行补充完善，填写此次土地权属调查的权属调查表。

地籍数据库数据。地籍数据库数据是对地籍档案信息的信息化记录，应准确无误地反映地籍调查表、权属调查表的内容。调查工作中需对数据库中宗地信息不准确的内容进行修正，不完善的内容进行完善，并上传宗地范围线。

（2）土地供应数据需要整理调查的重点内容是土地供应范围线，最终形成准确无误的土地供应界线数据，需包括编号、档案编号、用地单位、批准文号、土地坐落、批准时间、用地总面积、使用权面积、规划计算指标用地面积、图形面积、土地使用权类型、面积单位、土地用途、使用期限、起始日期、终止日期、备注等属性。

（3）用地报批数据需要整理调查的重点内容是用地报批范围线，最终形成准确无误的用地报批界线数据，需包括编号、档案编号、报批批次、批准文号、用地批准文号、土地坐落、用地单位、报批面积、面积单位、所在县区、图形面积、备注等属性。

（4）已征地数据需要整理调查的重点内容是已征地界线，最终形成准确无误的已征地界线数据，包括编号、档案编号、批准机关、征地批文号、项目名称、项目编号、项目地点、征地面积、面积单位、征地单位、征地时间、图形面积、备注等属性。

（5）统征地数据需要整理调查的重点内容是统征地界线，最终形成准确无误的统征地界线数据，包括编号、档案编号、省厅批文号、用地单位、用地单位代表人、被征地单位、被征地单位代表人、土地坐落、征地面积、面积单位、图形面积、备注等属性。

（6）收回国有土地数据需要整理调查的重点内容是收回土地界线，尤其需要核查清楚原宗地范围内部分收回的范围情况，最终形成准确无误的收回土地界线数据，包括编号、档案编号、用地单位、土地使用权类型、土地证号、收回面积、面积单位、土地坐落、收储时间、图形面积、用途、备注等属性。

（7）农村集体土地数据是在以上国有土地权属调查完成的基础上，以国有土地范围界线为基准，对有错误的农村集体土地所有权数据进行调查修改，最后完成农村集体土地所有权界线，数据库结构不变。

（8）块地。对通过各种资料和内外业核查后仍无法核实权利人的地块，记录已调查的情况后，将能够确定权属信息的该地块上图到相应数据图层。

二、调查原则

土地权属调查的基本原则是："依法办事，实事求是，修正错误，方便利用。"即：

依法办事，调查过程中必须依据国土、房地产、城市规划等有关法律法规进行。

实事求是，调查时必须做到依法与现状相结合，同时充分考虑土地使用的历史背景。

修正错误,修正原来认界或测量的错误,完善相关档案资料。

方便利用,即要求按照一定的操作方法,完善权属调查的内容,并对有争议的用地部分或者缺失的内容给出解决建议。

第二节　调查技术路线及方法

一、技术路线

浙江省此次土地权属调查工作采用内外业相结合的方法,以信息技术和 3S 技术的综合应用为技术主线,数字化为主要工作模式。基于现有的数据库采用在线核查的方式,使用土地权属核查软件系统作为本次调查的工作平台,通过软件系统对调查数据进行规范,确保数据的标准化、规范化,以及保证各环节衔接时数据检查的可行性,先内业核查,再外业调查。技术流程如图 5-1 所示。

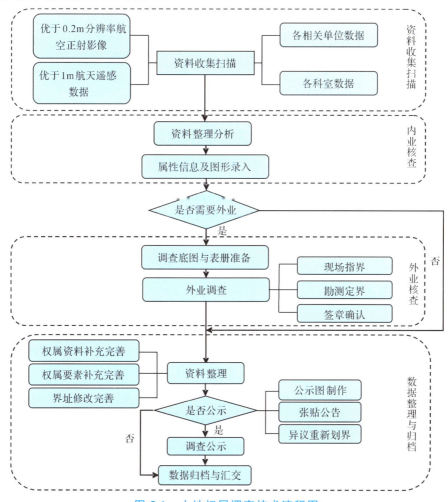

图 5-1　土地权属调查技术流程图

二、技术方法

资料收集扫描主要包括收集整理及扫描各类权属档案资料、台账资料、调查底图资料,并按照调查内容进行分类;提取出相关部门数据库中的所有土地权属信息,为内业核查做数据准备。

内业核查主要工作包括资料整理分析、属性信息及图形录入。对收集的资料和提取出的土地权属信息进行整理,并对整理好的地块资料进行属性信息录入和界线核实、修改上图,然后利用核查软件,按照宗地上传对应的扫描件。

底图制作。收集调查区域第二次土地调查数据库、行政界线及其他相关资料,利用1∶2000数字正射影像图,进行数据融合,形成外业工作底图。此次调查工作底图以1∶2000标准分幅的数字正射影像图为基准,通过叠加农村土地所有权界线成果,并以村民小组为单位进行裁剪,制作农村土地承包经营权调查工作底图。其中1∶2000标准分幅的数字正射影像图的图面清晰度和定位精度相当关键,决定了后期调查地块的面积精度和定位精度。

外业调查主要包括调查底图、表册准备和外业调查。对于地籍发证数据,每宗土地必须进行外业核查,并填写权属调查表;其他类型的土地,内业核查有问题或者不能确定土地位置的,应提交外业进行调查。

数据整理与归档主要包括资料整理、土地权属信息公示以及数据归档与汇交。对内外业的数据及权属调查表进行整理,并对需要公示的土地权属信息进行公示,检查无误或公示完成后,利用权属核查软件对所有数据进行最终归档。

整个权属核查过程借助于核查软件,对每个作业过程都进行检查。

第三节　权属调查成果与质量控制

一、权属调查成果

(一)调查成果

土地登记申请书和土地登记收件单;申请人身份证明(包括法人身份证明、企业营业执照、身份证件、指界委托书、依法推举产生的农民集体所有土地指界人的村委会证明);指界通知书和本宗地的指界回执;地籍调查表(含宗地草图、宗地界址点坐标成果表、集体土地地籍调查面积表、重要界址点,对于不合法的集体建设用地还包括集体建设用地情况调查表,权属有争议的还包括描述争议缘由的调查记事);调查工作底图;以街道、乡(镇)为单位的宗地接合图。

（二）权属来源资料

土地权属来源证明材料、土地权属纠纷的处理决定、判决书、裁定书、违法用地处理文件；对于双方有边界协议或正式文件或国有土地使用者已办结土地登记手续的，其协议书及附件作为权源资料。

（三）其他

地上建筑物、附着物的产权证明（集体土地所有权除外）以及其他证明材料。

二、权属调查质量控制

（一）机构及相关人员的确认

进行权属调查的地籍调查机构应有相关资质，参与地籍调查与质量检验的人员应具备相应资格。申请人应提供真实、有效的地籍调查资料，委托人与地籍调查机构依法签订委托合同。地籍调查机构与委托人依法签订合同后，依法定程序和有关规定，开展调查工作。调查人员在调查前，应对委托调查的宗地或项目用地范围内已有的地籍登记材料，进行查询检核。

调查人员应对委托人、土地权利共有人、指界人、委托代理人以及其他利益相关人的身份进行验证，并确认其身份。对公民个人的身份验证以身份证为直接依据；不能提供身份证的，提交公安机关开具的身份证明材料。对法人单位的身份验证以单位的法人资格证为直接依据；没有法人资格证的，到有权发放法人资格证的机关开具能够证明其身份的材料。

（二）自检、互检、专检三级检查制度

自检检查：(1)检核权属调查结果。检核权属调查确认的土地所有者和使用者与土地登记申请书上的土地所有者、使用者是否一致；认定界址的法律手续是否完整、规范；界址点的实地位置是否立了固定标志，界址边的走向是否合理，界址点有无丢漏等。(2)检查表格。检查地籍调查表填写内容是否符合规定要求。(3)检查宗地草图。检查宗地图形及宗地与邻户关系是否与实地相似，检查测量数据是否齐全、注记位置是否清晰准确；检查宗地的坐落、门牌号、地籍号、界址点号、相邻地籍号、指北方向及作业日期等的记录有无错漏。

互检检查：内容与自检相同。先进行内业检查，后进行外业检查。内业检查查出的问题应做好记录，待外业检查时重点核对，需纠正改动的由检查人员会同作业人员确认后实施。

专检检查：检查地籍调查成果的图、表、册中对应内容的一致性及其与宗地权属状况的一致性；对调查成果进行全面的内业检查和重点的外业检查；重点检核原始调查记录；检查项目及步骤与自检基本相同，在检查后提出专检记录，对需要修改纠正的问题会同作业人员确认后实施。

(三)检查工作要求

自检按作业工序分别进行;互检在完成自检的基础上可分工序进行,也可分工作阶段进行;专检在完成自检、互检的基础上进行;在完成三级检查工作的基础上验收调查区的全部成果,验收工作可一次进行,也可分阶段进行。

第四节 调查界线及问题处理

将农村集体土地确权登记数据库中确定的权属界线转绘到国土调查底图上。城镇以外的独立国有土地使用权界线,依据集体土地所有权调查成果转绘到国土调查底图上。城镇内部的国有土地使用权界线不调查上图,城镇内部街道行政界线调查上图。其中,权属调查原则上以各行政村为基本单位,对集体土地确权登记到村民小组的,也可按照村民小组的权属界线转绘到国土调查底图上。

对农村集体土地所有权确权登记时权属界线采用解析法采集的,按照权属界线直接上图入库;采用图解法采集的,应套合航空正射影像进行精度检查。因成图精度等客观因素,部分权属界线与遥感影像产生偏移的,可根据原权属界线协议书描述转绘至影像相关位置,避免产生细小图斑。对权属界线发生变化的,按照权籍调查相关规定,开展权属界线补充调查。

由于土地权属调查涉及城乡,覆盖面广且工作量大,调查过程中应注意以下问题:

一是在调查过程中,对每宗土地检查图形坐标的准确性,根据档案坐标信息,重新上图,核实宗地坐落,并核实成图面积同发证面积是否一致,上图方法为:

(1)对于已经有数字化坐标的宗地,通过 CAD 或 ArcGIS 软件直接上图,计算图形面积,核对坐标位置,对比档案信息。上图过程中,因成图精度等客观因素,部分权属界线与遥感影像产生位移的,可转绘至遥感影像相关位置,避免产生细小图斑。

(2)对于无数字化坐标、有纸质图形的宗地,结合宗地档案信息、地形图及影像上图,同时参考已有资料,通过图解或扫描获取坐标,并核查面积。

(3)对于无任何图纸及坐标信息的,则通过权利人、政府相关工作人员外业现场指界,实测坐标上图。

二是农村集体土地所有权与地籍发证、土地供应、用地报批、已征地、统征地、收回国有土地有交叉重叠时,在核实上述数据的权属来源及界线无误的情况下,调整农村集体土地所有权界线。

三是对于界线有争议的地块,最终不能处理的,调查人员记录争议情况,将地块放到相应的争议图层。

四是由于历史、坐标系统转换等原因,很多档案记录面积与实际上图界线面积不一致,为准确反映档案的真实数据,在图形面积属性中分别记录档案记载面积和实际上图界线面积。

第六章　县级数据库建设技术

为贯彻落实《第三次全国国土调查技术规程》(TD/T 1055—2019)、《第三次全国国土调查县级数据库建设技术规范》(TD/T 1058—2020)以及《国土调查数据库标准》(TD/T 1057—2020)等文件要求,本次国土调查数据库建设主要包括基础地理要素、土地利用数据、土地权属数据、永久基本农田数据、其他土地要素、独立要素、栅格数据、元数据等空间要素建设,目的是利用地理信息技术、数据库技术和网络技术,建立集影像、图形、属性、文档等数据于一体的国土调查数据库,数据库建设技术内容包括国土调查县级数据库建设的内容、程序、方法及要求等。本次数据库建设技术保证了数据库成果质量,促进了国土调查数据的管理和共享,规范了国土调查成果数据质量检查工作,数据库质检参照国家、行业相关规范和标准,制定了适用于国土调查县级数据库成果质量检查工作需要的质量检查细则。本章根据《中华人民共和国土地管理法》《土地调查条例》等法律、法规,参照《第三次全国国土调查技术规程》(TD/T 1055—2019)《土地利用现状分类》(GB/T 21010—2017)等标准、规程进行撰写。

本章主要围绕县级国土调查数据库建库的内容、技术方法与流程以及成果质检技术展开。

第一节　建库内容与要求

一、建库内容

数据库建设以县为基本单元,将第三次全国国土调查土地利用现状调查成果、土地权属调查成果及专项调查成果进行数字化。数据内容包括基础地理要素、土地利用要素、永久基本农田要素、其他土地要素、独立要素,各类要素以空间图层的形式进行管理,包括行政区、行政区界线、坡度图、村级调查区、村级调查区界线、地类图斑、永久基本农田、临时用地、批准未建设土地、城镇村等用地、耕地等别、重要项目用地等,除行政区界线、村级调查区界线在数据库中以线表示,其余图层均用面表示。《国土调查数据库标准》(TD/T 1057—2020)规定的永久基本农田、耕地等别及独立要素图层如国家公园、自然资源保护区、森林公园、风景名胜区、地质公园、世界自然遗产保护区、湿地公园、饮用水源地、水产种植资源保护区、其他类型禁止开发区、城市开发边界、生态保护红线等自然资源、生态环境及规划要素,将在后续专项调查中逐步完善建库。

二、数据采集要求

(一)数据采集要求

1.一般要求

(1)数据采集要素内容及分层应按照《国土调查数据库标准》(TD/T 1057—2020)执行。

(2)根据数字正射影像图纹理特征和外业调查结果重新采集。

(3)数据采集时,应避免产生狭长面、尖锐角和碎小图斑。

(4)具有多种属性的公共边,只矢量化一次,应保证各层数据拓扑一致性。

(5)交通、水利等线状地物采集需保持地物的连通性。

(6)按照权属界线与权属界线协议书界址走向核实并转绘为村级调查区界线,以线状地物为权属界线的,应以线状地物单边线或中心线为界。转绘的村级调查区界线与权属界线协议书界址走向不一致的,按照实地调查的原则对相应的界线进行调整。乡镇级行政界线转绘,与村级调查区界线转绘要求相同。

2.位置精度要求

(1)调绘图斑的明显界线与数字正射影像图上同名地物移位<图上 0.3mm,不明显界线<图上 1.0mm。

(2)矢量化节点采集要求:重要拐点必须采集;节点间最小距离不能低于 0.2m;行政界线节点间的最大距离不能超过 70m。

3.坐标精度要求

坐标值精度为 0.00005。

4.接边要求

不同调查区域间、不同权属坐落间、城乡调查范围间图形及属性的接边按照《第三次全国国土调查技术规程》(TD/T 1055—2019)要求执行。

(二)调查分类

调查分类按照《第三次全国国土调查技术规程》(TD/T 1055—2019)附录 A.2 要求执行。

(三)属性采集要求

属性采集的内容须符合《国土调查数据库标准》(TD/T 1057—2020)的要求。按照《国土调查数据库标准》(TD/T 1057—2020)要求,对每个图层要素的标识码赋值,标识码为该要素的唯一代码。

通过资料分析、属性继承和外业调查等方式采集属性数据,属性数据应与外业调查的结果一致。

图层内以及图层间的属性逻辑关系正确。

（四）面积计算要求

1. 椭球面积计算要求

按照《第三次全国国土调查技术规程》（TD/T 1055—2019）附录 D 图幅理论面积与图斑椭球面积计算公式及要求的规定计算。

2. 调查面积计算要求

（1）县级辖区调查面积必须等于该辖区国家下发面积，包含陆地调查面积和岛屿调查面积；辖区调查面积等于地类图斑层的图斑面积字段之和。

（2）陆地调查面积等于陆地村级调查区调查面积之和，以及陆地地类图斑面积之和；岛屿调查面积等于海岛村级调查区调查面积之和，以及岛屿地类图斑面积之和。

3. 图形面积计算要求

（1）图斑面积是指椭球面积经过控制平差后得到的面积值。

（2）扣除地类面积等于图斑面积乘以扣除地类系数。

（3）图斑地类面积等于图斑面积减去扣除地类面积。

（五）完整性

国土调查数据库成果内容完整，并按附录 A 要求进行组织整理。

国土调查数据库成果可以正常打开。

（六）规范性要求

空间要素图层命名、结构描述、字段内容及取值，按照《国土调查数据库标准》（TD/T 1057—2020）的要求执行。

空间数据数学基础按照《第三次全国国土调查技术规程》（TD/T 1055—2019）的要求执行。

空间要素拓扑关系正确。各要素不存在线段自相交、碎片及不规则多边形、悬挂点或伪节点等拓扑错误。

元数据满足《国土调查数据库标准》（TD/T 1057—2020）的要求。

（七）逻辑一致性要求

有关联关系的属性内容应保持逻辑一致性。

国土调查数据库地类汇总面积应与行政区控制面积一致；汇总表面积与数据库汇总面积一致；各类汇总表的表内、表间数据逻辑一致。

（八）数据库要求

1. 数据库内容

数据库内容主要包括基础地理要素、土地利用数据、永久基本农田数据、其他土地要素、独立要素、栅格数据、元数据等，具体参见《国土调查数据库标准》（TD/T 1057—2020）。

2.数据分层

空间要素采用分层的方法进行组织管理,各层要素的命名及定义参见《国土调查数据库标准》(TD/T 1057—2020)。

3.数据库结构

数据库结构应符合《国土调查数据库标准》(TD/T 1057—2020)的要求。

4.数据字典

根据《国土调查数据库标准》(TD/T 1057—2020)定义的要素代码、第三次全国国土调查工作分类、权属代码等建立数据字典。

(九)数据交换格式

数据交换格式采用《国土调查数据库标准》(TD/T 1057—2020)附录 A 国土调查数据交换格式规定的数据格式。

三、数据源要求

(一)统一性要求

对上级统一下发的数据资料,各相关单位不得更改,如确有问题需要修改,应及时报上级单位批准。

(二)合法性要求

数据源必须采用审查验收合格的资料和数据。

土地权属、永久基本农田等有关资料须保证其合法性。

对其他数据源的来源须作说明,并提交相应证明文件。

(三)质量要求

数学基础、覆盖范围等符合《第三次全国国土调查技术规程》(TD/T 1055—2019)的要求。

精度满足《第三次全国国土调查技术规程》(TD/T 1055—2019)和规范的规定。

行政区划要素和定位基础要素位置准确,各种标注齐全。

四、数据源处理原则

(一)合法性原则

在数据源处理检查的过程中,要求土地利用、土地权属、永久基本农田、DOM、DEM等数据必须具有法律依据或通过检查验收合格。

(二)真实性原则

在数据和资料合法的前提下,对数据源数据和资料的处理与检查必须有充分可靠的依据。

(三)严格检查的原则

在数据源数据和资料处理检查的过程中,指派专人对数据源数据和资料的质量进行严格检查,并按照数据质量要求做好详细记录备案,以备查阅。

(四)优先选择电子数据的原则

根据数据源数据和资料处理的难易程度,在保证其合法性、现势性和真实性的前提下,优先选择易处理的电子数据,以提高数据采集效率。

五、数据建库技术要求

按照《国土调查数据库标准》(TD/T 1057—2020)要求,以县级数据库为基础,采用数据集成的方式建立浙江省国土调查数据库及专项调查数据库,并分图层存储,保证国土调查数据成果与专项调查成果的衔接。浙江省国土调查数据库符合下列要求:

(一)基本要求

1.标准要求

严格按照国土调查数据库标准、数据库建库规范进行数据建库。

2.界线要求

第三次全国国土调查是以各级行政界线作为调查范围的控制界线,飞地由所在行政辖区调查统计,即调查的飞入地面积统计在所在行政辖区内;调查控制界线一旦确定不得随意更改。

3.面积要求

按照《第三次全国国土调查技术规程》(TD/T 1055—2019)规定的椭球面积计算。

4.图形数据处理要求

(1)精度符合《第三次全国国土调查技术规程》(TD/T 1055—2019)中的质量控制要求。

(2)图形空间位置正确、要素完整、无错漏、无重叠冗余,图面美观。

(3)数据要素编码及附属信息正确、完整。

(4)接边数据的修改处理符合限差规定。

(5)基础地理要素以点、线、面和注记特征存在,其他特征数据系统不能兼容,数据之间逻辑性正确。

(6)地类图斑层数据符合全覆盖区域图形剖分和面积逻辑一致性条件。

5.汇总要求

图斑面积汇总到基础计算表,以基础计算表为统计基表,按照业务逻辑汇总调平,进而形成各类汇总报表;数据库中与地类图斑无法对应,需要单独统计的内容(如批准未建设、自然资源相关汇总等),采取分割图斑后,按照汇总区域总面积控制调平,进而再进行专项汇总。

6.质量、格式要求

按照国土调查数据库质量标准，利用国家下发的质检软件对数据库质量进行检查与控制。

（二）关键技术处理方法

调查数据库建设过程中，避免产生城市与农村由于比例尺不一、调查精度差异等因素造成的碎图斑。尤其是因权属数据叠加现状数据造成的差异，确属技术误差的，通过外业调查或协调纠正的手段予以衔接与消除。

调查数据库承载的是现状调查成果，与其他相关数据（包括管理数据）依然存在诸多技术差异，这些差异经核实后，是允许地方消除的，否则严重影响数据库的运行与服务。

内业数据采集（矢量化）过程中，已适当控制了采集点的密度，采集点密度直接影响数据库面积计算精度和运行效率。

六、数据库建设步骤

第三次全国国土调查采用"国家整体控制、统一制作底图、内业判读地类、地方实地调查、地类在线举证、国家核查验收、统一分发成果"的流程推进，数据库建设的流程从属于第三次全国国土调查总体流程。以国家统一制作的调查底图为基础，结合地方收集到的资料，规范化处理后进行内业地类判读，对于内业无法判读识别的地类和属性，实地核实举证。将通过检查的外业举证结果上图后，进行图形编辑、拓扑处理、属性批量赋值、面积汇总计算后形成数据库成果。根据第三次全国国土调查数据质量要求，对数据库成果进行全面的质量检查修改至合格后逐级提交国家检查验收。

（一）准备工作

包括建库方案制定、人员准备、软硬件准备、资料收集等。

（二）数据预处理

包括数据规范化、内业数据预处理、外业调查底图制作。

（三）数据库建设

包括数据采集、数据入库。

（四）数据汇总

包括面积控制和汇总。

（五）数据库质量检查

包括完整性检查、图形数据检查、属性数据检查、文字成果质量检查及汇总成果检查等。

第二节　建库方法与流程

一、准备工作

(一)方案制订

各级调查单位可结合本地实际情况制订数据库建设方案,主要包括数据库建设的目标任务、组织管理、技术路线、技术方法、质量控制、进度安排等内容。

(二)人员准备

包括团队组建、人员分工和技术培训等工作。人员分工包括项目负责人、技术负责人、质量检查员和作业员等。

(三)软硬件准备

1.软件准备

(1)软件的适应性与完备性。满足国土调查数据采集与管理的需要,数据采集建库的功能模块包含但不限于矢量数据采集、空间数据编辑处理、空间数据图层管理、空间信息查询、数据交换格式导入导出。数据管理功能模块包含但不限于图斑面积计算、成果统计汇总、成果制作及输出、数据更新、数据库系统维护、数据备份与安全。应用分析功能包含但不限于实现国土调查数据与土地规划、基础测绘、自然资源等各类基础数据的互联互通和综合分析应用。

(2)完备的数据汇总能力。按照附录 B 要求完成各项面积计算,生成基础统计表,在此基础上完成各种统计汇总表格的输出,并保证表内调平、表间一致。通过对不同年份国土调查成果的叠加分析,形成流量分析表。

(3)硬件兼容性。能够适应当前各种主流的计算机类型和外部设备。

(4)稳定性。具有长期稳定运行能力。

(5)恢复与容错能力。具有异常条件下的防护性措施或恢复手段。

(6)数据交换能力。能够支持《国土调查数据库标准》(TD/T 1057—2020)规定交换格式,同时能够和主流的 GIS 系统进行数据交换。

2.硬件准备

包括移动通信设备、计算机、数据输入输出设备(如扫描仪、绘图仪、打印机等)、数据存储设备等。

(四)制度准备

数据库建设单位应当根据以下要求建立有效的管理制度,以保证数据库建设成果的质量。

1.建立培训制度

建库单位对相关人员进行必要的培训,针对每一个具体项目,技术负责人就技术流程、大环节质量要求、操作要点及注意事项等向作业员和专业质量检查员进行交代,组织学习,明确建库流程和质量要求。

2.建立作业记录制度

作业员严格执行作业记录制度,数据作业记录应当完整。

3.建立问题报告制度

作业员对作业过程中的重要问题实行报告制度,作业员及时向技术负责人报告作业中的问题,讨论解决的原则和方法。

4.建立重大问题协商解决制度

建库单位对数据源处理和数据库建设方案修改等重大问题,应及时与当地土地管理部门协商形成解决方案。

5.建立可靠的数据安全制度

数据库建设过程中重要的过程数据和质量控制记录必须保存,以保证数据质量的可追查,确保数据安全。

6.建立质量控制制度

对国土调查数据库建设进行全过程质量控制,包括数据库建设方案质量控制、基础数据源质量控制、环节质量控制、交接检查、数据自检、数据库建设成果质量检查和验收。

(五)资料收集

第三次全国国土调查成果要能同时满足国土资源管理、自然资源管理、国土空间用途管制、生态文明建设对于数据的应用需求,以多个部门的调查、管理资料为参考。数据库建设过程中需要收集的资料较多,为了从整体上控制质量,国家统一提供调查遥感影像、县级行政界线、最新土地变更调查数据库、不一致图斑。地方收集的资料包括调查基础数据,如城镇村范围内最新高分辨率遥感影像、城镇地籍数据;土地管理数据,如永久基本农田划定、国土空间规划、村庄规划、建设用地审批、土地整治、土地执法、耕地质量等别、耕地后备资源、开发区范围数据等;土地权属数据,如农村集体土地所有权确权数据、土地权属界线协议书;基础测绘数据,如地形图、坡度图、地名地址数据等;其他资料,如地理国情普查、城乡规划、城市开发边界、行政区划调整、林业调查、水资源调查评价、生态红线、自然保护区、国家公园、湿地、草原等数据。所有收集到的资料必须是验收合格资料,保证资料的合法性。

1.资料要求

(1)根据资料的类型、时点、介质等方面的具体情况,优先选择精度高、现势性好的资料。

(2)资料须采用审查验收合格的资料;土地权属、永久基本农田等有关资料须保证其合法性。

（3）对其他资料的来源须作说明，并提交相应证明文件。

2.国家统一下发调查资料

国家统一下发的调查资料包括数字正射影像图、行政界线、调查面积、最新土地变更调查数据库、国家内业预判图斑、批准未建设土地和重要项目用地等数据。

3.地方自主收集相关资料

地方自主收集内外业调查所需的资料，包括但不限于以下内容：

（1）调查基础资料：城镇村范围内最新高分辨率数字正射影像图、地籍调查数据、田坎系数测算资料等。

（2）权属资料：农村集体土地所有权确权登记成果、国有土地使用权调查登记成果等。

（3）土地管理相关资料：永久基本农田划定、国土空间规划、建设用地审批、临时用地批准文件、设施农用地审批、土地整治、土地执法、开发区范围、农用地分等定级、耕地质量等级评价等数据资料。

（4）基础测绘资料：地形图、坡度图、地名地址等。

（5）城乡规划资料：城镇村庄规划资料、城市规划资料等。

（6）其他资料：镇级及以上行政界线资料与行政区划调整文件；第三次全国水资源调查评价等数据资料；中国海域海岛地名志、海岸线、海洋生态红线及相关调查数据资料；第三次全国农业普查成果、农垦各农场基本信息表、国有农场土地红线图范围、盐碱化区域的现状分布与规模数据等；第九次全国森林资源连续清查数据成果；城市开发边界、生态保护红线、全国各类自然保护区和国家公园界线等数据成果；第二次湿地调查成果数据；第二次草地资源清查数据成果；水土流失现状分布与规模，沙漠化、石漠化、盐碱化区域的现状分布与规模；铁路、各等级公路、航道、农村道路、隧道、桥梁等主要交通设施资料。

二、数据预处理

数据规范化处理是统一数据的格式、坐标，方便数据之间的分析、采集、利用。将纸质图件通过扫描、纠正、镶嵌、矢量化等过程处理成符合数学基础要求的数据；将栅格图件数据进行空间配准，将表格、文档等属性数据通过手工录入或辅助使用光学字符识别技术获取属性表格数据，并验证数据的正确性；将空间数据的坐标系统一转换为2000国家大地坐标系、1985高程基准、高斯克吕格投影；将不同格式的矢量数据统一为同一GIS平台数据。

(一)数据规范化

1.空间数据

通过数据格式转换和坐标转换软件，将数字正射影像图、土地利用数据、土地权属数据、基础测绘数据、城乡规划资料等其他资料处理成符合《第三次全国国土调查技术规程》（TD/T 1055—2019）数学基础要求的数据，并验证数据的准确性。

2.非空间数据

将纸质图形数据通过图形扫描、纠正、镶嵌、矢量化等过程处理成符合《第三次全国国土调查技术规程》(TD/T 1055—2019)数学基础要求的数据;将纸质表格等属性数据录入,并验证数据的正确性。

(二)行政区及村级调查区上图

以国家下发的县级行政区为基础,将乡(镇、街道)行政界线依据县(区、市)人民政府相关勘界文件转绘上图,根据不同的行政界线类型赋相应属性值,行政区属性信息根据民政部门的行政区划批准调整资料填写,以乡镇界线为基础,乡镇内部以农村集体土地所有权确权界线为基础建立村级调查区界线图层,按实际情况填写界线类型、界线性质,整合形成的县、乡、村界线是地类图斑划分的基础。

1.行政界线及行政区上图

行政界线图层包括国界线、沿海零米等深线、海岛界线、省界、市(地)级行政界线、县级行政界线、乡(镇、街道)行政界线等。

(1)县级以上行政界线、沿海零米等深线和海岛界线采用国家统一下发的数据。

(2)乡(镇、街道)行政界线依据县(市、区)人民政府相关勘界文件转绘上图。

(3)根据不同的行政界线类型赋相应属性值。

(4)行政区属性信息根据民政部门的行政区划批准调整资料填写。

2.村级调查区上图

(1)将村级界线按照《国土调查数据库标准》(TD/T 1057—2020)建立村级调查区图层,按实际情况填写坐落单位代码、坐落单位名称;乡(镇、街道)界线内,村级调查区未覆盖的区域,代码填写为乡(镇、街道)行政区代码+"9990000000",坐落单位名称填写乡(镇、街道)行政区名称+"直属"。

(2)村级调查区在每个乡级行政区范围内全覆盖。

三、数据库建设

将外业调查成果导入后进行图形编辑、拓扑处理,经检查无拓扑错误后利用建库软件对图斑编号、标识码、要素代码、城镇村代码、扣除地类系数、坐落单位代码、耕地坡度级别进行统一赋值,进行图斑面积平差、图斑地类面积计算及统计汇总,提取其他土地要素图层进行元数据制作后,按标准目录导出成果数据进行质量检查。

(一)数据采集

以数字正射影像图、县级行政区、数据预处理成果为基础,结合外业调查结果,按照《第三次全国国土调查技术规程》(TD/T 1055—2019)和《国土调查数据库标准》(TD/T

1057—2020)要求,对各类调查要素的范围、属性等相关信息进行采集、调整,形成国土调查数据成果。

1.行政区及村级调查区范围调整

依据外业调查成果,按照实事求是的原则,对前期上图的乡级行政区、村级调查区范围进行调整,并按照《国土调查数据库标准》(TD/T 1057—2020)完善行政区、村级调查区图层。

2.城镇村等用地范围及属性采集

依据外业调查成果,对预采集的城镇村等用地范围进行调整,形成城镇村等用地图层。城镇村等用地范围按照集中连片的原则划定。地类图斑的城镇村标注应与城镇村等用地图斑范围保持空间一致。

3.地类图斑图形采集

根据数字正射影像图纹理特征、内业预判结果及外业调查结果,结合行政区和村级调查区范围,逐图斑重新勾绘、调整地类图斑边界。

(1)数字正射影像图纹理特征清晰的,外业调查结果与内业预判结果一致的,应以内业预判确定的地类图斑边界为准。

(2)数字正射影像图无法勾绘或内业预判未能反映的新增地物,应根据外业补测数据对地类图斑进行重新采集,具体要求见《第三次全国国土调查技术规程》(TD/T 1055—2019)。

(3)外业调查结果与内业预判结果不一致的,应以外业调查结果为准调整地类图斑边界。

(4)权属、坐落、宽度、走向、地类五类属性均基本一致的情况下,可划为一个线状地物图斑。

(5)线状地物图斑交叉时,地面线状地物连续表示。但对于农村道路、过街天桥等线状地物跨越公路、铁路等,应保持公路、铁路贯通。线状地物平面交互时,应保持高等级的道路贯通。线状地物穿过隧道时,线状地物断在隧道两端。

(6)线状地物图斑被行政界线及权属界线分割的,按不同图斑上图。

(7)线状地物图斑(除公路、铁路外)穿过城镇村等用地范围的,应按其坐落分割为不同图斑。城镇村等用地范围内线状地物标注城镇村等用地属性。

4.地类图斑属性采集

依据外业调查结果和内业预判结果,结合相关资料,按照《国土调查数据库标准》(TD/T 1057—2020)要求对各地类图斑的属性赋值。

(1)线状图斑宽度:指线状地物平均宽度,线状地物被行政界线和权属界线分割,应按实际线状地物平均宽度填写。

(2)坐落和权属信息:坐落信息从村级调查区图层坐落单位代码获取,权属信息依据实际获取。

5.其他图层要素采集

(1)耕地资源质量分类要素采集。

在三次国土调查获取的地类图斑基础上,将最新的耕地资源质量分类成果落实到地类图斑中。

(2)临时用地采集。

临时用地图层根据临时用地实际占地范围以及批准文件转绘上图,上图应避免与地类图斑产生碎小图斑和缝隙,临时用地范围内地类图斑按实际使用范围调查为建设用地。临时用地图斑属性根据临时用地批文内容获取,按照《国土调查数据库标准》(TD/T 1057—2020)建立相应图层。

(3)未拆除到位的拆除图斑采集。

未拆除到位的拆除图斑,对其占地范围进行采集,按照《国土调查数据库标准》(TD/T 1057—2020)建立相应图层。

(4)路面范围采集。

公路或铁路图斑,对其路面范围进行采集,按照《国土调查数据库标准》(TD/T 1057—2020)建立相应图层。

(5)无居民海岛采集。

无居民海岛,对其占地范围进行采集,并同步调查其开发利用现状,按照《国土调查数据库标准》(TD/T 1057—2020)建立相应图层。

(6)推(堆)土区采集。

利用方向不明确的推(堆)土区,对其占地范围进行采集,按照《国土调查数据库标准》(TD/T 1057—2020)建立相应图层。

(7)重要项目用地采集。

风能项目、高尔夫项目以及光伏项目用地,对其占地范围进行采集,按照《国土调查数据库标准》(TD/T 1057—2020)建立相应图层。

(8)开发园区、各类自然保护区、生态保护红线、城市开发边界等要素采集。

按照《国土调查数据库标准》(TD/T 1057—2020)建立相应图层。

(二)图形数据采集

图形数据采集分为 DOM 矢量化、扫描矢量化、矢量数据转换和 GPS 数据采集四种方法。

(1)当图形数据采集的来源和依据是现势性较强的 DOM 数据时,可直接进行矢量化。采集时参考第一次全国国土调查、土地变更调查、土地利用更新调查的图件,在放大的影像数据的基础上进行内业判读。

(2)当图形数据采集的来源和依据是聚酯薄膜(或纸介质)图件时,采用扫描矢量化的方法。先将图件扫描生成数字栅格图(扫描影像图),然后使用矢量化软件对扫描影像图数据进行屏幕矢量化。

（3）当数据源为矢量数据时，应先进行数据格式、数学基础和数据精度的检查，然后进行数据转换和相应处理。

（4）当图形数据采集的来源和依据是 GPS 控制点时，可直接导入点位坐标数据，并按照手簿记录内容以影像为基础采集图形数据。

（三）属性数据及其他数据采集

对土地调查属性数据，主要根据外业调查成果进行采集录入。数据采集的方法有：逐个图形直接录入属性数据；编制软件集中录入属性数据；利用原有数据库的属性数据及相关资料，直接录入数字形式属性数据等。

对需要保存的审批文件、合同，以及权属调查中相关的确权登记等资料，直接用扫描仪、数码相机等设备形成影像文件存档。

对基础地理信息及栅格信息数据采集，主要遵循以下方式：

（1）栅格数据来源于统一提供的正射影像图、DEM 等。

（2）定位基础数据来自实测控制点等。

（3）省级行政区划数据来自国家统一下发的民政勘界成果。县级行政区划成果由省级国土资源管理部门会同省级民政部门，在国家下发省级行政界线基础上制定，并上报国家备案。

（4）地貌数据来源于测绘部门提供的高程数据、等高线等，或自行采集的地貌数据。

（四）属性赋值

数据在建库过程中，需要进行批量属性赋值，如根据空间拓扑关系，将坡度图的坡度级别的值赋给地类，图斑为耕地图斑的耕地坡度级别字段。耕地等别赋值需要将耕地等别数据加载到数据库中，再进行耕地等别属性赋值。最后对选择的行政范围内图层要素执行自定义属性赋值，赋值规则包括"图层间空间拓扑赋值""图层内部字段赋值""图层属性联表查询赋值""图形坐标字段赋值""图形长度字段赋值""图形面积字段赋值""飞入地标识字段赋值"等。

（五）数据入库

将检查通过后的数据，按照《国土调查数据库标准》（TD/T 1057—2020）对基础地理要素、土地利用要素、永久基本农田要素、栅格要素、其他土地要素、独立要素等进行数据组织、编码、入库，建成第三次全国国土调查县级数据库，并按要求填写元数据。

数据入库包括数据入库前检查、数据入库、数据入库后检查。

1. 数据入库前检查

数据入库前须对采集数据进行全面质量检查，并改正数据质量错误，数据质量无误的数据方可入库。

第一步：按照《国土调查数据库标准》(TD/T 1057—2020)、《第三次全国国土调查技术规程》(TD/T 1055—2019)等相关标准，以及第三次全国国土调查数据库质量检查相关要求确定检查项，包括矢量数据几何精度检查、拓扑检查、属性数据完整性和正确性检查、图形和属性数据逻辑一致性检查以及接边完整性检查等。

第二步：采用计算机自动检查和人机交互相结合的方式进行检查，形成检查结果并修正数据错误。

第三步：编写数据质量检查报告。

2.数据入库

数据入库主要包括矢量数据、数字高程模型数据、数字正射影像图数据、元数据等数据入库。

3.数据入库后检查

数据库各图层入库后，对数据入库情况进行质量检查。采用计算机检查和人机交互相结合的方式，对比入库前后的数据，检查数据库实体要素的逻辑一致性和相关性，并修改发现的错误。

数据入库前，根据《国土调查数据库标准》(TD/T 1057—2020)、《第三次全国国土调查技术规程》(TD/T 1055—2019)对采集数据进行全面质量检查，主要检查数据的完整性、准确性、逻辑一致性，以及数据分层和文件命名的规范性等，满足要求的转入数据库并改正数据质量错误，数据质量无误的数据方可入库。数据检查内容主要包括以下几个方面：

(1)检查图内各要素的采集有无错漏现象，确保数据采集的完整性与正确性。

(2)检查数据接边的正确性、完整性。

(3)检查采集的各要素内容与 DOM 套合是否超限，确保矢量数据采集的几何精度。

(4)检查矢量数据的拓扑正确性。

(5)检查图层的空间关系是否正确。

(6)检查所有数据层的层名以及点、线、面的属性结构是否与标准一致。

(7)检查数据属性的逻辑性、完整性和正确性，比如数据值是否在域值内等。

(8)检查是否还存在不合理的细碎图斑。

经质量检查合格后，按照《国土调查数据库标准》(TD/T 1057—2020)规定将各数据层录入数据库中，建立第三次全国国土调查数据库。数据库各图层入库后，对数据入库情况进行质量检查。采用计算机检查和人机交互相结合的方式，对比入库前后的数据，主要检查成果完整性、元数据属性、矢量数据图形和属性、逻辑一致性以及汇总表格等内容，根据错误提示，分析和修改数据库中存在的问题，通过反复检查和修改，形成第三次全国国土调查数据库最终成果，并保存检查软件自动生成的检查记录结果。

四、数据汇总

以第三次全国国土调查县级数据库为基础,按行政区域调查界线和调查面积为基准,按照《第三次全国国土调查技术规程》(TD/T 1055—2019)规定的具体要求,汇总本县(市、区)行政区域内的土地利用现状、权属数据以及其他专项调查数据,数据库汇总方法见附录 B。

(一)面积计算

图斑面积等于该地类的图斑地类面积加上该地类的扣除地类面积。根据县级行政区控制面积,以村级调查区为单位,分别对陆地、海岛进行面积平差。同一村级调查区既有陆地又有海岛的,按两个单位分别平差计算。调查面积等于村级调查区所有图斑平差后的椭球面积之和,面积控制方法见附录 B。

(二)面积刷新

国家下发行政区的调查面积理论上应与数据库中各要素计算面积一致,由于椭球面积与图斑面积存在一定的误差,故需要对图斑面积进行误差处理。根据行政区图层,创建各个级别的索引图层。索引图层按行政级别由小到大分为村级索引、镇级索引、县(区)级索引,根据行政区(村级)索引图层生成图幅接合表。根据不同比例尺的图幅理论面积,计算行政区控制面积。系统将计算出行政区所占每个图幅的面积,汇总为总行政区的控制面积。根据行政区下发调查面积或图幅理论面积计算结果,计算行政区图层各要素调查面积,以及地类图斑层各要素图斑面积和椭球面积。根据区县的控制面积与地类图斑各要素的计算面积之和的差值,对地类图斑进行误差处理,保证该行政区内所有地类图斑的面积之和等于该行政区控制面积,最后刷新地类面积,将最新的面积计算成果刷新到系统表中。

图斑地类面积的计算方法如下:

图斑地类面积(TBDLMJ)＝图斑面积(TBMJ)－扣除地类面积(KCMJ)

扣除地类面积(KCMJ)＝图斑面积(TBMJ)×扣除地类系数(KCXS)

(三)汇总内容

1. 土地利用现状及权属状况统计

包括通过土地利用现状调查和土地权属调查获取的土地利用现状分类、权属性质、耕地坡度分级、图斑标注等成果的统计,表格内容及具体格式见《第三次全国国土调查技术规程》(TD/T 1055—2019)。

2. 专项统计

包括耕地细化调查、批准未建设的建设用地调查、永久基本农田调查、无居民海岛等统计,表格内容及具体格式见《第三次全国国土调查技术规程》(TD/T 1055—2019)。

3. 数据库各类要素的代码与名称

数据库各类要素的代码与名称如表 6-1 所示。

表 6-1　数据库各类要素的代码与名称

要素代码	层代码	要素名称	说明
1000000000	1000	基础地理要素	
1000100000	1100	定位基础	
1000110000	1110	测量控制点	
1000110408	1120	数字正射影像图纠正控制点	GB/T13923 的扩展
1000119000	1130	测量控制点注记	
1000600000	1200	境界与政区	
1000600100	1210	行政区	GB/T13923 的扩展
1000600200	1220	行政区界线	GB/T13923 的扩展
1000609000	1230	行政区注记	GB/T13923 的扩展
1000700000	1300	地貌	
1000710000	1310	等高线	
1000720000	1320	高程注记点	
1000780000	1330	坡度图	GB/T13923 的扩展
1000800000	1400	遥感影像	GB/T13923 的扩展
1000810000	1410	数字航空正射影像图	GB/T13923 的扩展
1000820000	1420	数字航天正射影像图	GB/T13923 的扩展
1000900000	1500	数字高程模型	GB/T13923 的扩展
2000000000	2000	土地要素	
2001000000	2100	土地利用要素	
2001010100	2110	地类图斑	
2001010200	2120	地类图斑注记	
2005000000	2500	永久基本农田要素	
2005010300	2510	永久基本农田图斑	
2005010900	2520	永久基本农田注记	
2006000000	2600	土地权属要素	
2006010000	2610	土地权属区要素	

要素代码	层代码	要素名称	说明
2006010100	2611	土地权属区	
2006010200	2612	土地权属区注记	
2006020000	2620	土地权属区界线要素	
2006020100	2621	土地权属区界线	
2006020200	2622	土地权属区界线注记	
2099000000	2900	其他土地要素	
2099010000	2910	临时用地要素	
2099010100	2911	临时用地	
2099010200	2912	临时用地注记	
2099020000	2920	批准未建设土地要素	
2099020100	2921	批准未建设土地	
2099020200	2922	批准未建设土地注记	
2099030000	2930	城镇村等用地要素	
2099030100	2931	城镇村等用地	
2099030200	2932	城镇村等用地注记	
2099040000	2940	耕地等级要素	
2099040100	2941	耕地等别	
2099040200	2942	耕地等别注记	
2099050000	2950	重要项目用地要素	
2099050100	2951	重要项目用地	
2099050200	2952	重要项目用地注记	
2099060000	2960	开发园区要素	
2099060100	2961	开发园区	
2099060200	2962	开发园区注记	
2099070000	2970	光伏板区要素	
2099070100	2971	光伏板区	
2099070200	2972	光伏板区注记	
2099080000	2980	推土区要素	

要素代码	层代码	要素名称	说明
2099080100	2981	推土区	
2099080200	2982	推土区注记	
2099090000	2990	拆除未尽区要素	
2099090100	2991	拆除未尽区	
2099090200	2992	拆除未尽区注记	
3000000000	3000	独立要素	其他相关部门产生的数据要素
3001000000	3100	自然保护区要素	
3001010000	3110	国家公园要素	
3001010100	3111	国家公园	
3001010200	3112	国家公园注记	
3001020000	3120	自然保护区要素	
3001020100	3121	自然保护区	
3001020200	3122	自然保护区注记	
3001030000	3130	森林公园要素	
3001030100	3131	森林公园	
3001030200	3132	森林公园注记	
3001040000	3140	风景名胜区要素	
3001040100	3141	风景名胜区	
3001040200	3142	风景名胜区注记	
3001050000	3150	地质公园要素	
3001050100	3151	地质公园	
3001050200	3152	地质公园注记	
3001060000	3160	世界自然遗产保护区要素	
3001060100	3161	世界自然遗产保护区	
3001060200	3162	世界自然遗产保护区注记	
3001070000	3170	湿地公园要素	
3001070100	3171	湿地公园	
3001070200	3172	湿地公园注记	

要素代码	层代码	要素名称	说明
3001080000	3180	饮用水水源地要素	
3001080100	3181	饮用水水源地	
3001080200	3182	饮用水水源地注记	
3001090000	3190	水产种植资源保护区要素	
3001090100	3191	水产种植资源保护区	
3001090200	3192	水产种植资源保护区注记	
3001990000	3099	其他类型禁止开发区要素	
3001990100	3097	其他类型禁止开发区	
3001200200	3098	其他类型禁止开发区注记	
3002000000	3200	城市开发边界要素	
3002010000	3210	城市开发边界	
3002020000	3211	城市开发边界注记	
3003000000	3300	生态保护红线要素	
3003010000	3310	生态保护红线	
3003020000	3311	生态保护红线注记	

注1：本表的基础地理信息要素第5位至第10位代码参考GB/T13923。

注2：行政区、行政区界线与行政区注记要素参考GB/T13923的结构进行扩充，各级行政区的信息使用行政区与行政区界线属性表描述。

五、成果分析

在土地利用现状调查、土地权属调查、专项调查和海岛调查成果基础上，开展相关分析工作。

（一）数据库质量检查

数据库质量检查方法包括计算机自动检查和人工交互检查。质量检查内容包括成果完整性检查、图形数据检查、属性精度检查、关联关系检查、文字成果质量检查、表格成果质量检查。

（1）成果完整性检查：必选图层齐全，基础地理、土地利用、土地权属、其他要素、独立要素等要素完整；矢量数据、栅格数据和元数据命名正确，格式内容符合要求。

（2）图形数据检查：检查空间数据的坐标系统、高程基准、投影参数是否符合要求；图形数据逻辑一致性检查；检查图形精度是否满足要求；图形拓扑一致性检查。

（3）属性精度检查：根据内外业相关调查资料检查各图的字段值的正确性。

（4）关联关系检查：检查各要素层之间的逻辑关系是否正确。

（5）文字成果质量检查。

（6）表格成果质量检查。

（二）数据汇总

以第三次全国国土调查县级数据库为基础，以行政区域调查界线和调查面积为基准，汇总行政区域内的土地利用现状、权属数据以及其他专项调查数据，在土地利用现状调查、土地权属调查、专项调查成果的基础上，开展相关分析工作。

六、"互联网＋"举证成果更新

"互联网＋"举证成果是第三次全国国土调查最直观的参考数据，是数据真实性的具体体现。数据库成果与"互联网＋"举证成果之间存在着一对一或者一对多的对应关系，在数据库 BSM 改变的同时，"互联网＋"举证成果也需要根据最新数据库成果进行匹配更新，以保证成果与举证成果之间能够准确挂接，确保数据的完整性。数据库成果与"互联网＋"举证成果通过举证图斑信息表以存储数据对应关系。为保证成果与举证成果之间能够准确挂接，需要对举证图斑信息表中"对应第三次全国国土调查图斑标识码"进行更新，将通过空间位置关系对应的图斑新旧标识码，更新到举证图斑信息表中即可。

七、数据库运行维护

（一）基本要求

系统安全性：应确保数据库硬件及软件安全可靠。

数据安全性：应具有安全性，要确保数据不被破坏。当数据被破坏时，要能够及时恢复。

数据保密性：要有足够的保密措施，保证数据不被窃取和流失。

系统高效性：要进行日常维护与数据整理，保证数据库管理系统的高效运行。

系统开放性：不应随硬件、软件和网络的变化而改变系统的兼容性。

（二）运维管理制度

按照国家数据安全保密要求，建立相应机构，制定相应管理制度，对技术文档管理、数据安全与保密、数据库运维、数据备份等方面做出规定。

第三节　数据库成果质检

一、主要成果

(一)数据库建设成果

1.数据库成果

符合《国土调查数据库标准》(TD/T 1057—2020)规定的第三次全国国土调查数据库。

2.扫描资料

(1)"临时用地"土地审批资料。

(2)其他扫描资料。

3.表格成果

包括汇总内容的全部表格成果。

4.文字成果

(1)第三次国土调查数据库建设报告。

(2)第三次国土调查数据库质量检查报告。

5.其他资料

其他说明性资料。

(二)数据库管理系统

1.数据生产功能

具备坐标转换与投影变换、面积汇总统计、矢量化采集、线状地物转绘、图层编辑、电子数据采集、属性数据采集、地类转换、拓扑关系构建、数据检核等功能。

2.数据建库功能

具备数据入库检查、数据预处理、数据入库、椭球面积计算、调查面积平差、汇总统计、报表输出、数据可视化、数据格式转换、检查与处理等功能。

3.数据管理与应用功能

数据库维护与管理、数据库安全管理、成果数据一体化管理、综合查询检索、专题图制作、统计汇总、国土现状变化、空间数据分析、专项调查成果分析、自然资源等其他独立要素分析、永久基本农田分析、日常更新与年度变更、历史数据管理等功能。

二、成果质量控制

(一)质量控制原则

1.统一标准原则

数据建库中数据内容、分层、结构、质量要求等要严格依据《第三次全国国土调查技术规程》(TD/T 1055—2019)、《国土调查数据库标准》(TD/T 1057—2020)和《第三次全国国土调查县级数据库建设技术规范》(TD/T 1058—2020)的规定。

2.过程控制原则

要对数据采集、数据入库等过程中的每一个重要环节进行检查控制与记录,以免环节出错造成误差传递、累加等,同时要保证建库过程的可逆性。

3.持续改进原则

应遵循持续改进原则,使其贯穿数据采集、检查、入库等各环节,不断优化各环节的数据,保障数据质量。

4.质量评定原则

对数据库数据进行质量评定,及时、准确地掌握数据的质量状况,及时发现建库中存在的问题,保证数据建库成果的质量。

(二)数据源质量控制

根据数据源质量要求对其进行质量检查,并填写数据源质量检查表。

检查图形数据精度是否在限差范围内。

检查 DOM 等数据源的点位精度时,可选择明显地物点,与 GPS 测量实地坐标进行对比检查。

检查数据源的数据格式、数学基础和数据精度等。

(三)数据采集质量控制

采用环节质量控制和交接检查的方法,对过程质量进行控制。

作业员对其作业过程及重大问题应当记录。

作业员对数据进行全面自查,技术负责人组织作业员互查。

由专业质量检查员对重要环节进行重点检查,并填写质量控制检查及处理表。

专业质量检查员要不定期地进行抽查,确保数据质量。

不同作业员进行不同作业环节的数据交接时,要进行数据交接检查。

(四)接边拓扑处理质量控制

作业员对每幅图应进行接边处理及重大问题应当记录,专业质量检查员应对接边图幅进行重点检查,并填写质量控制检查及处理表。

检查每幅图相邻图形要素是否存在缝隙和重叠现象。

检查每幅图相邻图形要素及属性要素的逻辑一致性。

(五)数据入库质量控制

数据入库前应对数据进行100%的数据质量检查。

数据入库后要对计算机自动输出成果进行检查。

数据运行过程中要对数据库整体安全性运行检查。

(六)数据成果质量控制

必选图层齐全,基础地理、土地利用、土地权属、永久基本农田等要素完整。

矢量数据、属性数据、栅格数据和元数据命名正确,格式内容符合要求。

数学基础符合《第三次全国国土调查技术规程》(TD/T 1055—2019)要求。

图形要素拓扑关系正确。

相邻图幅自然接边,逻辑无缝,同时其属性和拓扑关系保持一致。

地类图斑面积之和与控制面积保持一致。

各要素属性数据正确无误。

各要素层之间的逻辑关系正确。

图形要素与属性表记录对应关系正确。

(七)数据库持续更新

第三次全国国土调查数据库,采用第三次全国国土调查建库管理系统。管理系统根据本次调查技术规程和国土调查数据库标准的要求,对数据输入、编辑处理、统计分析、数据汇总及数据更新等功能进行了整理,完善了对第三次全国国土调查数据的维护与更新,实现了对第三次全国国土调查数据的统计分析、及时监测与快速更新。

数据库的运行具备系统安全性、数据安全性、数据保密性、系统高效性、系统开放性等功能,以保障数据库运行的可持续性。同时按照国家数据安全保密要求,建立相应机构,制定相应管理制度,对技术文档管理、数据安全与保密、数据库运维、数据备份等方面做出具体规定。

三、成果质量检查

数据采集与建库过程中不可避免会产生误差或错误,对数据建库成果进行检查是质量控制的关键措施。成果质量检查包括数据的真实性检查、数据库质量检查两个方面。

(一)检查制度

采取切实的保证措施,落实严格的检查验收制度,确保国土调查数据库成果规范、面积准确。

(1)县级数据逐级上报检查的同时,同步报送国家备案。

（2）县级数据库成果采用逐级检查的方式检查汇交，省级对本省各级数据库质量负总责。

（3）县级国土调查成果由市级、省级自然资源部门检查通过后，由国家开展国家级质量检查，检查通过后方可使用。

（二）检查方法

数据库质量检查方法包括计算机自动检查与人工交互检查。

（1）计算机自动检查：按照空间数据质量检查规则，由国土调查数据库质量检查软件进行自动检查，并记录数据错误，形成错误报告。

（2）人机交互检查：质检人员按照质检规则，复核质检软件形成的质检结果，形成人工复核报告。

（三）真实性检查

数据的真实性存在问题将导致数据无法利用，在日后自然资源管理工作中一旦发现实际利用情况与数据库不一致，就会增加自然资源管理难度。数据真实性检查内容与流程为：

1.数据流量流向变化审查

通过对比国土调查数据库与最新土地变更调查数据库各地类面积差异，分析各地类流量的变化趋势，尤其是重点地类变化情况，找出差异较大或变化趋势较明显的地类重点检查核实。

2.图斑边界检查

套合遥感影像，检查地类图斑边界勾绘的合理性，检查是否存在综合过大或遗漏的情况。

3.举证照片合理性检查

检查举证照片的拍摄角度、拍摄方向和拍摄情况是否符合要求，能否反映图斑的实际利用现状。

4.地类一致性检查

综合最新的国土调查数据库、国家提取的不一致图斑、遥感影像、举证照片及收集到的资料，核实第三次全国国土调查地类与实际利用情况的一致性。

5.属性标注检查

检查图斑细化代码、种植属性代码标注内容与举证照片及遥感影像的一致性。

（四）质量检查内容

国土调查数据库本质上是一个空间数据库，空间数据库存储的不是单一性质的数据，它包含了空间图形、属性及空间关系，数据库检查主要检查空间图形与空间关系、图形属性及属性间关系、表格等的正确性。数据库质量检查利用国家统一提供的质量检查软件，根据质检细则自动进行检查，数据检查时对不符合业务逻辑规则及空间数据库要素表达基本规则约束的要素标识码、错误情况描述、错误个数进行记录。

1.成果完整性检查

主要检查以下内容：

(1)检查数据库成果(标准格式数据、原格式数据)、数字正射影像图(DOM)、扫描资料、文字报告、汇总表格、其他资料及成果目录满足国家标准对目录和文件的命名要求。

(2)检查成果数据是否能够正常打开。

(3)要求必选图层齐全，基础地理、土地利用、其他要素、独立要素等要素完整。

2.图形数据检查

采用计算机自动检查与人机交互检查相结合的方法进行检查。

(1)空间参考系检查。

检查空间数据的坐标系统、高程基准、投影参数是否符合要求。

(2)规范性检查。

检查数据中是否存在命名与类型不符的图层。

相邻图幅自然接边、逻辑无缝，同时其属性和拓扑关系保持一致。

(3)图形精度检查。

检查图形采集精度是否满足要求。图内各要素与数字正射影像图吻合，无图形错误和丢漏，明显要素位置精度不超过图上 0.3 mm。

检查矢量数据节点的疏密程度是否符合要求。

检查公共边采集是否满足规范要求。

(4)拓扑检查。

拓扑检查的精度设定为 0.0001 m。

检查同一图层内是否存在面与面重叠，包括完全重叠与部分重叠(即面相交)。

检查同一面层内不同面要素之间是否存在缝隙。

检查同一图层内不同要素间线要素是否有重叠或与自身重叠的错误。

检查同一图层内线要素是否有自身相交的错误。

检查同一图层内面要素是否存在不规则图斑(除地类 1001、1002、1006、1009、1107、1109 外，其余地类满足面积/周长＜0.2，并且有一个角度＜20°)。

检查同一图层内线要素是否存在悬挂。

检查数据中的伪节点错误。

检查数据中的碎片多边形错误。

检查核心图层中的组合要素错误。

3.属性规范性检查

(1)检查数据属性结构定义是否正确，即多余或缺失字段、字段名称、字段类型、字段长度、字段值域、小数位数等检查。

（2）按照《国土调查数据库标准》(TD/T 1057—2020)要求,根据内外业相关调查资料检查字段值的正确性。

4.关联关系检查

主要检查各要素层之间的逻辑关系是否正确：

（1）检查县级以上行政界线是否与国家下发界线一致,检查乡（镇、街道）级行政界线是否按照县级以上人民政府批准文件转绘上图。

（2）检查各图层间空间范围与属性的一致性。

（3）地类图斑面积之和与调查面积保持一致。

（4）图形要素与属性表记录对应关系正确。

（5）检查地类图斑与《国土调查数据库标准》(TD/T 1057—2020)规定的各类单独图层的衔接情况。

5.文字成果质量检查

（1）质量控制文档齐全,主要包括数据质量检查表等。

（2）工作报告与质检报告内容齐全、描述准确、逻辑清楚。

6.表格成果质量检查

（1）表格齐全,命名正确。

（2）表格格式符合要求,数据正确。

（3）表内、表间数据逻辑关系正确。

（4）汇总报表数据与矢量图层统计数据一致。

（五）国土调查数据库质检内容

国土调查数据库质检内容如表6-2所示。其主要包括矢量数据图形检查、逻辑一致性检查和汇总报表检查。矢量数据图形检查包括拓扑检查、城乡数据检查以及多部分检查；逻辑一致性检查侧重各类要素的一致性检测；汇总报表检查主要侧重不同调查对象的逻辑一致性。

表6-2　国土调查数据库质检内容表

检查内容	检查项	检查规则分析
矢量数据图形检查	拓扑检查	检查矢量数据中行政区（XZQ）层要素是否被地类图斑（DLTB）层要素边界覆盖、城镇村等用地（CZCFW）层要素的边界是否被地类图斑（DLTB）层要素边界覆盖、城镇村等用地（CZCFW）层单个要素必须被行政区（XZQ）层单个要素覆盖
	城乡数据衔接检查	检查矢量数据中城镇村土地利用图斑和农村土地利用图斑接边是否衔接自然、是否遵循"低精度服从高精度"原则；城镇村内部和外部道路、河流相连时,检查地类是否表现完整、地类编码属性是否一致、图形上是否进行了分割

检查内容	检查项	检查规则分析
矢量数据图形检查	多部分检查	检查矢量数据库中行政区（XZQ）层、地类图斑（DLTB）层等面图层是否存在多部件
逻辑一致性检查	土地要素与其他要素的逻辑一致性检查	检查地类图斑（DLTB）层，地类编码（DLBM）为 05、06、07、08、09、1004、1005、1201 时，城镇村属性码（CZCSXM）是否为空；地类编码（DLBM）为 0602 时，城镇村属性码（CZCSXM）是否为 204；地类编码（DLBM）为 09 时，城镇村属性码（CZCSXM）是否为 205
		检查地类图斑（DLTB）层图斑细化代码（TBXHDM）字段值与地类编码（DLBM）或者扣除地类编码（KCDLBM）字段值是否逻辑一致
		检查地类图斑（DLTB）层耕地种植属性代码（GDZZSXDM）字段值与地类编码（DLBM）或者扣除地类编码（KCDLBM）字段值是否逻辑一致
		检查地类图斑（DLTB）层耕地等别（GDDB）与地类编码（DLBM）或者扣除地类编码（KCDLBM）字段值是否逻辑一致
		检查地类图斑（DLTB）层地类编码为 0601 的图斑细化代码（TBXHDM）是否存在错误
		检查地类图斑（DLTB）层飞入地标识（FRDBS）字段值逻辑是否正确
	其他要素内逻辑一致性检查	检查城镇村等用地（CZCFW）层城镇村代码（CZCDM）字段值是否与城镇村等用地类型（CZCLX）逻辑一致
	土地要素与其他要素的逻辑一致性检查	检查地类图斑（DLTB）层城镇村属性码（CZCSXM）字段值与城镇村等用地（CZCFW）层城镇村等用地类型（CZCLX）字段值的逻辑一致性
		检查永久基本农田图斑范围内的地类图斑的地类是否为可调整地类
		检查永久基本农田图斑范围内的耕地地类是否标注了图斑细化属性
		检查临时用地层关联图斑标识码（GLTBBSM）字段值是否正确
汇总报表检查	土地利用现状调查面积与城镇村及工矿用地面积汇总表间逻辑一致性检查	检查土地利用现状一级分类面积汇总表、土地利用现状分类面积汇总表与城镇村及工矿用地面积汇总表内各类汇总面积的逻辑一致性
	土地利用现状调查面积与其他统计汇总表间的逻辑一致性检查	检查土地利用现状一级分类面积汇总表、土地利用现状分类面积汇总表与耕地坡度分级面积汇总表、耕地种植类型面积统计表、林区范围内园地汇总统计表等其他统计汇总表内各类汇总面积的逻辑一致性

续 表

检查内容	检查项	检查规则分析
汇总报表检查	土地利用现状调查面积与专项调查统计表间的逻辑一致性检查	检查土地利用现状分类面积汇总表与耕地细化调查情况统计表、批准未建设的建设用地现状情况统计表中各类汇总面积的逻辑一致性
	批准未建设的建设用地汇总表间的逻辑一致性检查	检查批准未建设的建设用地用途情况汇总表与批准未建设的建设用地现状情况统计表中的汇总面积的逻辑一致性

四、质检规则分类

质检规则整体分为两大类,分别是业务类质检规则和通用类质检规则。

(一)业务类质检规则

业务类质检规则是依据《第三次全国国土调查实施方案》(国土调查办发〔2018〕18号)和《第三次全国国土调查技术规程》(TD/T 1055—2019),对第三次全国国土调查业务约束的描述,主要用于体现数据之间的关联关系,反映第三次全国国土调查的主要业务逻辑。根据约束的内容,可将业务类质检内容分为调查界线及控制面积确定质检规则、土地权属调查质检规则、土地利用现状调查质检规则、专项用地调查质检规则四部分。

调查界线及控制面积确定、土地权属调查、土地利用现状调查、专项用地调查过程中涉及属性代码填写的,需严格按照下表中的代码表进行填写,如表6-3所示。各代码表具体取值范围详见《国土调查数据库标准》(TD/T 1057—2020)。

表6-3 数据库属性值代码表

序号	属性值代码表
1	第三次全国国土调查工作分类
2	控制点类型及等级代码
3	标石类型代码表
4	标志类型代码表
5	界线类型代码表
6	界线性质代码表
7	等高线类型代码表
8	坡度级别代码表
9	权属性质代码表

序号	属性值代码表
10	图斑细化类型代码表
11	种植属性代码表
12	开发园区类型代码表
13	临时用地用途分类代码表
14	临时用地具体项目用途分类代码表
15	批准农转用项目业务类型代码表
16	生态保护红线类型代码表

同时要求数据库属性表面积字段按照《第三次全国国土调查技术规程》(TD/T 1055—2019)中椭球面积计算公式进行计算并填写,标识码要求全库唯一,其余业务类质检规则详见以下内容。

1.调查界线及控制面积确定

调查界线及控制面积确定,涉及业务类质检规则如下:

(1)行政区层描述说明字段取值为"00"或"01","01"表示海岛区域,"00"表示非海岛区域。

(2)行政区层相邻要素的行政区代码、描述说明,不允许完全相同。

(3)行政区层海岛名称与描述说明一致,描述说明为"01"时,必须填写海岛名称,描述说明为"00"时,不填写海岛名称。

(4)行政区层行政区代码相同的多个行政区,不允许存在多个行政区名称。

(5)行政区外边界与国家下发控制界线一致。

(6)行政区层行政区代码相同的多个行政区,行政区名称必须相同。

(7)村级调查区层描述说明字段取值为"00"或"01","01"表示海岛区域,"00"表示非海岛区域。

(8)村级调查区层相邻多个调查区的坐落单位代码、描述说明,不允许同时相同。

(9)村级调查区层海岛名称与描述说明一致,描述说明为"01"时,必须填写海岛名称,描述说明为"00"时,不填写海岛名称。

(10)村级调查区层坐落单位代码相同的多个要素,不允许坐落单位名称不一致。

(11)村级调查区层计算面积与图形椭球面积差异在阈值范围内。

(12)无居民海岛层坐落单位代码、坐落单位名称与其所坐落村级调查区的坐落单位代码、坐落单位名称一致。

(13)无居民海岛必须位于村级调查区海岛区域的空间范围内。

(14)村级调查区层坐落单位代码字段前9位与坐落行政区的行政区代码一致。

(15)地类图斑层坐落单位代码前12位与坐落村级调查区的坐落单位代码一致。

(16)村级调查区层描述说明与坐落行政区的描述说明一致。

(17)地类图斑层描述说明、海岛名称与坐落村级调查区的描述说明、海岛名称一致。

(18)村级调查区层与行政区层完全相互覆盖。

(19)村级调查区界线层要素与村级调查区层对应要素边界一致。

(20)地类图斑不能跨越村级调查区。

(21)不同行政区代码对应的乡级行政区调查面积之和应等于县级行政区调查面积（岛屿与陆地面积分别控制）。

(22)乡级行政区划内,不同坐落单位代码对应的村级调查区调查面积之和应等于该乡级行政区调查面积。

(23)村级调查区同一坐落单位的调查面积与地类图斑层坐落于该单位所有图斑的图斑面积之和一致。

(24)行政区层相同行政区代码、描述说明的行政区调查面积相等。

(25)村级调查区层相同坐落单位代码、描述说明的调查区调查面积相等。

2.土地权属调查

将已完成的集体土地所有权确权登记和城镇国有建设用地范围外国有土地使用权登记成果,落实在国土调查成果中。结合相关资料,对发生变化的开展补充调查,涉及规则如下:

(1)地类图斑权属性质字段取值在权属性质代码表中有对应项。

(2)国有地(权属性质10或20),且权属与坐落代码前6位相等的,不能是飞入地。

3.土地利用现状调查

数据库构建过程中,关于地类图斑划分、线状地物调查、图斑标注、耕地细化、田坎系数测算、耕地质量评价、面积计算等方面,存在业务类质检内容。

(1)地类图斑划分。

单一地类的地块,以及被行政区、城镇村庄等调查界线或土地权属界线分割的单一地类地块为图斑。涉及的业务规则如下:

地类图斑层与行政区层完全相互覆盖。

地类图斑层坐落单位代码前12位与图斑坐落村级调查区的坐落单位代码一致。

坐落单位代码(ZLDWDM)前12位相同的图斑,地类图斑编号(TBBH)唯一且不为空。

除面积字段、标识码、图斑编号外,其他属性完全相同的图斑(道路、河流、干渠除外)空间位置不能相邻。

地类图斑不存在组合图斑(空间不相邻的两个图形同属于一个图斑)。

地类图斑层内不存在不规则图斑(除地类1001、1002、1006、1009、1107、1109外,其余地类满足面积/周长<0.2,并且有一个角度小于20°)。

相交的道路与河道需在交叉处打断(即不允许单独一块图斑表现为"T"或"十"字形)。

(2)图斑地类认定。

依据工作分类,按照图斑的实地利用现状认定图斑地类,涉及的业务规则如下:

地类编码字段取值在第三次全国国土调查工作分类最末级分类中有对应项;地类名称与地类编码匹配。

临时用地范围内的地类图斑必须调查为建设用地;临时用地批准文号不能存在空值。

无居民海岛层地类编码和地类名称字段取值在无居民海岛利用现状分类代码表中有对应项。

(3)线状地物调查。

铁路、公路、农村道路、河流和沟渠等线状地物以图斑方式调查,坐落单位、权属单位、地类均一致的以及宽度、走向基本一致的,划为一个线性地物图斑,上图。涉及的业务规则如下:

地类为铁路、公路、管道用地、农村道路或沟渠等线形地物时,线状地物宽度(XZDWKD)字段大于0;地类非河流、铁路、公路、管道用地、农村道路和沟渠时,线状地物宽度(XZDWKD)字段等于0,或为空值。

地类图斑中公路和铁路图斑必须有路面范围要素与之对应。

路面范围层必须位于地类图斑公路和铁路范围内。

路面范围层地类编码与对应地类图斑层地类编码一致。

(4)飞入地调查。

飞入飞出地按照"飞出地调查、飞入地汇总"的原则开展调查,各地也可根据实际情况协商调查,保证调查成果不重不漏。涉及业务规则如下:

飞入地信息与坐落权属信息一致。飞入地标识(FRDBS)字段值为1,坐落单位代码(ZLDWDM)前12位与权属单位代码(QSDWDM)前12位不同。

坐落和权属属于同一县区的国有地不能是飞入地。

(5)田坎调查。

田坎调查采用系数扣除方法进行调查。采用更高调查精度的区域时,田坎也可按图斑调查,但应保证省级调查精度标准统一。涉及业务规则如下:

扣除地类编码字段取值为1203或空。

扣除系数与省级上报田坎系数一致。

耕地坡度级别与地类信息一致,耕地图斑的耕地坡度级别为1、2、3、4、5,非耕地图斑的耕地坡度级别为空。

耕地类型与地类信息、耕地坡度一致,耕地且耕地坡度级别为1时,耕地类型为空。

耕地且耕地坡度级别为2、3、4、5时,耕地类型为PD或TT;非耕地时,耕地类型为空。

扣除地类系数与地类信息、耕地坡度一致,耕地且耕地坡度级别为 1 时,扣除地类系数为 0。

耕地且耕地坡度级别为 2、3、4、5 时,扣除地类系数取值在[0,1]之间;非耕地时,扣除地类系数为 0。

(6)图斑标注。

图斑标注包括种植属性标注、种植园用地细化标注、林地标注、草地标注、工业用地细化标注、城镇村及工矿用地标注。涉及业务规则如下:

种植属性名称与种植属性代码匹配。

图斑细化名称与图斑细化代码匹配。

耕地图斑,如果没有进行细化标注,种植属性代码取值范围为 LS、FLS、LYFL、XG、LLJZ、WG(不准为空);耕地图斑,如果进行了细化标注,种植属性代码取值范围为 LS、FLS、LYFL(不准为空)。

种植园用地,图斑细化代码取值在 LQYD、空范围内,地类为 0201、0202、0203、0204 且细化类型为 LQYD 时,不允许标注种植属性;地类为 0201、0202、0203、0204,图斑细化代码为空时,种植属性代码取值在 JKHF、GCHF、空范围内。

林地,图斑细化代码取值在 LJTM、空范围内;种植属性代码字段取值在 JKHF、GCHF 范围内,允许为空。

草地(不含其他草地、可调整人工牧草地,包括沼泽草地),图斑细化代码取值在 GCCD、空范围内,种植属性代码为空;其他草地,图斑细化代码取值在 LJTM、GCCD、空范围内,种植属性字段取值在 JKHF、GCHF 范围内,允许为空;可调整人工牧草地,图斑细化代码取值在 GCCD、空范围内。

所有可调整地类,种植属性标注取值在 JKHF、GCHF 范围内,不允许为空。

坑塘水面(不包括 1104K),种植属性代码字段取值在 JKHF、GCHF 范围内,允许为空。

工业用地,图斑细化代码为 HDGY、GTGY、MTGY、SNGY、BLGY、DLGY。

地类编码字段为 0602、1001、1003 时,图斑细化代码字段为 FQ 或空值。

地类图斑层 DLBM 前 2 位为 04(不包括 0404、0403K)、05、06、07、08、09、10、11(不包括 1104、1104A、1104K)、12 或属于湿地的,不能进行种植属性标注或恢复属性标注。

地类图斑层 DLBM 前 2 位非 01、02、03、04,且不等于 0601、0602、1001、1003,或属于湿地的,不能进行图斑细化标注。

城镇村属性码与地类信息一致。地类 05H1/0508/0602/0603/0701/0702/08H1/08H2/0809/0810/09/1004/1005/1201,城镇村属性码为 201、202、203、204、205,不允许为空;工业用地 0601,城镇村属性码标注 201、202、203、201A、202A、203A、204、205;城镇村属性码为 201A、202A、203A,地类为工业用地 0601。

地类1001/1002/1003/1006/1007/1008/1009/1109,或非建设用地,城镇村属性码为201、202、203、204、205,或为空。

城镇村等用地层范围内的地类图斑城镇村属性码值域为201、202、203、201A、202A、203A、204、205;城镇村等用地层范围外的地类图斑城镇村属性码为空。

标注201A、202A、203A的地类图斑,具有标A的合理性,要求图斑在城镇村等用地范围内,地类是独立的。

地类图斑层城镇村属性码与图斑坐落城镇村等用地层的城镇村等用地类型一致。

行政区代码5—6位是01—20、81—99(市辖区、地区[自治州、盟]辖县级市、省直辖县级市),城镇村类型必须包括201;行政区代码5—6位是21—80(县、旗),城镇村类型不允许存在201,且必须存在202。

行政区代码第7位是2、3的(乡),不允许存在201、202;行政区代码第7位是1的(镇),必须存在202。

城镇村用地类型为201、201A时,城镇村代码(CZCDM)为县级行政区划代码(6位数字码)+"0000000000000";城镇村用地类型为202、202A,城镇村代码(CZCDM)为县级行政区划代码(6位数字码)+乡镇级代码(3位数字码)+"0000000000";城镇村用地类型为203、203A、204或205,城镇村代码(CZCDM)为坐落单位代码。

城镇村等用地层CZCMJ字段与范围内地类图斑层TBMJ汇总值相等。

(7)面积计算。

图斑面积计算、图斑地类面积计算,涉及业务规则如下:

图斑地类面积=图斑面积-扣除地类面积。

扣除地类面积=图斑面积×扣除地类系数。

地类图斑层图斑面积字段与图形椭球面积差值在阈值范围内(与质检软件计算得出的平差后的椭球面积的差值>0.5 m²)。

行政区等图层面积字段与椭球面积差值在阈值范围内(与质检软件计算得出的椭球面积的差值>5 m²)。

(8)面积统计。

土地利用现状及权属状况统计包括通过土地利用现状调查和土地权属调查获取的土地利用现状分类、权属性质、耕地坡度分级、图斑标注等成果的统计;专项统计包括耕地细化调查、批准未建设的建设用地调查、永久基本农田调查等结果的统计。各统计表涉及业务类质检内容包括以下四个类别,具体质检项详见质检规则:

汇总报表齐全,命名正确。

汇总报表格式符合要求。

汇总报表表内、表间数据逻辑关系正确。

汇总报表数据与矢量图层统计数据一致。

4. 专项用地调查

(1)耕地细化调查。

耕地图斑细化标注信息与地类信息一致。涉及业务规则如下：

图斑细化代码(TBXHDM)为 HDGD、HQGD、LQGD、MQGD、SHGD、SMGD 时，地类为耕地；耕地图斑，图斑细化代码(TBXHDM)为 HDGD、HQGD、LQGD、MQGD、SHGD、SMGD 或空。

《耕地细化调查情况统计表》与地类图斑统计信息一致；《耕地细化调查情况统计表》各类型面积耕地之和应与合计值相等，各类耕地面积应等于各相应耕地二级地类面积；各村的汇总面积与对应乡的面积一致，各乡的汇总面积与县的总面积一致。

(2)耕地质量评价。

在耕地质量调查和评价的基础上，将最新的耕地质量等级调查评价和耕地分等定级评价成果，落实到国土调查成果上，对评价成果进行更新完善。涉及业务规则如下：

耕地图斑，耕地等别字段的取值为[1,15]；非耕地图斑，耕地等别字段值为 0。

地类图斑层耕地图斑的耕地等别、地类编码、扣除地类编码、扣除面积、图斑地类面积与图斑坐落耕地等别图层的利用、地类编码、扣除地类编码、扣除面积、图斑地类面积一致。

地类图斑层耕地图斑与耕地等别层图斑完全对应。

(二)通用类质检规则

通用类质检规则是依据国土调查数据库标准、汇交要求，对国土调查数据库建设规范约束的描述，主要强调图形、属性符合建库规范。根据约束的内容，可将通用类质检规则分为成果完整性质检规则、元数据规范性质检规则、矢量数据规范性质检规则。

1. 成果数据完整性

要求数据库成果(标准格式数据、原格式数据)、数字正射影像图(DOM)、扫描资料、文字报告、汇总表格、其他资料及成果目录满足国家标准对目录和文件的命名要求。

要求矢量数据 VCT3.0 格式符合规范要求，图层完整，包含《国土调查数据库标准》(TD/T 1057—2020)中全部必选图层。

要求成果数据能够正常打开，能够导入第三次全国国土调查成果数据质量检查软件。

2. 元数据规范性

矢量数据规范性包括数学基础规范性、图形拓扑规范性、属性数据结构规范性、部分属性取值规范性。

(1)数学基础规范性。

矢量数据数学基础平面坐标系统、高程系统、投影方式要求如下：

平面坐标系统：采用"2000 国家大地坐标系"。

高程系统：采用"1985 国家高程基准"。

投影方式：采用高斯-克吕格投影，1∶2000、1∶5000、1∶10000 比例尺标准分幅图或数据按 3°分带。

（2）图形拓扑规范性。

同一图层内不存在面与面重叠，包括完全重叠与部分重叠（即面相交），容差为 0.0001m。

同一面层内不同面要素之间不存在缝隙，面裂隙容差为 0.0001m。

同一图层内不同要素间线要素不存在重叠或与自身重叠。

同一图层内线要素不存在自相交。

同一图层内线要素不存在悬挂点。

同一图层内线要素不存在伪节点。

面层内不存在不规则图斑（除地类 1001、1002、1006、1009、1107、1109 外，其余地类满足面积/周长＜0.2，并且有一个角度＜20°）。

面层内不存在碎片多边形（地类图斑层、城镇村等用地层、耕地等别层、临时用地、批准未建设土地、重要项目用地、开发园区、光伏板区、推土区、拆除未尽区、无居民海岛要素图形面积＜50m²，其余图层要素图形面积＜200m²）。

面层内要素不允许存在组合图斑。

同一线层内不存在碎线（长度＜0.2m）。

图形节点密度符合规范要求，不能过于稀疏、稠密（平均节点密度＜1m，或＞70m）。

图形不存在面自相交、环方向错误等不符合入库要求的错误。

（3）属性数据结构规范性。

要求图层名称、属性字段的数量和属性字段名称、类型、长度、小数位数符合《国土调查数据库标准》（TD/T 1057—2020）要求。

（4）部分属性取值规范性。

《国土调查数据库标准》（TD/T 1057—2020）要求的必填字段，属性取值不允许为空；面积类字段取值大于 0；要素代码、BSM 字段取值符合规范要求。

五、成果资料内部关系

国土调查包括土地利用现状调查、土地权属调查、专项用地调查，相应形成了土地利用现状、土地权属、专项用地等三类主要数据。在国土调查中，为满足测区控制、田坎系数测算等工作需求，还进行了底图制作、田坎测算、开发园区调查等工作，产生了定位基础、田坎系数、栅格数据、开发园区等四类数据。

成果资料内部关系主要体现在国土调查矢量数据库要素逻辑关系、汇总表格分级分类面积关系两个方面。

（一）汇总表格数据关系

汇总表格是国土调查矢量数据库面积汇总成果，包括土地利用现状级分类面积汇总表、土地利用现状二级分类面积汇总表、按权属性质汇总表、耕地坡度分级面积汇总表、永久基本农田情况统计表、飞入地一级分类面积汇总表、飞入地二级分类面积汇总表等,各表按村、乡(镇)、县、市、省逐级汇总,各级汇总本级及其下两级面积,二级分类汇总表同时要合计对应一级类面积。其关系表现为一级地类面积等于相应二级地类面积之和;本级区域面积等于其下级区域面积之和;汇总表格与数据库面积一致。

(二)矢量数据相互关系

国土调查矢量数据库是国土调查工作的重要成果,其核心内容为行政区划、土地权属、土地利用、永久基本农田。各类要素的作用及来源决定数据逻辑关系,是质检细则制定的主要依据。

1.行政区划

行政区划是国土调查的控制数据,包括行政区域、行政区域调查界线、行政区域要素注记。行政区域调查界线包括大陆沿海(含海岛沿海)陆海分界线、国界线及省界、县界、乡(镇)界等各级行政区域调查界线。数据采用自上而下逐级提供相应界线的方式,国家负责提供国界线、大陆沿海(含海岛区域调查界线)、省界,作为省级调查范围的控制线;省级国土调查办公室负责提供本省份内县级行政区域调查界线,作为县级调查范围的控制界线;县级国土调查办公室负责提供本县乡(镇)行政区域调查界线。行政区域调查界线在数据库中表示时,遵循以下规则:当行政区域调查界线同时为多个级别行政区域调查分界线时,只表示高级别的,例如,某界线是相邻两个村级权属的分界线,同时为相邻两个乡级行政区域调查的分界线,则只表示为乡(镇)界。

行政区域是行政区域调查界线封闭形成的区域,根据其界线坐标计算的椭球面积进行面积控制。根据行政区域调查界线提供方式,各调查单位行政区域调查界线数据来源有省级下发的县级行政区域调查界线和各县级行政区域最新确定的乡(镇)级行政区域调查界线。

根据以上要素定义及来源特点,可以看出行政区划要素具有以下逻辑关系:

(1)行政区域与省级下发的县级行政区域一致,不能超出省级下发行政区域的范围,与省级下发本区域控制面积相同。

(2)行政区域是覆盖整个县域的数据,不存在缝隙及重叠。

(3)行政区域调查界线是行政区域的边界,行政区域调查界线与行政区域边界严格相互重合。

(4)行政区划代码是行政区域名称的编码表现形式,必须与名称一一匹配,乡级及以上行政区划代码应符合国家标准要求。

2.土地权属

土地权属要素是以宗地为单元的权属调查成果,用于确定土地所有权及使用权的归属问题,包括宗地及其注记、界址线及其注记、界点及其注记。

土地权属的本质内容为土地权属界线,当土地权属界线与行政区域调查界线重合(一致)时,不表示土地权属界线。用行政区或调查界线代替土地权属界线。

界址点是权属界线的转折点,是标定宗地权属界线的重要标志,用于控制界线位置和走向,由相邻各指界人在现场共同认定。确认的界址点要设置界标、编号,并精确测定其位置。

界址线是相邻两界址点连线构成的折线或曲线,由相邻宗地两方指界人现场共同指认,并签署权属界线协议书,如果有争议则需要签署争议缘由书。沿明显地物(如制墙、篱笆等)的界址线,应标明其类别及位置,如沿围墙、栅栏、铁丝网等地物的中心、外侧或内侧。

宗地是权属界址线封闭形成的地块,根据确权登记资料和调查资料填写权属、坐落、用途、登记情况等信息。

根据以上权属要素的定义、来源,可以看出土地权属要素具有以下逻辑关系:

(1)宗地不能超出行政区域范围,与行政区域控制面积相同。

(2)宗地的坐落信息与其所在行政区域信息相同。

(3)宗地是覆盖整个县级调查区域的数据,不存在缝隙及重叠。

(4)界址线是宗地的边界,与宗地边界两者之间严格相互重叠。

(5)界址点是界址线的端点,与界址端点两者之间严格相互重叠。

3.土地利用

土地利用要素是地类调查的成果,用于记录每块土地的地类、位置、范围等分布和利用状况,包括线状地物、零星地物、地类界线和土地利用要素注记。

零星地物是耕地中小于最小上图图斑面积的非耕地或非耕地中小于最小上图图斑面积的耕地。按照《第三次全国国土调查技术规程》(TD/T 1055—2019)要求,对零星地物除记录地类、权属情况,还要记录所在图斑及其坐落信息,用于面积汇总统计。

单一地类地块被行政界线、土地权属界线分割的单一地类地块为图斑,即地类图斑的分割依据为地类、行政界线、权属。另外,耕地坡度也是图斑的划分依据之一,坡度级别不同的地块必须分割。

地类界线是地类图斑的边界,根据图斑划分依据的不同,地类界线有行政界线,权属界线、水域边界线等类型。

(1)地类图斑、地类界线、行政区域、土地权属关系。

行政区域调查界线是划分图斑的重要依据,地类图斑行政区域重叠,无缺漏和多余;行政区域界线与地类界线重叠,无缺漏。

地类图斑不能超出行政区域范围,图斑地类总面积与行政区域控制面积应相等。

地类图斑的坐落信息与其所在行政区域信息应一致。

权属界线是划分图斑的重要依据,地类图斑与宗地重叠,无缺漏和多余;界址线与地类界线重叠,无缺漏。

地类图斑权属信息与其所在宗地应一致。

地类图斑是覆盖整个县级调查区域的数据,不存在缝隙及重叠。

地类界线是地类图斑的边界,与地类图斑边界两者之间严格相互重叠。

图斑划分依据有行政区域调查界线、权属界线及地类界线。相应的地类界线在与行政区域调查界线、权属界线重叠时,地类界线类型特性应该正确。

(2)土地利用相关要素面积关系。

土地利用相关要素面积存在以下关系:

图斑面积=图斑椭球面积。

图斑地类面积要扣除该图斑内的零星地物、田坎面积及其他应扣除的面积,即图斑地类面积=图斑面积-线状地物面积-零星地物面积-扣除地类面积。

图斑扣除地类面积=(图斑面积-零星地物面积)×扣除系数。

4.永久基本农田

永久基本农田要素是永久基本农田调查的成果,包括永久基本农田保护片(块)、永久基本农田图斑、永久基本农田注记,用于记录永久基本农田范围内的地类、位置、面积和分布等状况。

第七章 调查成果核查技术

真实、准确的国土调查数据是各级政府制定社会经济发展规划的重要基础,是实施国土资源管理工作的重要依据。获得真实、准确的国土调查数据是第三次全国国土调查的根本所在和生命线。调查成果核查是浙江省第三次国土调查的重要组成部分,是保证调查数据成果质量的重要手段,也是确保浙江省第三次国土调查数据成果真实准确的关键环节。浙江省成果核查由浙江省三调办统一组织与实施,其核心任务是对调查成果质量进行全面控制与检查。开展调查成果影响判读地类与数据库标注地类的一致性检查、重点地区和重点地类的外业实地核查等内外业核查工作,可以极大避免因技术因素造成的成果质量失真问题,防止地方弄虚作假情况发生,进一步督促市、县级如实上报调查成果,确保调查成果的真实性和准确性,更好地满足了国民经济和社会发展、国土资源管理的需要。

本章主要介绍浙江省省级核查、国家级核查及地方整改、统一时点更新成果核查、质量控制、成果核查管理系统等内容。

第一节 省级核查

一、目标任务

国土调查成果省级核查是浙江省第三次国土调查工作的重要组成部分,是保障调查成果真实、准确、可靠的重要措施和手段。

(一)主要目标

调查成果省级核查工作由浙江省三调办统一组织,由省级成果核查组具体承担,遵循实事求是、以现状认定地类的原则,按照统一的成果核查规范和标准,对各县(市、区)提交的国土调查成果进行内业全面核查和外业重点核查,督促地方如实上报国土调查成果。

(二)主要任务

省级成果核查组对经市级核查合格的县(市、区)调查成果进行核查,检查图斑的地类、边界、属性标注等信息与实地现状的一致性和准确性,检查专项调查成果的正确性。

核查的主要任务是:开展土地利用现状调查成果核查(含相关专项用地调查成果核查),同时开展土地权属调查成果核查,并相应开展调查成果质量评价等工作。

二、组织实施

(一)职责分工及要求

1. 省三调办

(1)省三调办组织、抽调技术骨干组成省级成果核查组。

(2)省三调办统一制定省级成果核查方案、技术细则及质量评定的有关规定,规范成果核查的程序和方法,明确核查任务,开展技术培训,统一核查。

(3)省级成果核查组接收市三调办报送的县级调查成果资料,当场检查成果资料齐整性,并出具成果接收清单。

(4)省级成果核查组负责组织开展具体核查工作,在接收县级调查成果后 10 日内完成内业核查工作;在接收到县级整改成果 3 日内,完成复检及在线互联核查工作。

(5)省级成果核查组以核查意见、整改通知书等形式,将核查结果向县(市、区)三调办进行反馈。

(6)省级成果核查组对县级整改成果做好内业复检工作,对复检当中的重点疑问图斑开展"互联网+"在线核查和外业实地核查。

(7)省级成果核查组对国家反馈问题组织县(市、区)整改,并开展复核工作。

(8)省三调办对省或国家反馈问题拒不整改的县(市、区),移交厅总督办处理。

(9)省三调办负责对市级和县级调查成果进行质量评定。

2. 市、县(市、区)三调办

(1)市三调办负责向省三调办报送经市级检查合格的县级调查成果。

(2)县(市、区)三调办对初次提交的调查成果未通过省级成果完整性、符合性检查的,于 1 日内补齐或重新提交成果;对抽检不合格的成果,在 3 日内完成整改并重新上报;在收到省级核查反馈意见后的 5 日内,完成调查成果补充、整改、完善及重新上报工作。

(3)市三调办按照省、国家核查组反馈的意见,组织、督促各县(市、区)三调办做好成果修改完善工作,由县(市、区)三调办将整改后成果直接报送省级成果核查组。

(4)市、县(市、区)三调办组织人员,配合省三调办开展"互联网+"在线核查和外业实地核查工作。

(5)各市三调办应参照省级核查方案,制定市级核查方案,组织开展本地区调查成果的核查工作。

(二)进度安排

各市、县(市、区)严格按照《浙江省第三次国土调查百日攻坚行动方案》(浙自然资发〔2019〕7 号)要求,须按时上报第三次国土调查成果。县级调查成果经市三调办检查合格后,上报省三调办开展核查。

三、工作流程与技术方法

(一)工作流程

省级核查工作流程包括准备工作、数据接收、自动对比、内业核查(抽检、详检)、整改、复检、在线互联核查、数据库质检、质量评定等,如图 7-1 所示。

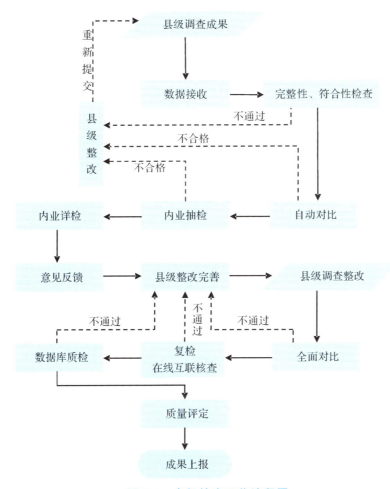

图 7-1　省级核查工作流程图

(二)技术方法

充分运用遥感(RS)、地理信息系统(GIS)、全球导航卫星系统(GNSS)、国土调查云软件等技术手段,采用计算机自动比对与人机交互检查相结合,全面检查和抽样检查相结合,内业核查、"互联网+"线核查和外业实地核查相结合的技术方法,检查调查成果数据与遥感影像、举证照片和实地现状的一致性和准确性。

1.计算机自动比对与人机交互检查

全国三调办在最新 DOM、矢量图斑和参考地类信息基础上制作调查底图,下发地方开展调查工作。

利用地理信息系统(GIS)自动叠加处理技术,实现多源矢量数据的快速叠加处理,遵循相应的逻辑规则,自动筛查错误图斑,通过内业核查判定,经过计算机自动比对和人机交互检查,对存在问题需要核实的图斑,反馈给各县(市、区),要求实地举证核实。

利用高分辨率遥感正射影像图、实地举证照片,与国土调查数据库中相关土地利用数据叠加套合,全面对比检查调查地类与影像及照片的一致性和准确性。

采用"互联网+"云计算、卫星导航定位等技术,通过外业核查人员现场定位,数据、照片(视频)实时传输和动态调度,开展"互联网+"在线举证及外业实地核查。

2."互联网+"在线举证

"互联网+"在线举证是指技术人员使用带卫星定位功能和方向传感器的手机,利用"互联网+"在线举证专业软件,对需要举证的图斑进行拍摄,报送至举证平台完成图斑举证,核查人员依据"互联网+"在线举证成果进行内业核查,通过比对待核查图斑与实地照片的一致性,确定图斑地类的真实性。"互联网+"在线举证核查流程如图 7-2 所示。

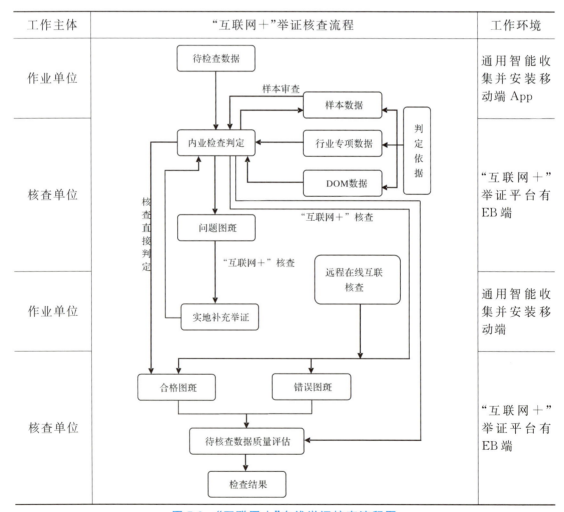

图 7-2 "互联网+"在线举证核查流程图

浙江省三调办根据第三次国土调查需要，充分应用大数据、云计算、移动互联，以及"3S"一体化等高新技术，建设全省统一的"互联网＋"在线举证平台，以满足调查海量用户、海量数据和举证工作需要，满足省级调度各地进行实时在线核查等工作的需要。如图7-3所示，浙江省第三次国土调查在线举证平台主要由省级在线举证平台、市级在线举证平台、县级在线举证平台和"互联网＋"在线举证 App 软件四块部分构成。

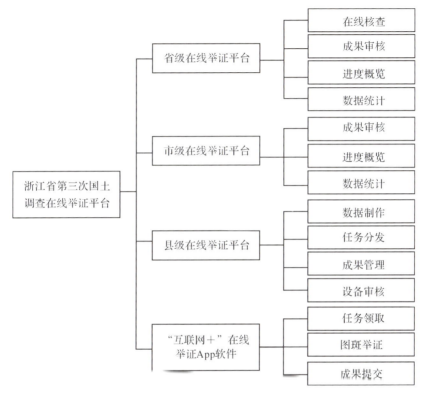

图 7-3　浙江省第三次国土调查在线举证平台示意图

作业单位技术人员利用"互联网＋"在线举证 App 软件，将需要举证的图斑进行拍摄，并报送至浙江省第三次国土调查在线举证平台县级端完成图斑举证。"互联网＋"在线举证的图斑包含拍摄图斑实地 GPS 坐标、拍摄方位角、拍摄时间、实地照片及举证说明等综合信息的加密举证数据包。

举证照片应在实地拍摄，作业单位技术人员利用手机或手持平板，拍摄方向正确，能够反映图斑实际利用现状。举证照片包括图斑全景照片、局部近景照片、利用特征照片三类。图斑全景能反映图斑整体利用情况；局部近景照片能反映图斑实际利用现状；对新增加的建设用地或设施农用地图斑，需拍摄内部利用特征照片。

技术人员在移动通信工具上通过互联网的方式在举证平台领取举证任务，对问题图斑进行实地举证，举证结果需反映出问题区域的远景、近景及必要的内部特征情况（在交通不便的山区和林区等地，技术人员可通过无人机遥感技术进行照片拍摄），举证完成后上传平台供核查人员内业判定问题图斑的地类认定准确性。对举证照片的检查，出现以下情况为不正确：

（1）对天、对地拍摄，拍摄方向不合理。

（2）拍摄地点不在图斑范围内。

（3）建设用地或设施农用地未拍摄图斑内部利用特征。

（4）只拍摄图斑部分情况，未拍摄图斑周边情况。

（5）影像存在两种以上地类，未拍摄图斑整体利用情况等。

对复核仍存在错误或争议的图斑，开展"互联网＋"在线核查。对"互联网＋"在线核查仍不能确定地类、边界或存在异议的图斑，开展外业实地核查。

四、工作内容与方法

（一）土地利用现状调查成果核查

省级核查是在市级核查合格的基础上，采用"抽检、详检、复检"的方式，重点检查县级调查成果的完整性、符合性、真实性和准确性。自 2019 年 5 月起，省核查组根据核查情况调整了相关环节，采取了"详检、复检、复核、终审"的方式，环环相扣，确保了核查的质量和效率。

自省级成果核查组接收到各市三调办报送的县级三调成果后，首先对成果进行完整性、符合性检查。其次是利用核查软件对调查成果进行自动比对筛查。然后进行内业一致性检查，包括内业抽检和详检。先随机抽取两个乡镇的调查成果，采用人机交互方式，对照遥感影像和举证照片，逐图斑检查地类认定、边界套合、属性标注等信息是否与实地现状一致，并逐一记录检查结果。抽检合格后开展全面的内业详检，抽检不合格退回县级进行成果全面整改，并将整改成果重新上交省级成果核查组，省级成果核查组进行复核后进行再次抽检。内业详检完成后，省级成果核查组及时向各个县（市、区）三调办反馈核查意见，县级三调办根据省级核查意见进行全面整改，不得调整省级核查意见以外的图斑，完成后再次上交成果。省级成果核查组对县级整改后的成果进行复检，对存在疑问的重点图斑进行在线互联核查及外业实地核查，复检通过后利用国家数据库质检软件进行统一质检。省级成果核查组根据抽检、详检、复检情况及各县（市、区）配合整改情况进行综合质量评定，最后按照国家要求进行成果上报。

1. 数据接收

浙江省各市、县（市、区）依据《浙江省第三次国土调查初步成果提交要求》（浙土调查办〔2019〕13 号）进行上报。

2. 成果完整性、规范性、有效性检查

重点检查三方面：一是检查资料是否齐全、完整，并对缺失情况进行记录；二是检查成果格式是否规范，对不规范情况进行记录；三是检查国土调查数据库、举证数据包、文字报告、汇总表格等数据是否能正常打开及使用，对无法正常打开的情况进行记录。如提交资料不符合要求的，或者出现以下情况的，退回县级整改：

（1）数据成果未按要求上报，有缺项。

（2）控制界线与省级下发不一致，数据未覆盖全域。

（3）调查数据库未重建或数据与影像套合度未达到要求。

（4）数学基础不符合要求。

（5）重点地类流量异常，未做说明。

（6）县级情况说明不正确，表格之间有逻辑问题。

（7）举证信息表错误或不规范。

（8）其他严重问题。

3. 自动比对筛查

采用核查软件自动比对分析方式进行检查，出现以下问题退回地方整改：

（1）对原地类是耕地（包括在第二次全国土地调查中原本为耕地和在 2010 年至 2018 年变更调查中产生的新增耕地），调查为种植园用地、林地、草地、坑塘等，未标注"即可恢复"或"工程恢复"的，认定为错误图斑。对原地类不是耕地或可调整地类的，标注了"即可恢复"或"工程恢复"的，认定为错误图斑。

（2）原地类不是林地的，标注林区种植园用地（LQYD）的图斑，认定为错误图斑。

（3）对第二次全国土地调查可调整地类图斑范围外，新增的可调整地类图斑，没有去掉可调整地类属性并标注恢复属性的，包括可调整跨地类的，认定为错误图斑；第三次国土调查中为可调整地类的，未标注"即可恢复"或"工程恢复"属性的，认定为错误图斑。

（4）原地类不是建设用地，现状按空闲地调查的图斑，认定为错误图斑。

（5）对推土区等单独图层范围内的图斑，未按原地类调查，认定为错误图斑。

（6）临时用地无批义或扫描件，临时用地范围内图斑未按建设用地调查的，认定为错误图斑。

（7）拆除未尽图层范围内的图斑，原地类是设施农用地，按建设用地调查的，认定为错误图斑。

（8）现状为耕地地类的，种植属性未标休耕、未耕种、种植粮食作物、种植非粮作物、粮与非粮轮作这五种之一的，认定为错误图斑。

（9）举证不规范或错误。

（10）其他严重问题。

4. 内业一致性核查

（1）核查方法。

以遥感影像和举证照片为依据，采用人机交互网格检查的方式，对所有图斑的地类、边界进行逐图斑比对，全面检查图斑地类与影像及实地照片的一致性。

（2）核查内容。

主要核查内容：地类判定及标注的正确性、图斑边界的准确性、举证成果的规范性以及地类样本库是否齐全等。

（3）核查图斑类型。

核查图斑类型包括三种：一是重点地类图斑，包括新增建设用地、新增设施农用地、耕地内部二级类调整、农用地调查为未利用地等图斑。二是未按照国家依据影像判读地类调查的图斑。三是按照国家依据影像判读地类调查的图斑也要进行全面检查，包括地类检查和边界检查。地类检查是对照遥感影像，检查图斑地类和属性标注的正确性。边界检查是套合国家下发的行政界线检查行政界线的准确性。对照影像与调查数据库的图斑边界，对图斑分割合并不合理、图斑边界不重合等较为明显的系统性错误，认定为错误图斑。对综合后图斑面积超过或者小于影像实际范围面积 10％的，故意调整图斑边界的，认定为错误图斑（不包括因影像精度造成的图斑界线偏移等引起的错误误差）。

（4）核查规则。

坚持实事求是的原则，注意逻辑性，确保实地地类、遥感影像和举证照片的一致性。

（5）地类一致性检查。

①湿地图斑检查。

套合第二次全国湿地资源调查数据库等，逐图斑检查图斑地类、遥感影像和举证照片的一致性。

②新增建设用地图斑检查。

对未提供举证照片，但遥感影像特征能够准确认定为住宅小区、规模化工厂、明显高层建筑、村庄、公路等建设用地的，认定通过检查。

对遥感影像特征不能准确认定为建设用地的，检查举证照片。举证照片为建设用地的，通过检查。举证照片为推平、动土、堆土的，且在自然资源部综合信息监管平台备案的，整图斑按建设用地调查的，通过检查；未在自然资源部综合信息监管平台备案的，认定为错误图斑。举证照片为农用地（包括设施农用地、晾晒场）或未利用地特征的，认定为错误图斑。路面图层图斑与遥感影像不一致的，认定为错误图斑。空闲地、公园和绿地图斑位于城镇村工矿范围内的认定，以四面都处于城镇村或工矿用地建设用地范围内为标准，如三面是建设用地，另一边是河流或公路的也可。城镇村范围以外的公园按照现状调查。位于城镇村庄外的独立的生态小公园建筑物、构筑物部分可以按公用设施用地（0809）或特殊用地（09）调查。现状为推（堆）土状态的区域，第二次全国土地调查以来地类编码一直为 20 的，可以按建设用地调查。推（堆）土状态不能是长满杂草的。

③新增设施农用地图斑检查。

新增的设施农用地必须要有举证照片，且内、外部举证照片均为设施农用地的，认定通过检查。内部举证照片不能明确反映畜禽养殖等设施农用地情况的或未提供内部举证照片的，认定为错误图斑。举证照片为建设用地、其他农用地或未利用地特征的，包括经营性粮食存储、加工和农机农资存放、维修场所；以农业为依托的休闲观光度假场所、各类庄园、酒庄、农家乐;各类农业园区中涉及建设永久性餐饮、住宿、会议、大型停车场、工厂化农产品加工、展销等用地;以农业项目为依托的住宅用地、商服用地、工业用地等其他建设用地,都认定为错误图斑。对于遥感影像和举证照片为耕地周边集中连片的简易看护房,认定通过检查。原地类为设施农用地,举证照片为未拆除到位(推平或混有瓦砾)的,调查为建设用地的或未利用地的,认定为错误图斑;调查为设施农用地的,认定通过检查。

④临时用地图斑检查。

检查临时用地是否提供批准文件,且临时用地单独图层批准文件文号填写是否正确,对未提供批准文件或批准文件逻辑检查不符合要求的,认定不通过检查。临时用地单独图层范围内图斑,举证照片为临时用地,按建设用地调查的,认定通过检查;举证照片为农用地(包括设施农用地)、未利用地,按建设用地调查的,认定不通过检查。

工程建设附属的临时用地按用地工程主体的地类调查(修路的按路调查,建楼的按楼调查);临时勘探的临时用地按采矿用地调查。实地未建设的临时用地,不论是否有合法批文,都不能按建设用地认定,防止地方虚报临时用地。

⑤道路图斑检查。

对调查为农村道路的图斑,量取路面宽度,小于8m的,且不在国家公路网范围内的,认定通过检查,国家公路网范围内的按公路用地调查。路面宽度超过8m的,影像特征或举证照片明显为硬化公路的,认定不通过检查;举证照片或遥感影像为同一条公路图斑,沿道路走向人为分割成2条(含以上)农村道路图斑的,认定不通过检查;对调查为公路等建设用地的图斑,举证照片或遥感影像为堆土、在建的,以及农用地或未利用地的,认定不通过检查;位于城镇内部的道路,按城镇住宅用地、农村宅基地等调查的,认定不通过检查。只有路网的,不按城市内部认定,不得调查为城镇村道路用地,路网要按公路上图。

⑥耕地图斑检查。

新增耕地的认定范围是指第二次土地调查以来,即2010年至2018年间所有的新增加耕地。地表种植作物的简易大棚,不能按设施农用地认定,应调查为耕地。原地类为耕地(是指2016年为耕地),现状为撂荒状态,不得按其他草地调查,要按耕地调查;现状为绿化草地的,按其他草地调查,标注"工程恢复"属性。

对未提供举证照片,但影像判读能够准确认定为耕地的,认定通过检查。对举证照片为耕地的,通过检查;对举证照片为非耕地的,认定为错误图斑。对新增耕地标注为"休耕"或"未耕种"的重点检查,举证照片存在耕种迹象的,认定通过检查。

耕地内部二级类变化图斑检查:检查是否提供县级情况报告和相关部门的证明材料,报告中应具体说明变更原因、变更面积等情况。检查影像和举证照片反映的农作物种植类型以及灌溉设施情况,进行综合判断。举证照片显示无灌溉设施,且种植旱生农作物的,认定通过检查。对按旱地调查,举证照片明显为种植水稻、莲藕等水生农作物的,认定不通过检查。对按旱地调查,遥感影像或举证照片明显存在水源保证和灌溉设施的,认定不通过检查。如果是水旱轮作的,按高等级的地类来认定。种植作物类型仅作为地类判定的参考,非绝对等同关系。

⑦原农用地调查为未利用地图斑检查。

检查是否提供县级报告、相关部门的证明材料及举证照片,举证照片为未利用地的,认定通过检查。影像上为明显河流的,可以不举证。

调查地类为其他草地的,举证照片为树木郁闭度<0.1,表层为土质,不用于放牧的,认定通过检查。举证照片为树木郁闭度>0.1、灌木覆盖度>40%,正在耕种、建设用地、设施农用地和其他农用地等,认定为错误图斑。由于图斑界线调整,影像偏移等造成的农用地到未利用地的小面积调整,不需要举证,但要在县级情况说明里写明。

⑧园地、林地、草地等其他地类图斑。

影像或举证照片显示为果园、茶园等种植园用地,或乔木、竹类、灌木的,生长草本植物的(不含农变未),认定通过检查。调查为其他草地,举证照片为林地的,认定为错误图斑。部分林地部分耕地的,要分割图斑。林地下面有建筑的,要分割图斑。绿化用地,实地草坪为其他草地,实地林地就按林地上图。

⑨光伏用地、拆除未尽等单独图层检查。

光伏用地单独图层,检查图层范围内的图斑是否按地表地类调查,检查遥感影像或举证照片是否为光伏板用地,如在自然资源部综合信息监管平台备案的是否按建设用地上。

拆除未尽单独图层,检查拆除未尽图层范围内的图斑,检查影像和举证照片是否为建筑物、构筑物拆除未尽,若实地已复绿或复耕,认定为错误图斑。原地类为建设用地、临时用地的,是否按建设用地调查;原地类为设施农用地的,是否按设施农用地调查。推土区图层,按耕地调查的只能标注未耕种属性。

(6)属性标注检查。

①耕地种植属性标注检查。

对标注耕地种植属性的图斑,检查标注属性与举证照片的一致性,一致的认定通过检查,属性标注为以下五种之一:种植粮食作物、种植非粮食作物、粮与非粮轮作、休耕、未耕种。对于2016年后的新增耕地,不标注未耕种属性。

②种植园用地标注检查。

对标注林区种植园用地的图斑,在林区范围内的,举证照片及遥感影像为种植园用地的,认定通过检查;对不在林区范围内的种植园用地,或举证照片及遥感影像不是种植园用地的,认定为错误图斑。

③建设用地标注检查。

对标注为20x属性,调查地类为空闲地的,举证照片为空地,且原地类为20类,认定通过检查。

对标注为201或202属性的图斑,举证照片或遥感影像为城镇内部的林地、绿地、水面等的,认定通过检查;举证照片或遥感影像为城乡接合部的林地、水面等的,认定为错误图斑。

对标注 203 属性的,调查地类为非建设用地的图斑,检查图斑的位置和分布,图斑位于村庄内部,且举证照片或遥感影像为耕地或林地等的,认定通过检查;图斑位于村庄周边,举证照片或遥感影像是耕地或林地等的,认定为错误图斑。

对标注为 204 或 205 属性的图斑,举证照片或遥感影像为耕地、林地或坑塘等的,认定为错误图斑。

(7)专项用地调查成果检查。

①耕地细化调查成果检查。

检查耕地细化调查图斑位置是否准确,图斑位置准确的,认定通过检查,否则认定为错误图斑。

②批准未建设的建设用地调查成果检查。

对原地类为批准未建设的建设用地图斑,检查是否按现状调查以及举证照片及遥感影像与实地的一致性,对按现状进行调查的,认定通过检查;对按建设用地调查,影像为农用地或未利用地特征的,认定为错误图斑。

(8)可调整地类图斑检查。

相对原数据库增加的可调整地类图斑,认定为错误图斑。

实地现状为耕地的可调整地类图斑,调查为耕地的,认定通过检查。在第二次全国土地调查中为耕地,年度变更调查变更为可调整地类的,未去掉 K 属性并标注恢复属性的,认定为错误图斑。

实地现状为非耕地的,保留可调整地类属性,或按实地现状调查的,均认定通过检查。

5.意见反馈

内业核查结束后,向县(市、区)三调办反馈核查结果,包括以下内容:

(1)省级核查意见。

(2)省级核查问题整改通知书。

(3)省级核查问题图斑矢量数据。

(4)省级核查问题图斑表格清单。

省级核查组对错误类型进行了分级:一级错误和二级错误。一级错误图斑个数计入差错率。错误类型及等级说明如表 7-1 所示。

表 7-1　浙江省第三次国土调查省级核查错误类型及等级说明表

序号	错误类型	错误等级	错误说明
1	耕地降级错误	1	第二次土地调查地类为水田,第三次国土调查为旱地,但影像明显可以判断为水田,且未举证
2	农变未错误	1	第三次国土调查将农用地调查为未利用地,影像明显不支持,且未举证

序号	错误类型	错误等级	错误说明
3	图斑漏提	1	如影像上明显建(构)筑物未提取;特殊用地中明显有其他地类未提取
4	可调整跨大类错误	1	可调整跨大类调整错误
5	纹理一致、地类不一致错误	1	相邻图斑纹理一致、地类不一致,且未举证
6	地类与影像不符错误	1	地类与影像特征明显不符,且未举证
7	图斑边界勾绘错误	1	图斑边界明显与影像相差较大,且未举证
8	标注错误	1	如城镇村标注错误(标注 20×A 的只能是 0601);耕地种植属性标注错误(应标注未标注)
9	单独图层错误	1	影像或举证照片判定不符,且单独图层未上图
10	举证不规范	1	如举证照片拍摄位置、方向不合理;设施农用地未拍摄内部照片
11	举证缺失	2	影像与地类一致性上有疑问,且未举证
12	狭长图斑错误	2	出现不合理狭长图斑
13	图斑综合错误	2	图斑综合取舍不合理
14	其他错误	2	其他无法归类的错误

6. 整改上报

省级核查组对县(市、区)调查成果详检完成后,立即向县(市、区)反馈核查意见,并下发整改通知书。各县(市、区)三调办按照省级核查意见做好成果整改和完善工作,并重新上报成果至省级成果核查组。

7. 复检及在线互联核查

(1)复检。

对县(市、区)三调办重新提交的县级整改成果,省级成果核查组组织复检,复检内容包括:

省级反馈问题图斑是否整改到位。

有无其他图斑的改动情况,不能出现不该改动的图斑改动的情况。

"互联网+"举证成果是否补齐、完善。

(2)在线互联核查。

对于复检不通过的内容,开展在线互联核查工作。在线互联核查工作流程,如图 7-4 所示。

(二)土地权属调查成果核查

在外业抽查时,现场同步检查外业抽查图斑权属调查资料的齐整性,对照土地权属界线协议书,核实土地权属信息上图的正确性。对发现的错误,反馈到县(市、区)三调办进行修改,县(市、区)三调办要及时提交修改完善后的成果。

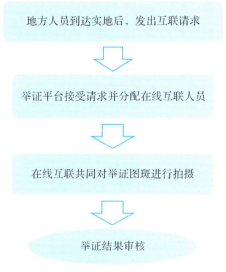

图 7-4　在线互联核查工作流程图

(三)数据库质量检查

省级成果核查组依据《国土调查数据库标准》,使用国家统一数据库质量检查软件,对县级第三次国土调查数据库成果开展质量检查。

1.数据库质检标准变化及调整

(1)图层调整。

调整"土地权属区"为"村级调查区","土地权属区界线"为"村级调查区界线";新增"路面范围""无居民海岛"层;新增"描述说明""海岛名称"字段。

(2)报表调整。

新增 2 张表(恢复种植属性、废弃与垃圾填埋);调整《耕地种植类型统计表》表样;扩展城镇村及工矿用地面积汇总表相关地类。

(3)其他调整。

村级调查区和行政区层允许存在行政单位代码相同的多个要素;允许道路、沟渠、河流 3 种地类,属性相同的相邻图斑不需合并;修改农村道路(1006)的宽度检查值域;数据上报时不强制要求在 VCT 中添加坡度图层,该图层放置在原格式数据目录下即可;河流作为自然要素宽度变化频繁,不要求填写其宽度信息。

2.数据库质检常见问题

(1)属性精度错误。

村级调查区调查面积之和不等于乡级行政区调查面积。

调查区界线类型未分或分类错误。

城镇村属性码标注错误。

非独立工业用地,标注 20×A。

地类图斑层地类不为铁路、公路、管道用地等线形地物时,线状地物宽度不等于 0。

城镇村用地层代码或名称填写错误。

(2)逻辑一致性错误。

行政区外边界与国家下发控制界线不一致。

村级调查区界线要素与村级调查区层对应要素边界不一致。

存在组合图斑。

相邻图斑属性相同。

临时用地范围内的地类图斑非建设用地。

临时用地面积大于批准面积。

(3)表征及附件质量错误。

数据库质量检查报告未提交、内容为空、未对检查出的问题处理情况做相应说明。

碎面、碎线问题。

(4)完整性错误。

提交原格式数据存在图层多余、缺失、必选层无要素等情况错误。

(四)调查成果质量评价

以县(市、区)为单位,根据内业检查认定的错误图斑个数占核查图斑总个数的比例,计算差错率,对调查成果进行质量评价。

抽检过程中,乡镇抽检差错率超过 1% 的,认定县级调查成果内业抽检不合格,将检查发现的问题全部反馈地方,要求市级三调办组织相关县(市、区)进行全面整改,并按时重新提交整改成果。乡镇抽检差错率小于 1% 的,继续完成逐图斑内业详检,内业详检的差错率超过 1% 的,认定县级调查成果内业详检不合格。内业详检不论合格与否,省级成果核查组将核查结果全部反馈给相关县(市、区)进行整改,并要求涉及县(市、区)三调办按时重新提交整改结果。

上述两项检查差错率均低于限值的,认定县级调查成果质量整体合格。

根据各县(市、区)调查成果的质量评价、上交次数、整改情况以及市级核查把关情况对全市调查成果进行总体质量评价。

五、省级核查主要成果

(1)县级成果省级核查意见。

(2)县级成果整改通知书。

(3)县级成果省级核查问题图斑矢量数据。

(4)县级成果省级核查记录表。

(5)"互联网+"在线核查成果。

(6)外业实地核查成果。

第二节　国家级核查及地方整改

一、国家级核查

(一)核查任务

国家组织专业队伍,对经省级检查合格的地方调查成果进行核查,根据耕地细化调查图斑的分布和位置,检查河道或湖区范围内的耕地、林区范围内的耕地、牧区范围内的耕地、沙荒耕地和石漠化耕地等细化标注的正确性;对照第二次湿地资源调查成果,检查湿地调查范围是否全面,地类认定是否准确;检查批准未建设的建设用地图斑是否按实地现状进行调查,并对错误图斑信息逐一记录。全国三调办接收到省三调办报送的调查成果后,经资料检查符合要求的,进入内业核查阶段,一方面利用核查软件对县级调查成果自动比对筛查;另一方面,结合内业调查信息提取结果,采用人机交互方式,对县级调查成果的图斑进行分类内业检查,对照遥感影像、举证照片,逐图斑检查地类、边界、属性标注等信息是否与实地现状一致,并逐一记录检查结果。调查图斑分为重点地类图斑(主要包括新增建设用地、新增设施农用地、耕地内部二级类调整、农用地调查为未利用地等)、未按照国家依据影像判读地类调查的图斑和按照国家依据影像判读地类调查的图斑。

(二)核查流程

(1)经省级检查合格的县级调查成果,由省级三调办报送到全国三调办。

(2)全国三调办组织人员对成果进行内业核查。其中,利用计算机全图斑自动筛查出地方调查错误信息;对重点地类图斑和未按照国家依据影像判读地类调查的图斑,先随机检查两个乡镇的调查成果(简称"乡镇抽查"),然后开展逐图斑检查;对按照国家依据影像判读地类调查的图斑,抽取一定数量的图斑,开展地类抽查和边界抽查。

(3)全国三调办依据检查结果(自动筛查、乡镇抽查、地类抽查和边界抽查)对调查成果进行评价。质量评价不合格成果返回地方全面整改;质量评价合格成果,继续完成逐图斑检查后,检查结果一次性反馈至相关省份,地方对错误图斑进行修改,对疑问图斑进行修改或补充举证。

(4)省三调办将整改后成果报送全国三调办。

(5)全国三调办组织人员对整改成果进行内业复核。复核通过的,开展数据库质量检查。

(6)对复核仍确认错误的图斑,直接修改数据;对复核不能确定地类或边界的图斑,采用"互联网+"在线核查或实地核查的方式,开展外业实地核查。

(7)全国三调办组织人员对复核仍确认错误的图斑,根据"互联网+"在线核查或实地核查结果直接修改数据,并反馈至地方进行确认。

土地利用现状调查成果核查流程图,如图 7-5 所示。

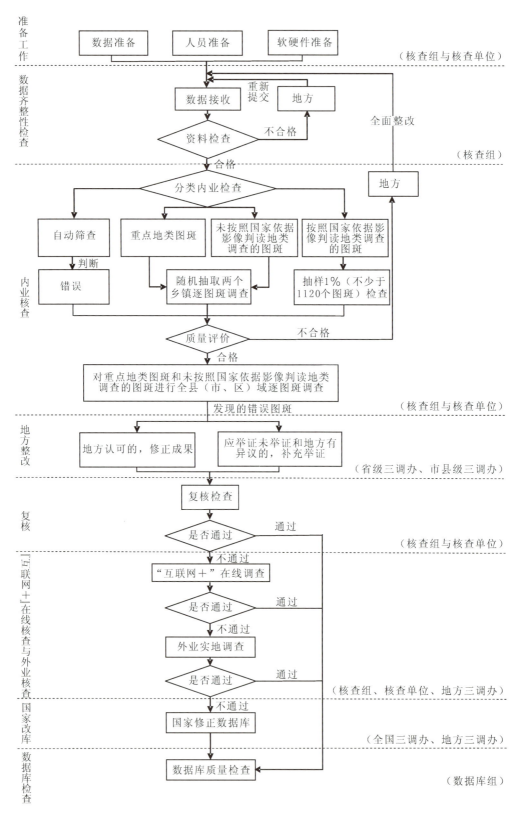

图 7-5　土地利用现状调查成果核查流程图

(三)资料检查

1.资料完整性检查

检查资料是否齐全、完整,并对缺失情况进行记录。

2.成果规范性检查

检查成果格式是否规范,对不规范情况进行记录。

3.数据有效性检查

检查国土调查数据库、举证数据包、文字报告、汇总表格等数据是否能正常打开及使用,对无法正常打开的情况进行记录。

(四)内业核查

1.变化流量流向分析

对比第三次国土调查数据库与原土地调查数据库各地类面积差异,分析各地类流量的变化趋势,找出差异较大或变化趋势较明显的地类重点核查。

2.自动筛查

以县(市、区)为单位,利用计算机全图斑自动筛查出地方调查错误信息,认定为错误图斑。

3.按照国家依据影像判读地类调查的图斑检查

以县(市、区)为单位,采用抽样检验方法,随机抽取县级图斑总量的1%(不少于1120个)开展地类抽查和边界抽查。

4.重点地类图斑和未按照国家依据影像判读地类调查的图斑检查

对重点地类图斑和未按照国家依据影像判读地类调查的图斑,结合地方提交的举证照片和遥感影像,逐图斑开展检查。

(五)复核

将初始调查数据库与整改数据库进行叠加比对,结合地方补充的举证材料(包括照片和相关证明材料)检查应修改的错误图斑地方是否修改正确,对修改正确的认定通过复核,对修改不正确或未修改且无合理解释说明的,认定为错误图斑。

疑问图斑和错误图斑之外的图斑不得修改。

对复核认为可以通过遥感影像直接确定边界的错误图斑,直接修改数据。

(六)"互联网+"在线核查和外业实地核查

采用"互联网+"、云计算、卫星导航定位等技术,通过外业核查人员现场定位,数据、照片(视频)实时传输和动态调度,开展"互联网+"在线核查和外业实地核查。

(七)国家修改数据库

全国三调办依据核查结果,经主任办公会议研究审定后,组织对调查成果进行修正。

二、地方整改

(一)整改内容及要求

1.国家意见全面响应

各地根据最新国家错误图斑列表指出的问题,逐一响应,进行全面系统整改,不得错漏,特别要注意关联图斑的修改、初次举证照片的迁移、类似图斑的重新举证等。

国家反馈的一类错误,必须全部按国家意见修改。对于"二类错误"和"进一步核实"图斑有异议的,应按实地情况如实认定地类,并在复核错误图斑列表情况说明中写清楚不修改原因;其他无异议的,逐一修改并写清楚修改情况。补充举证的,必须按举证图斑拍摄要求,到现场规范举证,并及时上传举证成果。

2.一致图斑重点核实

根据《第三次国土调查核查方案》要求,国家地类抽查差错率不能大于1%,若超标,认定为县级调查成果整体质量不合格,对检查发现的问题全部反馈至地方,要求省级三调办组织相关县(市、区)进行全面整改,并按时重新提交调查成果。各地在本次整改中要高度重视抽查图斑的补充举证、判定和整改工作,确保提交的确认成果不超限。抽检图斑未提供举证照片的,国家按一类错误认定,除承诺举证或无法到达外。各地要根据举证情况和图斑实际,认真填写地类抽查图斑确认表,纸质表由县级三调办加盖公章,上报省级三调办审核。

3.程序到位确保质量

要认真细致做好举证信息表、单独图层提取、图斑标注复核、图斑边界综合取舍等工作,避免出现举证信息表挂接错误等影响成果质量的情况。县级要对整改成果进行高标准严要求的质量自检,通过国家最新版本的数据库质检。

4.积极配合"互联网+"在线核查和外业实地核查

按照第三次国土调查国家级核查工作总体进度安排,浙江省各市、县(市、区)三调办要提前做好人员、设备、车辆等方面的准备工作,积极配合国家级"互联网+"在线核查和外业核查工作的顺利开展。各地接到"互联网+"在线核查或外业核查任务后,及时拟定核查工作方案和应急预案等,确保"互联网+"在线核查或外业核查工作按时、顺利完成。

(二)专项督查

浙江省第三次国土调查工作先后四次接受上海督察局的专项督察:

第一次督察:2019年7月8日聚龙大厦检查。

第二次督察:2019年11月1日—11月9日(余杭区、奉化区、瑞安市、长兴县)。

第三次督察:2020年6月14日—6月24日(淳安县、余姚市、柯城区、温岭市)。

第四次督察:2020年8月29日—9月7日(桐乡市、萧山区、金东区、嵊州市)。

第三节　统一时点更新成果核查

为了保证浙江省第三次国土调查数据库成果的现势性,浙江省三调办统一组织内业核查队伍,以 2019 年 12 月 31 日为标准时点,开展统一时点检查与核查工作。

一、县级自查

县级三调办组织对本地区调查统一时点更新成果进行 100%全面自检,确保成果的完整性、规范性、真实性和准确性;同时,利用全国统一的数据库质量检查软件检查统一时点增量数据的规范性。

二、市级检查

市级三调办要充分发挥检查把关作用,负责对本区域各县级调查单元成果进行全面检查,重心前移,确保成果质量。

三、省级核查

省三调办负责组织做好本区域第三次国土调查统一时点更新成果的核查把关,对各县级调查单元的统一时点更新成果进行全面核查。

对县级补充提取的图斑,省级开展全面检查,重点检查各县级调查单元统一时点更新影像与第三次国土调查初始库中耕、园、林、草、坑塘水面之间的变化图斑是否提取到位,对存在明显漏提的,责成县级限期补充完整。对照国家下发的统一时点更新卫星遥感影像、举证照片和新增耕地用地管理信息,内业逐图斑检查地方调查的正确性,对内业核查发现的疑似错误图斑,反馈地方整改;对耕地降级、农用地到未利用地等重点疑问图斑,开展"互联网＋"在线核查和外业抽查;依据最新卫星影像抽样核查非增量更新数据(包含一定数量和比例的设施农用地图斑)的真实性,对抽样评价差错率超过国家要求的,要求地方全面整改,并追究相应责任,确保浙江省第三次国土调查成果的整体质量;同时,利用全国统一的数据库质量检查软件检查各县级单位的统一时点增量数据的规范性。

第四节　质量控制

质量控制贯穿省级核查工作全过程,是保证核查整体流程一致、方法正确、成果精准、进度符合安排的重要控制环节。浙江省第三次国土调查省级成果核查实行自检、互检、专检、监理和验收制度。浙江省三调办为严格把控核查质量,成立专门的质量检查组,以县

(市、区)为单元,对核查工作的各个阶段进行三检,并接受全国三调办的抽查和核查监理组的监督检查。

一、目的与基本要求

(一)目的

全省统一组织,遵循"实事求是、以现状认定地类"的原则,按照全国统一的成果核查规范和标准,对全省各县提交的国土调查成果开展内业全面核查和外业重点核查,保证调查成果真实、准确、可靠,提升调查成果质量。

对经县市级检查合格的地方调查成果进行省级核查,重点检查图斑的地类、边界、属性标注等信息与实地现状的一致性和准确性,检查专项调查成果的正确性。其主要任务是:开展土地利用现状调查成果的核查(含相关专项用地调查成果核查),同时开展土地权属调查成果的核查,并相应开展调查成果的质量评价等工作。

(二)基本要求

自检、互检、专检由核查任务承担单位的质量检查组负责组织实施。

监理由全国三调办负责组织实施,从核查单位遴选部分技术人员组成监理组,必要时从省级三调办抽调部分技术人员进行补充,遵循回避原则,对核查工作进行监理检查。

验收由全国三调办组织实施。

自检、互检、专检、监理和验收工作应独立进行,不得省略或代替。

各阶段的检查内容完整、方法正确。

二、工作流程及技术方法

(一)工作流程

经县、市两级检查合格的县级调查成果,由市级三调办报送到省三调办,省三调办组织省级核查队伍对成果进行内业核查及核查成果质量抽查。其中,使用计算机全图斑自动筛查技术,提取地方调查错误信息;对未按照国家依据影像判读地类调查的图斑和重点地类图斑,采取逐图斑检查;对与国家提取一致的图斑,抽样 50%,开展地类与边界核查。省三调办依据检查结果(自动筛查、详查、地类和边界抽查)对调查成果进行评价。质量评价不合格的返回地方全面整改;质量评价合格的成果,继续完成逐图斑检查后,对复核不能确定地类或边界的图斑,采用"互联网十"在线核查的方式,开展外业实地在线核查。最后将检查成果反馈至县(市、区),县(市、区)对错误图斑进行全面修改,对疑问图斑进行修改或补充举证。县(市、区)成果按照要求修改完善后,再次报送至省调查办进行核查工作,如此反复,直至将差错率控制到满足上交国家的条件,最后省级三调办将整改后成果报送至全国三调办。

(二)技术方法

省级核查工作使用第三次国土调查核查软件,叠加地理国情道路数据、第二次土地调查基础数据库、权属数据、年度变更数据等基础资料,通过自动筛查及人机交互式的检查方式,依据地类样本、实地照片对图斑地类、权属、种植属性、图斑细化名称、城镇村属性等开展逐图斑检查,对核查不能确定地类或边界的图斑,采用"互联网+"在线核查或实地核查的方式,开展外业实地核查。对满足精度要求且属性数据录入正确的,认定为通过,否则认定不通过,同时给出不通过的理由及修改建议。

三、内容与任务

在完成资料完整性、成果规范性和数据有效性检查后,开展全辖区100%的地类一致性检查。检查属性标注信息、图斑地类与举证照片、遥感影像是否一致,同时检查图斑勾绘精度及相关专项调查成果的准确性。因此,质检内容可以概括为四大方面:一是矢量数据采集精度方面;二是属性数据正确性方面;三是单独图层正确性方面;四是照片合理性方面。

(一)矢量数据采集精度检查

套合国家下发行政界线数据(包括各地按程序调整国家认可的界线数据),检查县(市、区)上报调查成果中行政界线是否与国家下发行政界线一致,若一致,则认定通过检查。对照影像,根据图斑边界与遥感影像的套合情况,检查县(市、区)是否重新建库。图斑边界与影像套合精度应符合调查数据库建设规范要求,对图斑分割合并不合理、图斑边界不重合等较为明显的系统性错误的,认定为错误图斑。对综合后图斑面积大于或者小于影像实际面积的10%,故意调整图斑边界的,认定为错误图斑(不含因影像精度造成的图斑界线偏移等引起的误差)。数据采集精度主要检查矢量数据与地物的偏移是否满足精度要求,以1:5000比例尺的成果为例,成果精度要求是图斑界线与DOM上同名地物移位不大于图上0.3mm,不明显图斑界线不大于图上1.0mm,矢量数据的精度不得超过实地1.5m,不明显图斑界线的精度不得超过实地5m。在满足精度要求的同时,还要检查一个图斑内是否含有其他达到指标而未采集的图斑。按照第三次国土调查的要求,建设用地和设施农用地实地面积大于200m²;农用地(不含设施农用地)实地面积大于400m²;其他地类实地面积大于600m²的需调查上图。

(二)属性数据正确性检查

第三次国土调查的各项调查主要以各项属性体现。比如,土地利用现状调查的成果主要体现在地类编码、地类名称字段;权属调查体现在权属性质、权属单位名称字段;建设用地标注体现在城镇村属性码字段;专项用地调查体现在图斑细化代码及名称、耕地等别字段等。因此,若将每一个采集精度合格的图斑的各项属性调查正确,那么其调查成果必将是一个质量合格的产品。在属性检查过程中,对于地类认定明显错误的,直接计入错误图斑个数,计算其差错率。因此,地类代码及地类名称的正确性是检查的重中之重。核查过程中对照遥感影像,检查图斑地类和属性标注的正确性。对遥感影像判读地类与第二次土地调查数据库地类不一致的,或遥感影像无法准确判断的图斑,要求地方逐一实地拍照举证。根据举证结果,逐一检查上述图斑地类和属性标注与举证照片的一致性。对于非明显地类认定错误的图斑,首次计算县(市、区)级差错率时,暂不计入错误图斑,待修改或补充举证材料后仍认定为错误图斑后,再计入错误图斑个数。对于其他属性字段内容的检查依据第三次国土调查技术规程、补充文件及国家级核查技术规定的要求,在属性内容检查过程中,需要叠加各类资料数据,充分考虑各类数据的使用目的。以下几种情况是在省级核查工作中发现作业单位容易出错的情况:

1.工程恢复属性的标注

提取第二次土地调查基础数据线状地物和零星地物的林地,作为检查标注"工程恢复"属性是否正确的依据,在省级检查过程中,部分成果忽略了线状、零星地物图斑化的情况,而标注了"工程恢复"属性,这是错误的。

2.林区耕地的标注

部分成果由于没有考虑影像精度和第二次土地调查成果精度问题,错把由于精度引起的狭长形图斑标注为"林区耕地",这样的成果在省级核查工作中被发现,需要作业单位按要求改正。

3.农村宅基地范围内含有大量农用地情况

部分成果对第三次土地调查技术问答理解不够透彻,比如一些农户住宅院落较大,农民在院内种植农作物如何调查。具体处理方法:对于其主要用途为农用地,占地面积明显超出宅基地标准,也达到最小上图面积标准的,按照实地现状调查为相应农用地,不得合并调查为农村宅基地。

4.对于耕地未耕、林粮间作等需要照片支持的,未提供举证照片

第三次国土调查的创新点之一是对无法通过影像判定的信息,需要提供举证照片,例如影像无法判断种植属性和耕地未耕的情况,需要有举证照片支持,通过实地照片确定相关属性的正确性。部分数据没有提供照片支持,而调查了耕地未耕、林粮间作等属性,在省级核查工作中,认定为错误图斑,需要成果提供举证照片支持。

5.权属调查成果的核查

权属调查成果主要通过资料叠加分析认定成果是否正确,权属成果是否正确,还需要得到当地自然资源管理部门的认可,毕竟核查工作只是从资料使用方面进行对比分析,最终用户还是地方自然资源管理部门。

(三)单独图层正确性检查

地类图斑是第三次国土调查数据的基本单元,对满足单独图层要求的图斑,需要在单独图层上表示。在检查过程中,遇到单独图层相关的数据,需要对单独图层数据同步检查,这样就可以判定单独图层数据是否正确。单独图层包括路面范围、村级行政区、城镇村等用地、光伏板区、拆除未尽区、推土区、临时用地。

(四)照片合理性检查

举证照片需要检查照片的拍摄角度、拍摄方向和拍摄内容是否符合要求。对举证不符合要求的,影响地类认定且照片与地类不一致的,认定为错误图斑。对影像特征不明显的,应检查多角度举证照片。

四、目标及措施

(一)目标

在省级成果质量核查中,对自动筛查差错率大于1%、地类抽查差错率大于1%或边界抽查差错率大于3%的,认定为县(市、区)级调查成果整体质量不合格,对检查发现的问题全部反馈至县(市、区),要求县级三调办进行全面整改,并按时重新提交调查成果。

(二)措施

1.政治认识

以实事求是为原则,本着为党为人民高度负责的态度勾绘每一个图斑地类、认真调查每个图斑的相关属性,避免主观造假行为。

2.技术措施

作业单位要全面提高作业人员的技术能力,包括对第三次国土调查技术要求的理解,通过实例深入学习并掌握各类技术指标及要求,提高地类认定能力,提高矢量化成果精度,提高资料综合分析能力;加强与省级专家组的沟通,对在技术层面有疑问的,可以随时与省级专家沟通,力求把技术问题解决在生产一线。

3.自检措施

增强作业单位自检能力。自检人员要熟练掌握各项技术要求,能够对项目成果开展自检工作,提出整改方案及措施,同时依据省级核查处理意见,全面修改各项错误,对省级核查未抽检的数据也要做全面的自检及修改。对有疑问的情况,与国土三调办技术专家沟通,寻求解决办法。

4.监理措施

对有县、市级监理的地区,要全面提高监理技术水平和工作能力,力求将错误发现在最前沿,从源头上控制成果质量,避免将问题全部推到省级核查,为省级核查工作减轻压力。

第五节　浙江省成果核查管理系统

浙江省第三次国土调查数据库按照国家统一的土地利用数据库标准和技术规范,以地理信息系统为图形平台,以大型关系型数据库为后台管理数据库,存储各类土地调查成果数据,实现对土地利用的图形、属性、栅格影像空间数据及其他非空间数据的一体化管理。新一轮土地利用总体规划修编将在本省第三次国土调查成果的基础上,按照最新的土地规划分类体系进行调整,得到各类用地转换结果,并标注到规划基期土地利用现状图上。浙江省第三次国土调查成果将是国土资源"一张图"建设和依法有效监管的基础,也是国土空间规划编制、政策制定的重要依据,还是政府宏观调控、科学决策的有效支撑,因此确保国土调查成果的完整性、规范性、准确性和真实性,显得尤为重要。在此工作中,浙江省第三次国土调查成果核查管理系统显得尤为重要,为调查成果核查工作提供了强有力的技术支撑。

核查系统充分运用遥感(RS)、地理信息系统(GIS)、全球导航卫星系统(GNSS)和国土调查云等技术手段,采用计算机自动比对与人机交互检查相结合,全面检查和抽样检查相结合,内业核查、"互联网＋"在线核查和外业实地核查相结合的技术方法,检查调查成果数据与遥感影像、举证照片和实地现状的一致性和准确性,创新以往的核查方式,依靠内外业一体化的核查软件进行调查成果的核查,不仅大大提升了核查成果的工作效率,也更好地保证了核查成果的准确性。

一、系统总体架构

(一)总体设计要求

系统基于 GIS、GPS、RS,采用 C/S 系统架构,实现调查成果内业核查系统、外业核查系统的内外业一体化作业模式。其系统总体架构如图 7-6 所示:

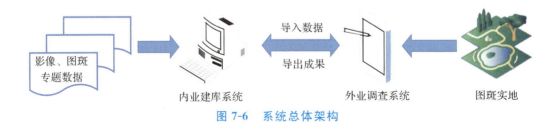

图 7-6　系统总体架构

(二)总体技术架构

系统的总体框架采用"N"层结构方案,如图 7-7 所示:

图 7-7　系统总体技术架构

整个系统的逻辑框架如图 7-7 所示，主要可以分为几个层次：

1. 应用层

系统可应用于成果核查、移动"一张图"、土地执法等领域。为外业测绘、外业核查、外业测量人员提供便利工具。

2. 服务层

为第三次国土调查省级核查提供流程化服务，从调查成果核查管理系统到第三次国土调查外业核查系统，内外业一体化服务，减少工作量，提高作业效率。

3. 数据层

主要包括数据库，如：土地变更调查数据库、第三次国土调查数据库、国家下发不一致图斑等。

4. 支持层

主要包括多元数据支持、坐标系和投影等平台基础，GPS、相机、磁力计等系统基础。同时，标准规范体系和安全保障体系将贯穿于系统的所有层次。"多层结构"是在传统两层结构基础上发展而来的，其优点主要有：

（1）实现数据处理无缝衔接。

通过调查成果核查管理系统将国土调查成果众多相关数据集成到一起，根据需求提取数据至浙江省第三次国土调查外业核查系统,最后回收外业成果进行复核,实现数据处理无缝衔接。

(2)有利于安全。

将一些敏感数据功能部分封装在中间层,并授予不同访问权限,可以保证对数据的访问限制。

(三)总体业务架构

浙江省第三次国土调查成果在线核查平台是基于 ArcGIS 平台,采用 C/S 架构,实现调查成果内业核查系统、外业核查系统的内外业一体化作业模式,业务架构如图 7-8 所示。

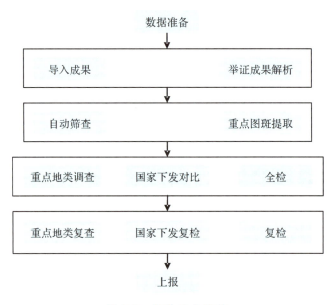

图 7-8 总体业务架构

项目主要分成几个阶段:数据准备(成果导入、举证成果解析)、成果预检(自动筛查、人机检查、样本检查)、全检(重点地类检查、复检、全检)、外业成果核查、成果对接、成果导出、国家下发检查等。借助浙江省第三次国土调查成果内业核查系统和浙江省第三次国土调查成果外业核查系统完成。叠加对比主要检查原土地调查数据库和第三次国土调查数据库在空间上有无缺失;图斑自动分类主要根据原土地调查数据库、第三次国土调查数据库和国家下发图斑提取调查地类及范围发生变化的图斑,剔除碎图斑后,作为内业核查的对象;内业核查主要根据图斑套合影像,根据影像特征和县级提交照片来判定,不能内业判定的则需要外业核查;外业核查主要对图斑进行拍照、信息记录、标记、统计和浏览等;外业核查结果导回至桌面端后,需进行外业审核,主要是根据图斑信息记录、照片等进行审核,地方对核查成果有异议的再进行成果对接;成果对接主要是省、县级相关人员面对面讨论确定图斑地类、范围,需参照调查记录、核查记录以及县级相关人员提供的补充材料;最后将核查成果导出反馈至县级作业单位进行修改。

二、系统技术路线

(一)GIS 平台

1.桌面端

(1)平台框架。

ArcGIS 作为一个可伸缩的平台,无论是在桌面、服务器、野外还是通过 Web 应用,都可为个人用户、群体用户提供 GIS 的功能。

它包含了四个主要的 GIS 框架:

桌面 GIS——专业 GIS 应用的软件包,包括 ArcMap、ArcCatalog、ArcToolBox、ArcScene、ArcGloble 等用户界面组件。

服务器 GIS——ArcIMS、ArcGIS Server 和 ArcSDE。

移动 GIS——ArcPad 以及 Mobile ArcGIS。

嵌入式 GIS——ArcGIS Engine 是应用于 ArcGIS Desktop 应用框架之外的嵌入式 ArcGIS 组件,开发者可在 C++、COM、. NET 和 Java 环境中使用接口,获取任意 GIS 功能的组合来构建专门的 GIS 应用方案。

(2)平台优势。

在 GIS 领域,ArcGIS 一直以具有强大的空间分析和空间数据处理功能著称。其独特的空间数据模型及空间分析等功能,使基于 ArcGIS 构建的应用系统为相关部门和领导提供了科学的计算结果和决策依据。

ArcGIS 能够支持超大数据量的存储和用户对响应效率的需求,并且在全球范围内真正拥有 TB 级数据存储的实例,美国地质调查局、美国国家地理空间情报局、美国国土安全部都使用 ArcGIS 产品管理超过上百 TB 的基础地理数据,中国的国家基础地理信息中心、各个地方基础地理信息中心、各级测绘局、各级国土局都在采用 ArcGIS 的存储方案管理上百 GB 到几十 TB 的空间数据。

ArcGIS 支持最多的数据格式,并且全球几乎所有的 GIS 软件都支持 ArcGIS 的数据格式,我国各级测绘部门发布的 GIS 数据都是采用 ArcGIS 的格式,ArcGIS 的 Shape File 和 E00 数据格式已经成为事实上的数据标准。

①可伸缩性。

由于 ArcGIS 系列产品具备相同的核心技术,这就为系统资源的共享、系统的无缝升级、数据和应用功能的平滑移植提供了有力的保障。这样用户可以根据不同应用阶段的需求,统筹规划、分步实施,从而充分保护前期资金投资和工作投入,保证系统的分步实施不会因为平台的提升和系统规模及功能需求的扩展而陷入两难的境地,避免了系统"升级即重建"的尴尬,使构建的系统从整体上具有极大的延展性和灵活性。

ArcGIS 的可伸缩性还表现在它不但可以配置在一个独立的桌面系统上,还可以在互联网上进行部署,使更多用户获得定位、可视化、空间分析以及决策等功能。

②标准、开放和互操作性。

作为最大的 GIS 技术提供商,ESRI 始终遵循国际通用标准,其产品建立在一系列行业标准和开放的 IT 技术基础之上。一直以来,ESRI 在不断引领全球 GIS 发展潮流。ArcGIS 的先进性、开放性和标准性,保证了基于其所构建的应用系统的技术先进、标准开放和可持续发展。

③安全稳定性。

平台软件是系统的基础,GIS 平台的安全稳定直接决定着整个系统工程的稳定性。ESRI 公司作为全球最大的 GIS 技术提供商,从事 GIS 理论研究、产品开发以及应用拓展三十余年,在全球拥有数以百万计的用户群体,其产品经历了数十年的应用考验,技术成熟,成功范例多,稳定性强。

④操作简便性。

全新的 ArcGIS 系列软件不仅有着完善的可扩展的体系结构,还在保留原来强大功能的基础上,界面风格更加简单,易于使用。

2.移动端

在移动端,考虑到系统的稳定性、安全性及可维护性,平台支持 Android。

开发语言:Java;开发环境:ArcGIS for Android;运行环境:Android5.0 以上。

Android 系统是 Google 于 2007 年 11 月 05 日宣布的基于 Linux 平台的开源移动操作系统的名称,该平台由操作系统、中间件、用户界面和应用软件组成。它采用软件堆层(Software Stack,又名软件叠层)的架构,主要分为三部分。底层以 Linux 内核工作为基础,运用 C 语言开发,只提供基本功能;中间层包括函数库 Library 和虚拟机 Virtual Machine,运用 C++ 开发;最上层是各种应用软件,包括通话程序、短信程序等,应用软件则由各公司自行开发,以 Java 作为编写程序的一部分。不存在任何以往阻碍移动产业创新的专有权障碍,号称是首个为移动终端打造的真正开放和完整的移动软件。

(二)开发语言

软件系统的设计与开发和很多因素有关,其中最重要的一点是,跟最初的开发模式、运行环境配置的选择密切相关,主要包括系统硬件和软件环境的配置、选择,其中软件平台的选择是最重要的内容。考虑到已有数据的格式、系统对通用 GIS 功能较强的需求、系统的先进性和可扩展性要求较高,本系统基于 ArcGIS 平台建立。

对于国土调查成果内业核查系统使用先进的.NET 开发技术,.NET 框架由许多方面构成,在整个结构体中最重要的是系统服务(System Service)和通用语言运行库(Common Language Runtime)。其中通用语言运行库提供很多服务来简化代码的开发和应用程序的部署(Deployment),同时在可靠性和安全性方面也提供大量的服务。.NET 框架也包括一系列的基础类库,这些基础类库可以为任何一种基于.NET 的编程语言使用,在此基础上可以实现代码级的重用。在框架的最上层，.NET 提供了一系列组件，极大地丰富了开发，不论是开发基于 Windows 的应用程序，还是开发基于 Web 的应用程序。

(三)系统环境

1.操作系统平台

工作站：Windows10、Windows7、Windows XP。

平板电脑：Android 5.0 及以上。

2.GIS 开发平台

桌面：ArcGIS 10.2 及以上版本。

移动：ArcGIS for Android。

(四)界面风格和操作习惯

浙江省第三次国土调查成果在线核查平台采用功能树和流程化管理模块，界面极为简洁，功能符合国人操作习惯。

浙江省第三次国土调查成果在线核查平台集数据准备、图斑内业核查、图斑外业核查、对接比对、导入导出、统计输出等可视化区域于一体，加强了用户界面的可操作性，图形操作界面清晰，各种输入界面、输出界面与日常使用习惯完全一致，极其贴近用户，初学者也很容易掌握。此外，用户可以对这些可视区域进行设置和调整，定制符合自己使用习惯的界面风格，如图 7-9 所示。

图 7-9　系统界面

第八章　管理信息系统建设技术

为提高浙江省第三次国土调查技术水平和工作效率,减少成果外业调查重复劳动和提高内业建库工作效率,加强管理第三次国土调查数据库成果,浙江省建设出一套集成内业数据处理、外业调查和数据建库功能的国土调查管理信息系统。该管理信息系统建设内容包括浙江省国土调查省级数据库建设和省级数据库管理工具研发,始终贯彻"先搭主干、再建枝叶"的总体思想和"内外业一体、流程化作业"的建库思路,成功实现建库工作的纵向分工,降低操作难度,提高建库效率,保证建库成果质量。管理信息系统由省级单位统一建设,免费提供全省县(市、区)、市级自然资源部门使用。该管理信息系统建设的目标是设计全省土地(国土)调查数据库结构,完成全省自土地更新调查至第三次全国国土调查期间所有调查成果的入库。同时,提供全省数据库后续管理、维护和更新工具,保障全省调查成果的管理、更新和应用。

本章主要讲述管理信息系统的完成情况、系统建设的技术方案以及建设成果与经验总结。

第一节　管理信息系统概述

一、系统建设背景

土地调查是我国法定的一项重要制度,是全面查清土地资源家底的重要手段。2017年10月,国土资源部(现自然资源部)正式启动第三次全国国土调查,国务院颁发《关于开展第三次全国土地调查的通知》(国发〔2017〕48号),明确提出,此次调查的目标与任务旨在查明全国土地利用现状,满足现代化国土资源管理。开展第三次全国国土调查,目的是全面查清当前全国土地利用状况,掌握真实准确的土地基础数据,健全土地调查、监测和统计制度,强化土地资源信息社会化服务,满足经济社会发展和国土资源管理工作需要。调查的主要内容是:土地利用现状及变化情况,包括地类、位置、面积、分布等状况;土地权属及变化情况,包括土地的所有权和使用权状况;土地条件,包括土地的自然条件、社会经济条件等状况。进行土地利用现状及变化情况调查时,应当重点调查永久基本农田现状及变化情况,包括永久基本农田的数量、分布和保护状况。该文件对调查时间有明确安排,要求2020年汇总全国土地调查数据,形成调查数据库及管理系统,完成调查工作验收、成果发布等。

2018年1月,国务院发布《第三次全国土地调查总体方案》(国土调查办发〔2018〕1号),进一步明确各级土地利用数据库建设任务要求:(1)建立四级土地调查及专项数据库。国家编制统一的数据库标准及建库规范,以县(市、区)为单位组织开展县级土地调查数据库、耕地细化调查专项数据库、建设用地专项数据库、耕地质量等级和耕地分等定级专项数据库建设,实现对城镇和农村土地利用现状调查成果、权属调查成果和专项调查成果的综合管理。以县级各类数据库成果为基础,省、地级组织建设省、地级土地调查及专项调查数据库;国家组织建设国家级第三次土地调查及专项调查数据库,实现全国土地调查成果和专项调查成果的集成管理、动态入库、综合查询、统计汇总、数据分析、快速服务等功能。(2)建立各级土地调查数据及专项调查数据分析与共享服务平台。基于四级土地调查与专项调查数据库,利用大数据和云计算技术,建设从县到国家的土地调查数据综合分析与服务平台,实现土地调查数据、专项调查数据与土地规划、基础测绘等各类基础数据的互联互通和综合分析应用,结合自然资源管理和国土资源管理需要,开发相关应用分析功能,提高第三次土地调查成果对管理决策的支撑服务能力。

在国家总体要求基础上,浙江省也先后颁发了《浙江省人民政府关于开展第三次全省土地调查的通知》(浙政发〔2018〕4号)、《浙江省第三次土地调查实施方案》(浙土调查办发〔2018〕5号)、《浙江省第三次全国国土调查成果省级核查方案》(浙土调查办〔2019〕12号)、《浙江省第三次全国国土调查领导小组办公室关于开展浙江省第三次全国国土调查统一时点更新的通知》(浙土调查办发〔2020〕1号)、《浙江省第三次全国国土调查统一时点更新"七月决战"行动方案》(浙土调查办〔2020〕5号)、《浙江省第三次全国国土调查领导小组办公室关于进一步做好浙江省第三次全国国土调查成果汇总分析建库工作的通知》(浙土调查办〔2020〕6号)等相关政策文件,积极指导并不断推进第三次全省国土调查工作。截至目前,浙江省全省89个县(市、区)第三次全国国土调查初始调查成果已经国家全部确认通过,浙江省全省89个县(市、区)第三次全国国土调查统一时点更新调查成果已经全部通过国家内业核查和数据库质量检查。按照国家和浙江省第三次国土调查时点要求,完成全省自土地更新调查至第三次全国国土调查期间所有调查成果的入库工作。

二、系统建设内容

本系统建设内容包括浙江省国土调查省级数据库建设和省级数据库管理工具研发。

(一)省级数据库建设

浙江省第三次国土调查省级数据库是浙江省第三次国土调查省级数据汇总的主要成果,也是今后自然资源管理和数据共享服务的重要基础。省级数据库建设涵盖浙江省自土地更新调查至第三次国土调查期间所有的调查成果,包括土地更新调查成果、第二次土地调查成果、第二次土地调查后历年变更调查成果、第三次全国国土调查初始调查成果和第三次全国国土调查统一时点更新成果。省级数据库建设的工作内容包括省级数据坐标转换、质量检查、数据修正、数据入库、数据库整合和数据库更新等。

(二)数据库管理工具研发

省级数据库管理工具包括第三次全国国土调查数据集成管理系统和第三次全国国土调查数据共享服务平台。

研发数据集成管理系统,包含数据入库、数据浏览、数据查询、数据分析、数据汇总、数据二三维展示、专题制图等功能,可实现第三次全国国土调查数据与其他相关数据成果的集成管理与应用分析。

研发数据共享服务平台,围绕第三次全国国土调查数据服务共享需求,基于政务内/外网,研发第三次全国国土调查数据共享信息系统,由于数据的涉密性,无法直接在线共享数据,但可基于第三次全国国土调查可公开数据成果,为各相关单位提供数据线上申请、线下获取的服务,方便第三次全国国土调查数据成果的获取与应用。

三、系统完成情况

包括浙江省国土调查省级数据库建设和省级数据库管理工具研发。将浙江省自土地更新调查至第三次全国国土调查期间所有的调查成果(土地更新调查成果、第二次全国土地调查成果、第二次全国土地调查成果后历年变更调查成果、第三次全国国土调查初始调查成果和第三次全国国土调查统一时点更新成果)进行数据坐标转换、质量检查、数据修正、元数据采集入库等,建设成为标准的省级数据库,为今后自然资源管理和数据共享服务提供重要的数据基础。省级数据库管理工具主要包括第三次全国国土调查数据集成管理系统和第三次全国国土调查数据共享服务平台两个子系统。

(一)浙江省国土调查省级数据库建设

将浙江省自土地更新调查至第三次全国国土调查期间所有的调查成果(土地更新调查成果、第二次全国土地调查成果、第二次全国土地调查成果后历年变更调查成果、第三次全国国土调查初始调查成果和第三次全国国土调查统一时点更新成果)进行数据整理、坐标转换、质量检查、数据修正、元数据采集入库等工作,建设成标准省级数据库,将历年所有成果数据进行规范化、系统化的管理。

(二)省级数据库管理工具

1. 第三次全国国土调查数据集成管理系统

围绕第三次全国国土调查数据管理与应用需求,第三次全国国土调查数据集成管理系统开发了包含数据入库、数据浏览、数据查询、数据分析、数据汇总、数据二三维展示等功能,实现第三次全国国土调查数据与其他相关数据成果的集成管理与应用分析。如图 8-1 所示。

图 8-1　第三次全国国土调查数据集成管理系统

2.省级数据共享服务平台

基于全省多年的调查成果、分析统计结果,向各单位提供多元化应用功能,主要包括数据的在线申请、审核以及数据提供后的备案功能。如图 8-2 所示。

图 8-2　第三次国土调查外业调查系统

第二节　管理信息系统建设方案

一、系统设计原则

(一)衔接性/兼容性

系统新研发的相关功能应向下兼容,可以管理土地更新调查、第二次全国土地调查及土地变更调查数据。应按照浙江省厅信息系统建设相关技术要求提供各类服务接口,制定与开放服务接口规范,在用户权限许可、网络环境许可的情况下允许省厅其他系统调用第三次全国国土调查数据成果。

(二)实用性

系统在功能上应紧紧围绕本系统建设要求,设计人性化,使用方便、易用。实用性是直接影响信息系统的运行效果和生命力的最重要因素,省级数据库管理工具建设应紧紧围绕第三次全国国土调查数据成果实际需求,系统操作简洁、容错能力强、信息反馈准确可靠。

(三)针对性

省级数据库管理工具的建设和功能,是专门针对第三次全国国土调查省级数据集成管理和共享服务的需要而设计的。

(四)高效性

省级数据管理工具需管理全省自土地更新调查至第三次全国国土调查期间所有调查成果,其数据时间跨度大、数据容量大,采用原始的关系型数据库已无法满足高效、快速浏览、查询、计算分析的效果。因此,本次浙江省省级成果管理平台采用基于 PostgreSQL 的分布式存储模式,不仅支持海量数据的空间高性能分析,同时也支持实时矢量瓦片的生成并在前端加载展示。

(五)先进性

系统建设应以当前先进且成熟的应用和技术为基础,紧跟主流的信息技术,逐步建立稳定、可靠、易用和先进的系统平台。在设计上既不可墨守成规,又不能空想,应当遵守信息工程的设计原则,把国际上主流产品与先进的设计思想真正地在系统中加以实施体现。

(六)规范性

系统设计结合已有的国家、部、省、市相关数据规范、软件产品设计规范、质量控制规范、系统操作规范、系统维护规范、系统升级规范等,制定数据标准、精度控制、数据检查验收、数据格式、软件实现原则等相关标准规范,以保证数据库和系统功能的正确性、有效性、兼容性和可扩展性。建设实施过程严格遵守行业标准、软件工程规范要求,按照 CM-MI 的要求把好系统需求分析、设计、实现、测试、运行维护等各阶段的质量关。

(七)低耦性

基于地理数据的复杂性、功能实现的多样性,并且为了使数据库结构清晰,便于设计开发和维护管理,对数据采取分层管理的方式,并要求数据的存储结构和存储策略改变不对应用造成重要影响,存储结构具有易维护、易扩充的特性。将数据库物理存储、数据访问层分开,层与层之间耦合度尽量降低,以实现下层的改变不影响上层的设计和实现,从而不造成对上层应用系统的影响。

(八)扩展性和开放性

系统在应用体系架构和技术组合方面必须坚持开放式系统体系架构设计思想,良好的程序接口规范、数据交换规范能够保证系统投资的连续性,在对国土资源业务进行全面综合分析的基础之上,建立一个统一的面向国土资源管理工作的系统平台,以支持当前阶段的系统建设任务,并满足系统建设的未来发展要求。

(九)安全性

由于国土资源相关数据具有较高的保密性和重要性,因此系统的安全性特别是数据的安全性至关重要。系统设计要充分考虑数据安全需要。在带空间图形应用的情况下,其系统数据存取须有专门权限控制,即范围、要素和权限,数据的控制可以基于空间范围,也可以基于要素。有些区域对某些用户开放,对其他用户关闭,而有些要素只对某些用户是开放的。

(十)可维护性

维护是一个长期的工作。系统开发必须遵循软件工程的标准开发规范;对系统运行状况的历史记录,提供可视化工具进行分析以便于优化;保障代码的可读性和可维护性;对系统管理员等操作者提供详尽的使用说明文档以及相应的培训。

二、系统总体架构

总体框架设计为"2+N"的复合架构,即:(涉密内网+政务外网两种网络环境)+多元服务支撑/多元数据存储形态。如图 8-3 所示。

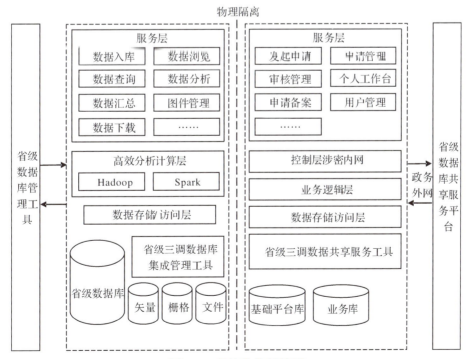

图 8-3　系统总体架构图

　　两个工具集根据需求,分别运行于内网和政务外网两种网络环境,且两种环境物理隔离。其中,内网为省级系统的业务运行环境,包含省级数据库和第三次全国国土调查省级数据集成管理工具集;政务外网为省级系统数据共享的云服务环境,主要包括第三次全国国土调查数据共享库及第三次全国国土调查省级数据服务共享工具集。

　　多元服务支撑基于上述架构实现,主要分为三个层次:第一层次为数据多元集成管理服务,可以实现不同尺度、不同内容数据在时空序列上的一体化管理、查询与浏览;第二层次为数据业务化决策分析服务,可以实现不同业务需求下国土调查数据的快速计算、分析与成果可视化展现;第三层次为数据互联共享服务,基于第三次全国国土调查可公开数据成果,为各相关单位提供数据线上申请、审核以及备案的服务,方便第三次全国国土调查数据成果的获取与应用。

三、系统技术架构

　　管理信息系统中的管理工具技术总体架构采用前后端分离的架构,前端采用 Vue2 MVVM 系列框架,后端基于 Spring Boot 系列框架,技术架构如图 8-4 所示。

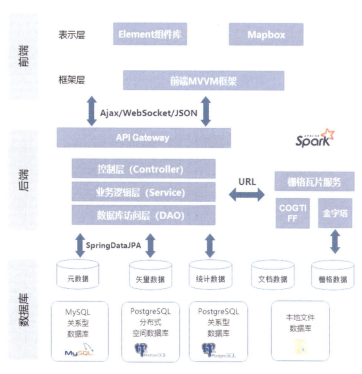

图 8-4　系统技术架构图

四、系统网络部署架构

第三次全国国土调查数据集成管理系统和第三次全国国土调查数据共享服务平台，分别运行于涉密内网和政务外网两种网络环境，且两种环境物理隔离，具体部署结果如图8-5 所示。

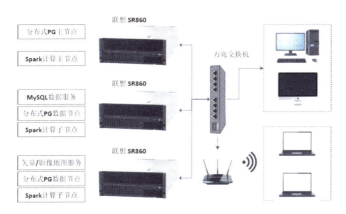

图 8-5　系统网络部署架构图

五、系统关键技术

（一）基于元数据的海量多源异构调查成果数据统一管理

当前国土调查主要成果数据类型包含矢量数据、遥感影像数据、表格数据及其他文本类数据在内的海量多源异构数据。这些数据已经达到 TB 级，未来将达到百 TB 甚至更大规模。如何对这些海量数据进行多维快速查询检索，并为用户提供简单、一致、方便的交互接口，是进行省级数据库建设及成果管理必须要解决的问题。

元数据管理是数据库建设的重要组成部分，元数据管理模块为用户提供高质量、准确、易于管理的数据，它贯穿系统构建、运行和维护的整个生命周期。元数据负责描述第三次全国国土调查成果库的数据信息，元数据管理的主要任务有两个方面：一是负责存储和维护元数据库中的元数据；二是建立成果数据与元数据之间的联系，便于用户查询与定位文件系统中存储的矢量数据、影像数据、文本数据等；三是建立数据的时空关联，便于多源异构时空数据在统一时空范围及尺度下的变化分析与关联分析。

（二）基于 PostgreSQL 的海量历年矢量数据高效分布式存储

本次建设的浙江省数据库内容包括全省自土地更新调查至第三次全国国土调查期间所有调查成果，其数据时间跨度大、种类繁多、数据容量大，采用原始的关系型数据库已无法满足高效、快速浏览、查询、计算分析的效果。为解决这一问题，本次浙江省省级成果管理平台采用基于 PostgreSQL 的海量异构数据分布式存储模式，实现了历年矢量数据成果的统一管理，已收录数据总量达亿级。平台支持在线一键式数据入库，灵活对接 shp、 mdb、gdb 等常见矢量数据文件，支持以目录为目标的批量入库功能。数据入库过程包括数据分布式展开、属性字段检查、空间拓扑检查、多投影转换与空间索引构建。入库过程除保留了所有原始属性信息与空间信息外，追加了部分行政区划信息、数据类型等元数据，以及 CGCS2000 国家坐标系与 WGS84 伪墨卡托投影下的空间信息，以方便数据间的协同分析与可视化。

本数据管理系统具有完备的数据目录体系，方便用户以年份、行政区划等基础条件快速筛选数据；凭借分布式存储架构充分利用数据服务器集群性能，优化属性查询、空间点选、空间框选查询过程，确保查询效率优于亚秒。

由于 PostgreSQL 强大的功能和良好的扩展性，基于 PostgreSQL 来做的分布式架构比较多。Citus 是一款基于 PostgreSQL 的开源分布式数据库，自动继承了 PostgreSQL 强大的 SQL 支持能力和应用生态（不仅仅是客户端协议的兼容还包括服务端扩展和管理工具的完全兼容）和其他类似的基于 PostgreSQL 的分布式方案，比如，与 GreenPlum、PostgreSQL-XL，PostgreSQL-XC 相比，Citus 最大的不同在于 Citus 是一个 PostgreSQL 扩展而不是一个独立的代码分支。因此，Citus 可以用很小的代价和更快的速度紧跟 PostgreSQL 的版本演进，同时又能最大限度地保证数据库的稳定性和兼容性。

将 Citus 以插件的方式扩展到 PostgreSQL 中，可以让多个 PostgreSQL 机器组成一个集群，利用这个集群，可以将一张大数据量的表自动水平分表，而无须担心分配的逻辑，且独立于 PostgreSQL 内核，能很快地跟上 PostgreSQL 主版本的更新，部署也比较简单，是现在非常流行的分布式方案。Citus 在苏宁有大规模应用，微软也提供 Citus 的商业支持。Citus 的架构如图 8-6 所示。

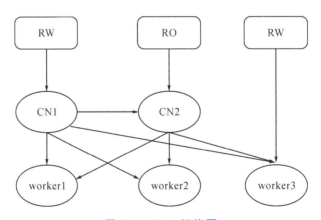

图 8-6　Citus 架构图

Citus 节点主要分为协调节点（Container，简称 CN）和工作节点（worker），协调节点不存储真实数据，只存储数据分布的元信息，实际的数据被分成若干分片，打散到不同 worker 节点中，应用连接协调节点，协调节点进行 SQL 解析，生成分布式执行计划，下发到 worker 节点执行，CN 将结果汇总返回客户端。

Citus 的主要架构特点如下：

（1）有两种表类型：参考表和分布表。参考表每个协调节点和 worker 节点都有一份完整的副本，分布表则会打散分布到不同 worker 中。

（2）可以进行读写分离，如图 8-6 中 CN1 为写节点，可以通过再增加多个 CN 读节点增加集群读的能力，写 CN 和读 CN 之间使用流复制进行元数据同步。

（3）支持 MX 模式，可以将元数据也存于某些 worker 节点中，这样使得该 worker 节点能够直接提供写的能力，以此增加集群写的能力。

（4）底层 worker 节点可以通过流复制搭建副本，保证数据可用。

（5）做 join 时最好的结果是能够将计算下推到 worker 节点，但是只有在参考表和其他表做 join 以及两个表的分布方式相同的情况下才能下推到 worker 计算，否则需要将数据拉到协调节点进行计算。

（6）整体架构类似 mycat 的中间件，因为没有全局事务管理，故不能保证数据的实时读一致性，但是性能上相比要好。

（三）时空大数据分布式高效分析技术

第三次全国国土调查成果数据精细度高，数据量大，传统单机分析方法无法在有效时间内完成省级范围的业务化分析。系统设计引入分布式计算技术，充分发挥集群化硬件设备计算能力，通过多机并行计算实现时空大数据高效分析。

Spark 是常用的多机分布式计算框架，通过抽象化的 Key-Value 数据对象转化与计算逻辑，实现常用的大数据统计分析方法的加速。

系统利用 GDAL 和 GeoTools 等空间计算库，扩展 Spark 的抽象计算 RDD 对象语义，基于 GIS 常用语义构建分布式时空数据内存对象 GeoRDD 及其分布式计算范式，并以此实现常用的基础空间分析算子的并行化，向上实现面向具体分析需求与业务需求的高效计算与结果可视化。

基于空间统一认知基准的数据统一描述映射到计算机表达的对象结构模型，是实现矢量数据有效组织与存储的关键。有别于传统 Key-Value 数据模型无法表达地理空间特征及其空间关联的缺陷，本系统采用扩展 Key-Value 结构作为矢量数据模型最基本的组织单元，将矢量数据各类信息以 Value 值来存储，空间信息转换为符合 OGC 简单要素规范的 Value 值，以此构成矢量地理元组（GeoTuple）。

一个矢量地理对象（GeoObject）由若干矢量地理元组构成，每一个元组可以表示矢量数据的空间信息、属性信息、时间信息、拓扑信息等。为建立地理空间对象之间的关联关系，GeoObject 之间可灵活地组织成地理空间对象集合（GeoDataSet），从而创建地理空间数据关联关系，实现数据的组织与管理，其模型如图 8-7 所示。

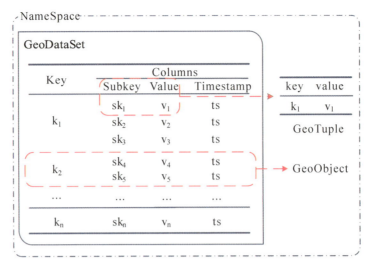

图 8-7　空间大数据 Key-Value 对象模型

Spark 基于超级步(Super Step)原理实现分布式计算任务的协同调度。本系统在分布式计算环境下改进超级步的概念,约定:(1)无依赖并行计算过程可以是若干无依赖并行计算作业 J 的顺序集合。(2)超级步之间可以无依赖并行执行,称为无依赖超级步。一个高效在线 OLAP 的时空大数据分析计算范式模型如图 8-8 所示。

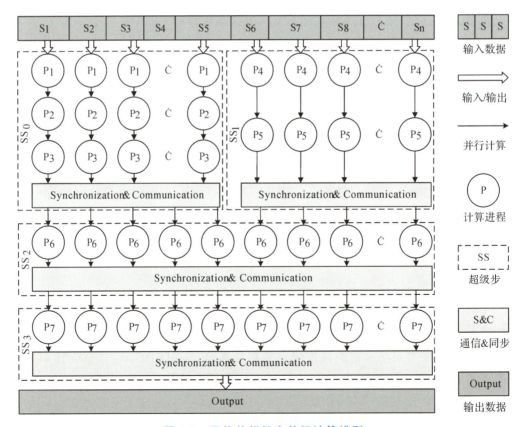

图 8-8　无依赖超级步并行计算模型

基于以上时空分布式计算框架,实现基础空间操作,并支持面向业务与场景需求的二次开发框架。

系统设计至少支持以下空间 API 用于高性能时空分析计算模型二次开发,具体内容如表 8-1 所示。

表 8-1　基础空间操作 API

功能类型	API 接口	接口功能	备注
空间对象	PointRDD	Point 的 RDD 对象,用于分布式存储点数据	这些对象都继承自 SpatialRDD,用户可在构建空间对象时自定义数据源、数据解析方式、数据坐标系,并选择分片方式和索引方式
	PolygonRDD	Polygon 的 RDD 对象,用于分布式存储简单面数据	
	LineStringRDD	LinsString 的 RDD 对象,用于分布式存储线数据	
	CircleRDD	Circle 的 RDD 对象,用于分布式存储环状数据	
	RectangleRDD	矩形的 RDD 对象,用于分布式存储矩形数据	
空间对象操作	buildIndex()	构建 SpatialRDD 对象的索引	支持四叉树和 R 树索引
	countWithoutDuplicates()	获取 RDD 的非重个数	
	getCRSTransformation()	获取 CRS	
	saveAsGeoJSON()	将 RDD 存储为 GeoJSON 格式的文件	
	spatialPartitioning()	将 SpatialRDD 根据指定分片规则进行分片	
空间操作	Union()	空间合并操作	数据源需具有相同坐标系、相同索引及分片规则
	Intersects()	空间相交操作	
	Clip()	空间裁剪操作	
	Erase()	空间擦除操作	

(四)大规模要素对象快速检索

面对庞大数量级的第三次全国国土调查成果数据,如何对其进行高效存储、快速检索,是一个迫切需要解决的问题。本次管理信息系统中采用基于 PostgreSQL 的分布式存储历年全省国土调查数据,通过创建 GiST 索引来提高数据库检索的效率。

GiST 的意思是通用的搜索树(Generalized Search Tree)。它是一种平衡的,树状结构的访问方法,在系统中起一个基础模板的作用,可以使用它实现任意索引模式。B+-trees、

R-trees 和许多其他的索引模式都可以用 GiST 实现。

GiST 自身只是一个框架,针对不同的数据类型和算法逻辑需要额外实现特定的数据语义。由于 GiST 屏蔽了数据库的内部工作机制,比如锁的机制和预写日志,所以实现新的 GiST 索引实例(或称作索引操作符类)的工作相对比较轻松。基于 GiST 架构的索引操作符类只需提供下面七个方法的实现:

Consistent:给出一个在树的数据页上的谓词 p,和一个用户查询 q,如果对于一个给定的数据项,p 和 q 都很明确地不能为真,那么这个方法将返回假。

Union:这个方法合并树中的信息,给出一个条目的集合,这个函数生成一个新的谓词,这个谓词对所有这些条目都为真。

Compress:将数据项转换成一个适合于在一个索引页里面物理存储的格式。

Decompress:Compress 方法的反方法。把一个数据项的索引表现形式转换成可以由数据库操作的格式。

Penalty:返回一个表示将新条目插入树中特定分支需要的"开销"的数值。项将会按照树中最小 Penalty 的路径插下去。

Picksplit:如果需要分裂一个页面的时候,这个函数决定页面中哪些条目保存到旧页面里,而哪些移动到新页面里。

Same:如果两个条目相同,返回真,否则返回假。

(五)高效影像瓦片构建

对于遥感影像而言,一景数据通常在数百 MB 左右,而对于一些专题栅格数据,其大小可达数 GB 甚至数十 GB。GDAL 是一个操作各种栅格地理数据格式的库,将原始影像进行金字塔创建或者转成 COGTiff 格式并进行瓦片服务的发布,是进行影像高效加载和浏览的前提。

1. COGTiff

COG(Cloud Optimized GeoTIFF)特指针对云端优化的 GeoTIFF 文件,它不改变 GeoTIFF 的像素数据,仅在文件头增加了概览等元数据信息,仅通过单文件就实现了读取特定范围的数据。这种方式不仅能避免产生大量小文件,也降低了对存储空间的占用,提高了服务性能。

首先,COG 能够存储图像的原始像素,而且能够以特定方式组织这些像素,同时数据在组织中被压缩以更有效地传递。数据组织的两种主要技术是"分区"和"概览","分区"会在实际图像中创建多个内部"区域"。使用这种方式,可以更快地访问特定图块,从而仅访问文件中需要读取的部分。"概览"会创建同一图像的降采样版本。这意味着它是从原始图像"缩小"的,它的细节要少得多(用 1 像素代替 100 或 1000 像素),同时文件也要小得多。通常,单个 COG 会具有许多"概览",以匹配不同的缩放级别。这增加了整个文件的大小,但是能够提供更快的速度,因为只需要返回概览中的值。

其次,COG 支持 HTTP GET 范围请求,它使客户端仅请求 COG 影像的部分字节,即需要的文件部分。

COG 的数据组织和范围请求两种技术相互配合。数据组织("分区"和"概览")便于范围查询可以仅请求文件中相关的部分。当客户想要渲染整个文件的快速图像时,"概览"就起作用了,它不必下载每个像素,它只需请求更小的,已经创建的"概览"即可。当需要处理或可视化整个文件中的一小部分时,"分区"就会起作用。这可能是"概览"的一部分,也可能是完整分辨率的。HTTP 范围请求支持服务器上的 COG 文件的结构,使客户端可以轻松地仅找到所需的整个文件的一部分。

2.瓦片金字塔

瓦片金字塔是指将一定地理空间范围内的地图按缩放级别或者比例尺切分成若干行和若干列的正方形区域,每块区域按照一定的尺寸和格式进行切片形成一个个小的数据文件,而切片后的正方形区域被形象地称为瓦片(Tile),整体呈现为金字塔结构,故称为瓦片金字塔模型,如图 8-9 所示。

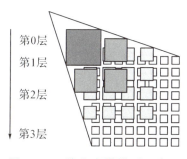

图8-9　瓦片金字塔模型示意图

(六)省级全域矢量瓦片地图服务制作与发布

众多瓦片地图服务中,基于预切片的静态金字塔瓦片服务加载效率最高,但是占用极高的硬盘资源且无法动态修改样式;基于 MVT 的动态矢量瓦片具有最好的显示效果且可以根据属性信息动态调整图层样式,但是应对大范围显示任务时,动态构建效率严重不足。

本系统将静态金字塔瓦片与动态 MVT 矢量瓦片无缝结合,预构建高层级、宏观可视化瓦片,加速省市县级数据预览,动态生成县级以下空间范围的矢量瓦片,精细化展示图斑空间细节,配合定制图标库,实现规范化上图。单景动态瓦片生成时间控制在毫秒级,配合 Redis 热缓存技术,在确保精细化展示的同时保障了地图预览的整体流畅度。

(七)基于 Spark 的数据成果流量分析算法

开展第三次国土调查数据成果流量分析是为了准确把握国家土地利用变化总体趋势,为国家直接掌握翔实准确的全国土地利用现状和土地资源变化情况,进一步完善土地调查、监测和统计制度,实现成果信息化管理与共享,满足空间规划编制、供给侧结构性改革、国土空间用途管制等各项工作提供重要的数据支持。

目前市面上大多的地类流量分析模型都是基于 ArcGIS 应用程序来搭建的,但是,ArcGIS 作为一个商业软件,其使用者受限于开发公司的政策影响与权限控制,同时也无法看到底层实现数据计算的逻辑。本系统使用开源的 PostgreSQL 数据库实现第二次全国土地调查和第三次全国国土调查数据的分布式存储,基于 Spark 的分布式计算引擎,运用 GeoTools 地理空间计算算子,通过格网索引优化计算过程,可高效满足省、市、县不同层级的第二次全国土地调查和第三次全国国土调查地类流量的流量计算需求,对于自然资源管理具有重要意义,有助于不同层级管理部门直接掌握翔实准确的所辖区土地利用现状和土地资源变化情况,为政府部门的宏观决策提供数据基础。

第三节　管理信息系统建设成果

一、系统建设成果交付

(一)工具交付

浙江省第三次国土调查省级数据库管理工具(包括成果管理子系统和共享服务子系统)。

(二)文档交付

系统文档是项目整个生命周期的详细记录,是项目实施成果的重要展现形式。系统文档是系统评价和验收的重要依据,也是系统交接、维护和后评价的重要凭证。

在系统开发和验收全过程中,根据本系统的实际情况,提交的文档主要如下所示:

(1)浙江省第三次国土调查省级数据库建设及成果管理详细设计书。

(2)浙江省第三次国土调查省级数据库建设及成果管理需求分析。

(3)浙江省第三次国土调查省级数据库建设及成果管理数据库设计书。

(4)浙江省第三次国土调查省级数据库管理更新维护工具用户手册。

(5)浙江省第三次国土调查省级数据库管理更新维护工具测试报告。

(6)浙江省第三次国土调查省级数据库管理更新维护工具安全测试报告。

(7)浙江省第三次国土调查省级数据库建设及成果管理工作报告。

(8)浙江省第三次国土调查省级数据库建设及成果管理技术报告。

二、系统建设经验总结

第三次国土调查省级数据库建设意义重大,按照《浙江省第三次国土调查实施方案》(浙土调查办发〔2018〕11 号)要求,建设浙江省第三次国土调查省级数据库,实现了全省第三次国土调查数据与土地更新调查、第二次土地调查及历年土地变更调查数据的统一管理和时空衔接。第三次国土调查省级数据库是浙江省第三次国土调查省级数据汇总的主要成果，也是今后自然资源管理和数据共享服务的重要基础。

基于浙江省第三次国土调查省级数据库管理工具，将全省自土地更新调查至第三次国土调查期间所有调查成果进行入库，实现国土调查数据的统一管理和时空衔接，为全省数据库后续管理、维护和更新工作提供工具支撑，保障全省调查成果的管理、更新和应用。

全省自土地更新调查至第三次全国国土调查期间所有调查成果，存在数据量大、类型多、结构多样化等特点，因此项目采用基于元数据来进行海量多元异构数据的统一管理，为使用者提供高质量、准确、易于管理的数据，它贯穿系统构建、运行和维护的整个生命周期。

本次建设的浙江省数据库内容包括全省自土地更新调查至第三次国土调查期间所有调查成果，其数据时间跨度大、种类繁多、数据容量大，采用原始的关系型数据库存储已无法满足高效、快速浏览、查询、计算分析的效果。为解决这一问题，本次系统中采用基于PostgreSQL的海量异构数据分布式存储模式。

第三次全国国土调查成果数据精细度高，数据量大，传统单机分析方法无法在有效时间内完成省级范围的业务化分析。省级第三次国土调查管理工具引入分布式计算技术，充分发挥集群化硬件设备计算能力，通过多机并行计算实现时空大数据高效分析。Spark是常用的多机分布式计算框架，通过抽象化的 Key-Value 数据对象转化与计算逻辑，实现海量数据统计分析方法的加速。

三、系统未来展望

浙江省第三次国土调查省级数据库建设和成果管理工具的研发，为全省数据库后续管理、维护和更新工作提供工具支撑，保障全省调查成果的管理、更新和应用。采用分布式存储与分布式计算的浙江省第三次国土调查省级数据库管理模式，创新了传统关系型数据库存储以及传统单机分析性能的局限性，解决了海量多元异构数据的存储与高性能计算问题，也可以为自然资源等其他领域的海量时空数据（如自然资源清查数据、地理国情数据等）的数据库建设、管理与应用提供参考与借鉴。

当然，任何一个系统的架构设计都不可能达到完美，系统的使用感受、易用性、布局、性能和系统架构等方面都需要不断改进。新技术的应用，在某方面得到突破的同时，也可能会产生新的问题，会对系统的顺利运行发出挑战。只有在使用过程中对系统加以修正，才能让系统更加趋于合理和成熟。

第九章　数据缩编与图件编制技术

浙江省第三次国土调查通过现代遥感技术和实地调查,获取了全省 1∶5000 土地利用数据库成果。该成果全面、准确地反映了浙江省土地利用的状况,为浙江省国土资源管理和科学决策提供了基础和依据;为国土空间规划、合理利用土地、保护耕地、农用地转用、土地登记、土地整治等提供了可靠的数据支撑,是浙江省第三次国土调查的重要成果之一。

浙江省系列比例尺土地利用数据缩编及制图是指以浙江省第三次国土调查为基础形成的 1∶5000 土地利用现状数据及其以数据库成果为基础,依照地图制图综合原理,以计算机制图综合软件为工具,通过人机交互完成多尺度土地利用图件逐级缩编的制图过程。传统的制图过程主要依靠手工编辑、综合取舍的地图缩编技术,需要运用人脑处理图面信息,工作量巨大、周期长且质量差异明显。随着计算机和数据库技术的发展,计算机制图综合软件随之而生,这使利用数据处理技术使地图制图综合的自动化和半自动化生产成为可能。浙江省系列比例尺土地利用数据缩编及制图成果,为在全省范围内编制标准规范的县级、地(市)级、省级系列比例尺土地利用图件和建设相应数据库提供工具,成为浙江省第三次国土调查制图的重要组成部分。

本章主要介绍数据缩编的主要任务、技术路线和技术指标、缩编方法。

第一节　数据缩编主要任务与工作流程

一、主要任务

根据浙江省第三次国土调查总体要求,在浙江省第三次国土调查成果汇总工作中,需要利用数据库管理和计算机辅助制图等技术、采用地图缩编等手段对全省国土调查的成果数据库进行整理缩编,形成可提供省级、地(市)、县级编制土地利用图、图集和其他各种专题图的系列比例尺土地利用图件数据。为此,浙江省三调办组织开展并完成了全省系列比例尺土地利用数据缩编工作。全省系列比例尺土地利用数据缩编工作的主要任务是:在浙江省第三次国土调查 1∶1 万比例尺土地利用图数据成果的基础上,按 1∶1 万→1∶5 万→1∶10 万→1∶25 万→1∶50 万的制图顺序,逐级采用土地利用内容要素的归并、简化和综合技术措施(数据库缩编技术),编制相应系列比例尺的土地利用图件并建立

相应的数据库、缩编及图件编制工作,形成系列比例尺地(市)级、省级国土调查数据及图件成果。具体工作任务包括:

(1)全省1∶1万至1∶5万比例尺数据缩编及图件编制工作。

(2)全省1∶5万至1∶10万比例尺数据缩编及图件编制工作。

(3)全省1∶10万至1∶25万比例尺数据缩编及图件编制工作。

(4)全省1∶25万至1∶50万比例尺数据缩编及图件编制工作。

二、基本原则

缩编数据结果应全面反映作业区域的土地利用现状和分布规律,并合理处理好各要素之间的关系,总体原则如下:

(一)规范性原则

缩编时使用统一的技术指标。

(二)合理性原则

缩编结果应合理概括作业区域土地利用语义特征。

(三)一致性原则

缩编前后土地利用类型分布面积的视觉对比保持一致,对主要一级地类的面积比例变化进行控制。同时缩编时保持各要素的地理特征、特殊形态特征和区域分布特征。其中地理特征包括岸线的类型特征、水系分布特征等;特殊形态特征包括建设用地、机场等的规则轮廓特征等;区域分布特征包括土地利用类型图斑的大小、密度等区域特征及其区域之间对比、道路网分布密度特征等。

(四)协调完备性原则

缩编时保证各要素的位置精度和属性精度,并保持数据完备性。缩编后各要素之间空间关系协调,保持逻辑一致性。

三、数学基础

(一)比例尺

县级土地利用现状缩编数据库一般采用1∶5万比例尺;地(市)级土地利用现状缩编数据库根据区域范围不同选用1∶10万或1∶25万比例尺;省级土地利用现状缩编数据库采用1∶50万比例尺。

(二)地图投影

1∶5万、1∶10万、1∶25万国土调查缩编数据采用高斯-克吕格投影6°分带或双标准纬线等积圆锥投影,1∶50万国土调查缩编数据根据区域范围选用高斯-克吕格投影6°分带或双标准纬线等积圆锥投影。

(三)坐标系和高程

县级、地(市)级土地利用数据库的坐标系采用 2000 国家大地坐标系,高程系统采用 1985 国家高程基准。

四、工作流程

浙江省第三次国土调查成果数据缩编是一项系统工程,主要包括基础数据准备、各级数据缩编、成果整理与验收等三大阶段。在具体的数据缩编实施方面,又分为县级数据缩编、地市级数据缩编、省级数据缩编三个阶段。

具体工作流程如图 9-1 所示。

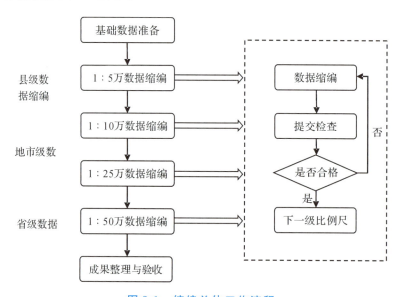

图 9-1 缩编总体工作流程

以 1:5 万缩编为例,各级数据缩编具体操作流程参照 1:5 万缩编流程,内容如下图 9-2 所示。

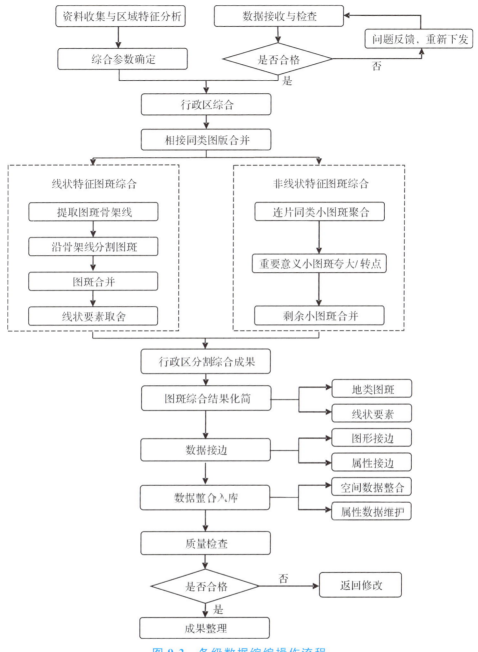

图 9-2　各级数据缩编操作流程

第二节　数据缩编技术路线与技术指标

一、技术路线

依据《第三次全国国土调查技术规程》等标准规范,浙江省建立全国 1∶5 万、1∶10 万、1∶25 万、1∶50 万、1∶100 万、1∶400 万系列比例尺土地利用数据缩编的技术指标、技术流程和质量评价标准,采用基于规则库的批量自动综合与人机交互模式,逐级实施 1:1 万—1:5 万、1:5 万—1:10 万、1:10 万—1:25 万、1:25 万—1:50 万、1:50 万—1:100 万、1:100 万—1:400 万省级系列比例尺的浙江省国土三调成果数据缩编,建立全省系列比例尺的土地利用数据库,并编制样图。

二、技术指标

(一)地图定向

县级、地(市)级、省级土地利用数据库尽可能采用北方定向。

(二)道路

道路选取按地物等级选取法进行选取,即按道路的质量标志规定某一等级作为全取界限。如在大比例尺地图上,规定某地区大车路以上的道路全部选取。全取界限以上的道路不应超过规定的选取数量指标,不足的部分再按一定条件从低级道路中选取。

此外,道路的连贯性也是道路重要性的一个标志。在同级道路中,应优先选取连贯性较强的道路。道路选取指标如表 9-1 和表 9-2 所示。

表 9-1 土地利用数据库中道路等级指标

级别	比例尺	公路分类	铁路分类
县级	1:5 万	高速公路、国道、省道、县道、乡镇道路	都表示
地市级	1:10 万	高速公路、国道、省道、县道	都表示
	1:25 万	高速公路、国道、省道、县道	都表示
省级	1:50 万	高速公路、国道、省道	都表示

表 9-2 道路选取指标(网眼大小:cm^2)

级别	县级	地市级		省级
比例尺	1:5 万	1:10 万	1:25 万	1:50 万
极密,稠密区	3—4	2—4	2—3	2—3
中密区	4—6	3—5	3—5	3—4
稀疏区	>6	>5	>5	>4

1.对铁路的选取

由于铁路网密度极小,在 1:1 万到 1:50 万的土地利用现状图上,完整地表示出全部的营运铁路网,舍去专用线、短小的分叉等。

2.对公路的选取

公路的选取较为复杂。大中比例尺(1∶1万、1∶5万、1∶10万、1∶25万、1∶50万)地图上,公路表示出来,舍去一些专用线、短小的分叉,以表示部分简易公路。

3.对其他道路的选取

除以上提到的道路外,其他道路是舍弃的主要对象。它们的选取旨在反映地区道路网的特征,补充道路网的密度,使之达到保持密度对比和网眼平面结构特征的目的。

4.对道路附属物的选取

主要公路上的隧道,图上长度超过5mm的须予以表示。双线河上的铁路、高速公路、主要公路的桥梁全部选取,单线河上的桥梁一律不表示。1∶1万、1∶5万、1∶10万、1∶25万图上标绘铁路车站符号,1∶50万图上不标绘。

确定道路上的最小上图长度,根据土地利用现状图道路的分析,各主比例尺的道路最小上图长度为12mm。确定道路的最小弯曲,小于0.5mm×0.6mm的道路弯曲细部,一般舍去拉直。确定道路宽度:当道路图上宽度大于2mm时,按图斑表示;当道路图上宽度小于2mm时,用线状符号表示。

(三)水系

1.河渠的长度、间距综合技术指标

河渠的长度、间距综合指标如表9-3所示。

表 9-3　河渠长度、河渠间距综合技术指标

密度分区	实地河渠密度(km/km²)	图上选取长度(mm)	图上平行间距(mm)			
			县级	地市级		省级
			1∶5万	1∶10万	1∶25万	1∶50万
极密区	>2.0	8	4	4	3	3
稠密区	1.0—2.0	8—10	5	5	4	4
中密区	0.3—1.0	10—12	6	6	5	5
稀疏区	0.1—0.3	12	7	7	6	6
极稀区	<0.1	基本全取				

2.河渠单双线的上图指标

河渠单双线的上图指标如表9-4所示。

表 9-4　河渠单双线的上图指标

符号	县级	地市级		省级
	1∶5万	1∶10万	1∶25万	1∶50万
不依比例尺 0.1—0.4mm	20m以下 (含20m)	40m以下 (含40m)	100m以下 (含100m)	200m以下 (含200m)
依比例尺双线表示	20m以上	40m以上	100m以上	200m以上

注:各比例尺栏目下的数据为河流、沟渠的实地宽度;河流、沟渠的表示以常水位为准;不依比例尺单线表示的渠道按图式区分干渠、支渠。

3.湖泊、坑塘的上图标准

湖泊、坑塘图上面积大于 1 mm² 的,一般全取;在湖塘密集区,做适量选取,但只取舍,不合并。水库,一般全取。图上面积大于 2 mm² 的依比例尺表示;小于 2 mm² 的用符号表示。河、湖、水库,图上面积大于 1 mm² 的依比例尺表示;小于 1 mm² 的按其形状特征用点状符号表示,适当取舍。

4.河渠的最小弯曲

小于 0.5 mm×0.6 mm 的河渠弯曲细部,一般舍去拉直。

(四)居民点

1.居民点选取模型

相对模型:以底图上居民点密度为基础来确定新编图上选取指标的数学模型称为相对模型。居民点的相对选取模型如表 9-5 所示。

图上面积大于上图指标的,一般全取依比例尺表示;小于上图指标的,用圈形符号表示。居民点的综合取舍应正确反映其与其他地类面积的对比关系和人地关系。居民点最小上图面积指标参见地类图斑综合指标部分。

表 9-5　居民点的相对选取模型

中小型居民点		大中型居民点	
1∶5万编1∶10万	$Y=2.6277X-0.2640$	1∶5万编1∶10万	$Y=2.6227X-0.2640$
1∶10万编1∶25万	$Y=1.4261X-0.4831$	1∶10万编1∶25万	$Y=1.4658X-0.4803$
1∶25万编1∶50万	$Y=0.4324X-0.0864$	1∶25万编1∶50万	$Y=0.4156X-0.0582$

注:Y是居民点选取率,X是居民点实地密度(个/dm²)。

2.居民点密度规定

居民点密度分区情况如表 9-6 所示,居民点密度综合技术指标如表 9-7 所示。

表 9-6　居民点密度分区

分区	实地每百 km² 内居民点数量
极密,稠密区	110 个以上
中密区	60—110 个
稀疏区	60 个以下

表 9-7　居民点密度综合技术指标

单位:个/dm²

分区	县级	地市级		省级
	1∶5 万	1∶10 万	1∶25 万	1∶50 万
极密,稠密区	5—10	13—26	18—38	8—16
中密区	3—7	8—18	11—26	4—11
稀疏区	1—2	2—5	3—7	1—3

居民点密度在 1∶5 万、1∶10 万、1∶25 万随比例尺变小,密度变大;1∶25 万综合至 1∶50 万,居民点密度变小。

图上面积大于上图指标时,一般全取,依比例尺表示;小于上图指标的,用圈形符号表示。居民点的综合取舍应正确反映与其他地类面积对比及人地关系。

(五)地类图斑选取

1.各类用地最小上图图斑面积

根据土地利用的地域分区和地类重要性,调查有代表性的土地利用现状数据样本,采用多元统计方法分析地类最小上图图斑面积和比例尺、土地利用格局之间的关系。确定各类用地最小上图图斑面积指标。

2.最小图斑间距

考虑图面负载量和人的视觉分辨力,确定了最小图斑间距指标如表 9-8 所示。

表 9-8　图斑间距指标

级别	比例尺	图斑间距
县级	1∶5 万	0.8
地(市)级	1∶10 万	0.6
	1∶25 万	0.4
省级	1∶50 万	0.2

3.地类图斑界线的最小弯曲度

地类图斑界线小于 0.5 mm×0.6 mm 的弯曲进行综合,并保持综合前后形状的相似性。

（六）零星地物选取

小于上图图斑面积指标但又具有重要意义的耕地、园地等可用相应的独立符号表示，位于耕地中有重要意义的其他地类亦可采用相应的独立符号表示。因此，零星地物和独立符号只是在符号表示上有所差异，综合技术指标进行统一制定，如表9-9、表9-10所示。

表 9-9　零星地物上图密度和数量标准

分区	密度指标（个/dm²）	数量指标（个/分幅图⁻¹）
高破碎度区	12—18	330—500
中高破碎度区	6—12	160—330
中低破碎度区	2—6	60—160
低破碎度区	0—2	0—60

表 9-10　零星地物的面积阈值（单位：mm²）

级别	比例尺	耕地	园地	林地	草地	其他土地	城镇村及工矿用地
县级	1∶5万	1.5	1.5	4.5	4.5	4.0	0.8
地市级	1∶10万	1.5	1.5	4.0	4.0	3.5	0.6
	1∶25万	1.0	1.0	3.5	3.5	2.5	0.5
省级	1∶50万	1.0	1.0	2.5	2.5	2.0	0.4

（七）行政区域调查界线

土地利用数据库中行政区域级别表示标准如表9-11所示。

表 9-11　行政区域级别表示标准

级别	比例尺	行政区域调查界线表示级别
县级	1∶5万	乡（镇）、县、市、省、国界
地（市）级	1∶10万	乡（镇）、县、市、省、国界
	1∶25万	乡（镇）、县、市、省、国界
省级	1∶50万	县、市、省、国界

1∶25万土地利用现状图根据不同区域特点，表示到乡、镇或县、市。当不同等级境界重合时，按最高级境界表示。

（八）注记

土地利用数据库中的注记要素主要包括定位要素注记、高程注记、行政区域名称注记、地类图斑注记、线状地物注记、零星地物注记、其他注记等。各类注记根据综合数据库中要素保留情况,对保留要素进行注记。其中行政区域名称注记、线状地物要素注记时按其等级注记,具体要求如表 9-12 所示。

表 9-12　要素注记要求

要素	要素注记		
	县级	地(市)级	省级
行政区域	县注记、乡镇注记、行政村注记、部分自然村注记	地(市)注记、县注记、乡(镇)注记、行政村注记	地(市)注记、县注记、部分乡(镇)注记、行政村注记
道路	铁路、高速公路、国道、省道、县道、乡(镇)道路	铁路、高速公路、国道、省道、县道	铁路、高速公路、国道、省道
河流	有名称双线河流	有名称双线河流、部分单线河流	省内主要河流

三、关键技术

(一)建立土地利用数据综合规则

土地利用数据综合必须保持和反映土地利用空间分布特征,如区域对比特征、地类对比特征、数量结构特征等。通过建立土地利用综合知识规划,规范、统一土地利用综合操作,达到结果的一致性。土地利用数据综合规则包括地类层次树的合并规则、地图载负量、地类面积比例结构、地类空间分布对比、地类最小上图图斑面积、图斑最小间距、图斑边界的最小弯曲等。

(二)相邻图斑综合分析与图斑归并

土地利用图斑归并必须同时考虑图斑在语义和空间两个方面的邻近特征。需要建立语义邻近度计算模型和空间邻近度计算模型,并制定图斑归并时综合邻近度的评估规则和图斑归并操作的选取规则。

(三)综合过程中的要素关系处理

制图比例尺的缩小和土地利用数据综合操作会导致地物要素的冲突、压盖等问题。土地利用数据综合过程中处理要素冲突需要遵循重要地物避让次要地物的基本原则,如:地类界线和道路重合时表示道路,不表示地类界线;村界和道路重合时优先表示道路;等等。

(四)土地利用数据自动综合

为了实现土地利用数据自动综合,需要将土地利用综合过程分解为具有一定独立性的自动综合操作算子。这些综合操作算子包括:图斑聚合、图斑融合、提取骨架线、图斑边界化简等。

第三节　数据缩编准备工作与操作方法

一、准备工作

接收各级比例尺缩编的源数据,并对缩编源数据的完整性、规范性进行检查,检查其是否满足后续缩编数据质量要求。

(一)采用数据内容

数据接收的内容根据缩编比例尺级别有所不同,各级比例尺缩编采用数据内容如表9-13所示。

表9-13　数据接收内容

缩编比例尺	采用数据内容
1:5万	第三次全国国土调查县级数据库中地类图斑、行政区数据;1:5万省级行政区数据
1:10万	1:5万缩编数据成果;1:5万省级行政区数据
1:25万	1:10万缩编数据成果;1:10万省级行政区数据
1:50万	1:25万缩编数据成果;1:525万省级行政区数据

(二)数据检查内容

完整性检查。完整的数据库成果图层,必须包括地类图斑和行政区图层;成果数据能够正常打开、浏览、编辑。

数据规范性检查。矢量数据规范性检查包括检查数据格式规范性、数学基础规范性、图形拓扑规范性、属性数据结构规范性、部分属性取值规范性。

1. 数据格式规范性检查

数据库格式为 gdb 格式。

2. 数学基础规范性检查

(1)坐标系统:采用"2000 国家大地坐标系"。

(2)高程基准:采用"1985 国家高程基准"。

(3)地图投影:高斯-克吕格投影。

3. 图形拓扑规范性检查

(1)同一图层内不存在面与面重叠,包括完全重叠与部分重叠。

(2)同一面层内不同面要素之间不存在缝隙。

(3)同一图层内不同要素间线要素不存在重叠或与自身重叠。

（4）图形不存在面自相交、环方向错误等错误。

（5）点层要素不能存在重叠。

4.属性结构规范性检查

要求各图层名称、属性字段的数量和属性字段名称、类型、长度、小数位数符合《国土调查数据库标准》（TD/T 1057—2020）、《第三次全国国土调查技术规程》（TD/T 1055—2019）等要求。

5.部分属性取值规范性检查

《国土调查数据库标准》（TD/T 1057—2020）、《第三次全国国土调查技术规程》（TD/T 1055—2019）要求的必填字段，属性取值不允许为空，且相关取值在文件规定的值域范围内。

（三）资料收集

收集用于缩编的相关资料，具体资料如下：

1.作业区地形地貌图件及地貌分区资料，用于地形类别分区，辅助各类型地类图斑综合时数量指标的制定，也可用于取舍线状、点状要素的参考。

2.作业区有关水系、水利分布和水系密度资料，主要用于确定水网选取指标的确定，辅助判断主要的河流、沟渠、湖泊、水库等水系要素的综合取舍。

3.作业区道路分布与分级资料，主要用于确定路网选取指标的确定，道路级别的判定，辅助道路的综合取舍。

4.作业区居民点分布、等级资料，主要用于居民点定位，核对居民点相关地类图斑选取是否准确，等等。

（四）区域特征分析

区域特征是缩编规则（如要素综合次序、地类重要性、要素地理特征等）和评价指标（如各地类面积对比关系、各地类分布特点等）确定的基础。区域特征分析应考虑如下因素：

1.地形特征、地貌分区特征，可划分为平原区、丘陵区和山地区。

2.土地利用区域分区，划分土地利用分区，农区、牧区、林区、建设用地密集区和土地未利用区等，分析各区的土地利用特点。

3.分析交通运输用地、水域及水利设施用地的等级和密度。此类用地在数据缩编过程中需要考虑等级特征，以确定在不同的比例尺中要素的等级和重要性。

二、人机交互缩编处理

（一）缩编要求

根据不同地区的区域特征和地形地貌特点，依据《第三次全国国土调查技术规程》（TDT 1055—2019）和系列比例尺《国家基本比例尺地图编绘规范》（GBT 12343.2—2008），确定具体区域系列比例尺缩编方案。在计算机软件辅助处理的基础上，采用人机交互的

方法进行缩编操作,缩编中间成果应由专门制图人员进行检查,避免过度综合现象,具体缩编要求如下:

1.要素综合优先级

(1)平原区一般综合顺序为:水域及水利设施用地、城镇村及工矿用地、交通运输用地、耕地、园地、林地、草地、其他土地。

(2)低山、丘陵一般综合顺序为:水域及水利设施用地、城镇村及工矿用地、交通运输用地、园地、其他土地、耕地、林地、草地。

(3)山区一般综合顺序为:水域及水利设施用地、城镇村及工矿用地、交通运输用地、林地、草地、园地、其他土地、耕地。

2.空间关系相协调

(1)居民地符号位于两河交叉口,河流等级相差很大时,居民地符号可与主要河流相切、与次要河流相割。若两河等级相同,可与两河都相割。

(2)居民地符号位于单线河流、巡路、湖岸线、河岸线、海岸线近旁时,保持居民地符号与其相切或相离的关系。

(3)当居民地符号夹在水崖线与路之间时,等级低的道路可与居民地符号相交,与水崖线相切。

(4)道路与水系、道路与道路间的间距过小,应做适当的位移。移位的一般原则是:当道路与水系发生争位时,一般水系不移位,移动道路符号,但当铁路、高速公路与小河流、支渠发生争位时,移动小河流、支渠的位置,以保持铁路、高速公路的形状,位置不变;道路之间发生争位时,同等级的应相对移位,否则,低等级的移位。

(5)零星地物符号之间相互压盖可相对移位,零星地物符号与线状地物符号之间相互压盖,一般移动零星地物符号。

3.相似度关系分析

相邻非同类图斑合并时,需要根据地类相似度进行分析,相邻图斑地类相似度包含一级地类相似度、二级地类相似度两个层次。一级地类相似度指各一级地类之间转化的相似度。二级地类相似度指同属某一一级类的二级地类之间转化的相似度。对于需要跨越一级类相互转换的二级类,单独测算。

种植属性为"即可恢复"以及"工程恢复"地类与其他一级地类之间的相似度关系如表9-14与表9-15所示。

表 9-14　种植属性为"即可恢复"地类与其他一级地类之间的相似度关系表

地类	种植园用地	林地	草地	水域及水利设施用地(坑塘)
耕地	1	1	1	1
种植园用地	0.9	0.7	0.7	0.6

地类	种植园用地	林地	草地	水域及水利设施用地（坑塘）
林地	0.8	0.9	0.8	0.7
草地	0.7	0.8	0.9	0.8
湿地	0	0	0.6	0
交通运输用地	0	0	0.1	0
水域及水利设施用地	0	0	0	0.9
商业服务用地	0.1	0.1	0.1	0.1
工矿用地	0.1	0.1	0.1	0.1
住宅用地	0.1	0.1	0.1	0.1
公共管理与公共服务用地	0.1	0.1	0.1	0.1
特殊用地	0.1	0.1	0.1	0.1
其他用地	0.2	0.2	0.2	0.2

注 1：种植属性为"即可恢复"的地类图斑（除相同一级类外）与耕地包含的二级类具有更高的相似度。

表 9-15　种植属性为"工程恢复"的地类图斑与其他一级地类之间的相似度关系表

地类	种植园用地	林地	草地	水域及水利设施用地（坑塘）
耕地	1	1	1	1
种植园用地	0.9	0.7	0.7	0.6
林地	0.8	0.9	0.8	0.7
草地	0.7	0.8	0.9	0.8
湿地	0	0	0.6	0.5
交通运输用地	0	0	0.1	0
水域及水利设施用地	0	0	0	0.9
商业服务用地	0.1	0.1	0.1	0.1
工矿用地	0.1	0.1	0.1	0.1
住宅用地	0.1	0.1	0.1	0.1
公共管理与公共服务用地	0.1	0.1	0.1	0.1
特殊用地	0.1	0.1	0.1	0.1
其他土地	0.2	0.2	0.2	0.2

在地类相似度相同情况下,相邻图斑依据面积、共享边长度等参数通过数学模型计算出空间归属值,多个计算结果值中值大优先,不同用地的二级地类相似度如表9-16至表9-22所示。

表9-16　耕地二级类相似度

地类	水田	水浇地	旱地
水田	1	0.9	0.8
水浇地	0.9	1	0.9
旱地	0.8	0.8	1

表9-17　园地二级类相似度

地类	果园	茶园	橡胶园	其他园地
果园	1	0.7	0.8	0.9
茶园	0.9	1	0.7	0.8
橡胶园	0.8	0.9	1	0.7
其他园地	0.7	0.8	0.9	1

表9-18　林地二级类相似度

地类	乔木林地	竹林地	灌木林地	其他林地
乔木林地	1	0.7	0.8	0.9
竹林地	0.9	1	0.7	0.8
灌木林地	0.8	0.9	1	0.7
其他林地	0.7	0.8	0.9	1

表9-19　草地二级地类相似度

地类	天然牧草地	人工牧草地	其他草地
天然牧草地	1	0.9	0.8
人工牧草地	0.9	1	0.9
其他草地	0.8	0.8	1

表9-20　湿地二级地类相似度

地类	红树林地	森林沼泽	灌丛沼泽	沼泽草地	盐田	沿海滩涂	内陆滩涂	沼泽地
红树林地	1	0.2	0.2	0.2	0.2	0.2	0.2	0.2
森林沼泽	0.5	1	0.8	0.8	0.2	0.2	0.2	0.2

地类	红树林地	森林沼泽	灌丛沼泽	沼泽草地	盐田	沿海滩涂	内陆滩涂	沼泽地
灌丛沼泽	0.5	0.8	1	0.8	0.2	0.2	0.2	0.2
沼泽草地	0.5	0.8	0.8	1	0.2	0.2	0.2	0.9
盐田	0.2	0.2	0.2	0.2	1	0.2	0.2	0.2
沿海滩涂	0.9	0.2	0.2	0.2	0.2	1	0.2	0.2
内陆滩涂	0.2	0.2	0.2	0.2	0.2	0.2	1	0.2

表 9-21　水域二级地类相似度

地类	河流水面	湖泊水面	水库水面	坑塘水面	养殖坑塘	沟渠	干渠	水工建筑用地	冰川及永久积雪
河流水面	1	0.5	0.5	0.5	0.5	0.1	0.1	0.1	0.1
湖泊水面	0.5	1	0.5	0.8	0.8	0.1	0.1	0.1	0.1
水库水面	0.5	0.5	1	0.7	0.7	0.1	0.1	0.1	0.1
坑塘水面	0.1	0.1	0.1	1	0.9	0.1	0.1	0.1	0
养殖坑塘	0.1	0.1	0.1	0.9	1	0.1	0.1	0	0
沟渠	0.1	0.1	0.1	0.1	0.1	1	0.1	0.1	0.1
干渠	0.1	0.1	0.1	0.1	0.1	0.9	1	0.1	0.1
水工建筑用地	0.1	0.1	0.1	0.1	0.1	0.1	0.1	1	0
冰川及永久积雪	0.1	0.1	0	0	0	0	0	0	1

表 9-22　其他土地二级地类相似度

地类	空闲地	设施农用地	田坎	盐碱地	沙地	裸土地	裸岩石砾地
空闲地	1	0.1	0.1	0.1	0.1	0.1	0.1
设施农用地	0.1	1	0.1	0.1	0.1	0.1	0.1
田坎	0.1	0.1	1	0.1	0.1	0.1	0.1
盐碱地	0.1	0.1	0.1	1	0.1	0.1	0.1
沙地	0.1	0.1	0.1	0.1	1	0.1	0.1
裸土地	0.1	0.1	0.1	0.1	0.1	1	0.1
裸岩石砾地	0.1	0.1	0.1	0.1	0.1	0.1	1

个别二级地类若出现跨级转化的情况,其相似度计算如表 9-23 和表 9-24 所示。

表 9-23　个别二级地类转化时跨级情况的相似度

地类	空闲地	盐田	水工建筑用地	设施农用地	农村道路	其他草地
耕地	0.1	0.1	0.1	0.6	0.6	—
种植园园地	0.1	0.1	0.1	0.6	0.6	—
林地	0.1	0.1	0.1	0.6	0.6	—
草地	0.1	0.1	0.1	0.6	0.6	—
湿地	0.1	0.1	0.1	0.1	0.1	—
交通运输用地	0.1	0.1	0.1	0.1	0.5	—
水域及水利设施用地	0.1	0.1	0.1	0.1	0.1	—
城镇村及工矿用地	0.9	0.9	0.9	0.1	0.1	—
其他土地	0.1	0.1	0.1	0.1	0.1	—

表 9-24　二级地类中可调整地类与其他地类的相似度

地类	可调整乔木林地	可调整竹林地	可调整其他林地	可调整人工牧草地	可调整果园	可调整茶园	可调整橡胶园	可调整其他园地	可调整养殖坑塘
耕地	1	1	1	1	1	1	1	1	1
种植园用地	0.7	0.7	0.7	0.7	0.9	0.9	0.9	0.9	0.5
林地	0.9	0.9	0.9	0.8	0.8	0.8	0.8	0.8	0.6
草地	0.8	0.8	0.8	0.9	0.7	0.7	0.7	0.7	0.7
湿地	0.6	0.6	0.6	0.6	0	0	0	0	0.8
交通运输用地	0	0	0	0.1	0	0	0	0	0
水域及水利设施用地	0	0	0	0	0	0	0	0	0.9
城镇村及工矿用地	0.1	0.1	0.1	0.1	0.1	0.1	0.1	0.1	0.2
其他土地	0.2	0.2	0.2	0.2	0.2	0.2	0.2	0.2	0.1

(二)空间格局

1.空间分布

缩编前后各一级地类未发生变化的部分占缩编前该地类总面积的比例＞70％;缩编后各一级地类流入的面积占缩编前该地类总图形面积的比例＜30％;缩编后各一级地类流出的面积占缩编前该地类总图形面积的比例＜30％。

2.聚集性特征

（1）线型特征。

多个同类图斑间空间关系若符合主方向差异[0,10°]、尺寸相似[1/3,1]、形状相似[0.5,1]、平均间距图上 0.4 mm（实地 20 m），则保持该特征。

（2）格网型特征。

多个同类图斑间若符合平行度[0°,10°]、垂直度[80°,90°]、有效连接比率[0.5,1]，则为格网型格局，可在缩编前后保持该特征。

（3）毗邻型特征。

多个同类图斑间若符合主方向差异[0,10°]、平均间距图上 0.4 mm（实地 20 m）、有效连接比率[0.5,1]，则为毗邻型格局，可在缩编前后保持该特征。

（三）行政区综合要求

各比例尺国界、省级行政区由国家级数据缩编单位统一缩编提供。地市级及以下级别的行政区，各单位按照综合原则进行综合，综合后的各级行政区应作为地类图斑综合时的控制界线。综合级别如表 9-25 所示，具体要求如下：

（1）各级行政区应依据基础指标中要求开展轮廓形状化简操作，需注意保留行政区界线的重要拐点。

（2）行政区综合时应保证综合后行政区与邻近地类图斑的一致性，不得引起重要地物图斑的权属变化。例如，河流、道路等面积较大的地物的归属不能发生变化。地物的边界可进行细微调整，但整个地物的归属不能发生变化。

（3）当不同级别境界重合时，以最高级境界的综合结果为基准。

（4）面积变化控制：同一行政区要素缩编前后图形未变化区域的面积比（即缩编前与缩编后图形交集区域占缩编前行政区的图形面积比）不能小于 99%，调入、调出区域面积均不能大于 1%。

（5）在同一比例尺级别下，拓扑容差范围内，相邻行政区之间不能存在重叠或缝隙。

（6）在同一比例尺级别下，各级别的行政区之间拓扑关系和属性逻辑关系正确。

表 9-25　行政区综合级别

缩编单元	比例尺级别	行政区综合级别
县级	1∶5 万	乡镇界、县界
地市级	1∶10 万	县界、地市界
	1∶25 万	县界、地市界
省级	1∶50 万	县界、地市界、省界

(四)相接同属性图斑合并

对地类图斑层中空间相接(具有共享边)且属性(地类编码、种植属性代码、城镇村属性码)相同的地类图斑进行合并。相接图斑合并要注意以下事项:

(1)清除耕地图斑的"种植属性代码"属性字段值(保留其余地类的即可恢复、工程恢复属性,是因为地类近似度考虑"即可恢复""工程恢复"属性)。

(2)地类为1001(铁路用地)、1002(轨道交通用地)、1003(公路用地)、1004(城镇村道路用地)、1006(农村道路)、1009(管道运输用地)、1101(河流水面)、1107(沟渠)1108(水工建筑用地)等具有线状特征图斑不参与图斑合并,保留原图斑的"地类编码""城镇村属性码""线状地物宽度"属性。

(3)除上述线状特征的图斑外,其余地类图斑按照"地类编码""种植属性代码""城镇村属性码"属性字段进行合并。合并完的地类图斑保留"地类编码""种植属性代码""城镇村属性码"属性信息。

(五)交通运输用地综合

对于交通运输用地图斑平均宽度小于上图宽度的,进行图斑转线处理,主要处理原则如下:

1. 处理对象的确定

依据缩编要求,确定地类分类表达的级别与所处理的图斑。交通运输用地处理对象:地类为1001(铁路用地)、1002(轨道交通用地)、1003(公路用地)、1004(城镇村道路用地)、1006(农村道路)、1009(管道运输用地)且平均宽度不满足上图标准的图斑。

2. 线状特征图斑骨架线的提取

针对线状特征图斑,应提取其骨架线作为基础线要素。提取图斑骨架线需注意以下事项:

(1)提取的骨架线继承原线状特征图斑属性。

(2)骨架线提取应保证相邻同类骨架线之间以及骨架线与相邻同类图斑之间的连通性。

(3)提取的骨架线应保证交叉处形态的自然平滑。

(4)行政界线以道路为界的,其骨架线从境界层提取。

(5)如果线状特征图斑的等级很高(比如公路),此时保留其面状区域还是提取骨架线,则应根据实际情况选择更加合理的方案。

3. 线状特征图斑拆分与合并

提取线状特征图斑的骨架线后,用骨架线分割原线状特征图斑,然后将分割的图斑分别与邻近的图斑合并。

4. 线要素的选取

基于基础线要素,结合道路等级、长度以及连通性和分布特征,确定基础线要素的重要性,并开展线要素选取,形成交通运输用地综合线要素成果。

(六)水域及水利设施用地综合

水域及水利设施用地图斑平均宽度小于上图宽度要求的,进行图斑转线处理。

1.处理对象的确定

依据缩编要求,确定地类分类表达的级别与所处理的图斑。水域及水利设施用地处理对象:地类为 1101(河流水面)、1107(沟渠)、1108(水工建筑用地)且平均宽度不满足上图标准的图斑。

2.线状特征图斑骨架线的提取

针对线状特征图斑,应提取其骨架线作为基础线要素。提取图斑骨架线需注意以下事项:

(1)提取的骨架线继承原线状特征图斑属性。

(2)骨架线提取保证相邻同类骨架线之间以及骨架线与相邻同类图斑之间的连通性。

(3)提取的骨架线保证交叉处形态的自然平滑。

(4)行政界线以河流、沟渠为界的,其骨架线从境界层提取。

(5)对于分支较多或宽度不均匀较长的河流图斑,可对图斑进行分割处理,对每个分割出来的分支条带状图斑进行线状特征图斑识别、处理。实际情况下,比如河流的宽度并不是一成不变的,从总体上把握是否将其提取骨架线,是否需要从中间某个位置拆分,然后分段进行处理。

(6)线状特征图斑意义重要的(比如境界附近河流),根据实际情况选择更加合理的方案。

3.线状特征图斑拆分与合并

提取线状特征图斑的骨架线后,要用骨架线分割原线状特征图斑,然后将分割的图斑分别与邻近的图斑合并。

4.线要素的选取

基于基础线要素,结合水系等级、长度以及连通性和分布特征,确定基础线要素的重要性,并开展线要素选取,形成水域及水利设施用地综合线要素成果。

(七)连片同类小图斑聚合

对平均间距小于一定阈值的多个具有聚集性(非直接相接的连片图斑)同类(属于同一一级类)小图斑,即按照一定的规则对多个同类图斑进行聚合,形成达到上图面积的大图斑,并尽量保持聚合后的图形与原连片图斑形状相似、面积大体一致且美观。

连片同类小图斑聚合主要原则如下:

1.处理对象的确定

依据缩编要求,确定地类分类表达级别与所处理的图斑对象。聚合处理对象:平均间距小于一定阈值的多个具有聚集性特征的(非直接相接的连片图斑)同类(属于同一一级类)小图斑。

2.所处理图斑对象的聚集模式的确定

主要包括散列模式、直线模式、格网模式和毗邻模式等。

3.聚合操作模式的选取

依据聚集模式选取适宜的聚合操作,如缓冲合并、典型化聚合、毗邻化聚合等。

(1)对于呈散列模式的图斑面群,利用缓冲合并方式进行聚合。

(2)对于呈直线模式的居民地图斑面群,需要识别主体直线结构,并在合并过程中予以保持。

(3)对于呈格网模式的居民地图斑面群,采用典型化方法对图斑面群进行合并,保留主体格网结构,去除分支结构影响。

(4)对于呈毗邻模式的坑塘、湖泊等图斑面群,进行毗邻化聚合。

说明:聚合操作过程中,与行政区界线邻近的地类图斑应与综合后的各级行政区界线保持一致。如果图斑均满足上图面积,但是图斑之间距离小于图斑间距,在缩小到当前级别比例尺时人眼已经区别不出其中间的间隙,则也需要非拓扑邻近图斑聚合。

(八)重要意义小图斑夸大

对于独立存在与目标比例尺上图标准差距不大,同时又具有重要意义的小图斑,不能将其直接剔除,可将其图形依比例尺扩大,即按照一定规则,扩大其面积,使其满足目标比例尺上图要求。主要原则如下:

1.夸大处理对象的确定

依据缩编要求,确定需夸大处理的图斑对象。常见需要夸大处理的小图斑如下:

不满足上图面积,且与该地类的最小上图指标要求相差不大(图形面积占最小上图面积的百分比不小于 60%),同时又具有重要意义的小图斑。

(1)小图斑选取原则。

如:干旱地区不满足上图面积(图形面积占最小上图面积的百分比不小于 60%)、地类为 1102(湖泊水面)或 1104(坑塘水面)的图斑;西北、西南地区零散分布的居民点、耕地(个体面积小但数量多),地类(09 特殊用地)、权属单位名称(XX 直属)、权属性质(国有)比较特殊的图斑;国界线 5—10 公里范围内的湖泊、河流等图斑;周边为其他地类的湿地小图斑;等等。

(2)影响面积变化率的图斑。

该地类的图斑在完成相接图斑合并、连片同类小图斑聚合操作后,还存在不满足上图面积的小图斑,假如这些不满足上图面积的小图斑被吞并后,该地类的面积变化率会超过阈值,为了保证面积变化率不超出阈值范围,对部分不满足上图面积(图形面积占最小上图面积的百分比不小于 60%)的小图斑进行夸大处理,保障该地类面积平衡。

2.图斑夸大的处理

筛选确定要进行夸大处理的图斑,对其进行夸大处理,夸大后的图形与原图斑形状相似,面积满足最小上图要求即可,不过分夸大,确保与相接图斑的空间关系正确,不存在压盖或缝隙。

3.点对象确定

依据缩编要求,确定可转点处理的图斑对象。常见需要转点处理的小图斑如下:

独立存在且不满足上图标准的小图斑,且与该地类的最小上图指标要求相差较大(图形面积占上图面积百分比小于60%),同时又具有重要意义的小图斑。

(九)重要意义小图斑转点

对于独立存在与目标比例尺上图标准差距较大,同时又具有重要意义的小图斑,不能直接剔除,将小图斑进行转点处理,并继承原地类图斑的属性。

1.重要意义小图斑的选取

如:干旱地区不满足上图面积(图形面积占最小上图面积的百分比小于60%)、地类为1102(湖泊水面)或1104(坑塘水面)的图斑;西北、西南地区零散分布的居民点、耕地(个体面积小但数量多),或地类(09特殊用地)、权属单位名称(XX直属)、权属性质(国有)比较特殊的图斑;国界线5—10公里范围内的湖泊、河流等图斑;周边为其他地类的湿地小图斑;等等。

2.影响面积变化率图斑的处理

该地类的图斑在完成相接图斑合并、连片同类小图斑聚合操作后,还存在不满足上图面积的小图斑,为了保证面积变化率不超出阈值范围,对部分不满足上图面积(图形面积占最小上图面积的百分比小于60%)的小图斑进行转点处理。

3.图斑属性的继承

对于图斑转换为点要素,新生成的点要素空间位置位于原图斑内部,其地类、面积属性完全继承原图斑属性。

(十)其他小图斑的处理

其他小图斑合并建议在连片同类小图斑聚合、重要意义小图斑夸大处理、重要意义小图斑转点操作完成之后进行,否则会把连片分布的小图斑或重要意义的小图斑全都吞并,这不仅影响地类分布特征,还会影响面积平衡。所以在小图斑合并之前要判断图斑之间的空间关系,以便做出合理的判断。

剩余小图斑合并主要做法如下:

1.确定处理对象

主要针对在连片同类小图斑聚合、重要意义小图斑夸大处理、重要意义小图斑转点以外,筛选不满足上图面积的图斑。

2. 小图斑合并

小图斑合并遵循地类语义邻近优先原则,通常情况下相同二级分类的图斑语义邻近度最高,相同一级分类内的图斑的语义邻近度高于不同一级分类的图斑语义邻近度。当地类相似度相同且无法区分时,需考虑空间归属度(相接图斑面积、共享边长度等参数)。

(十一)图斑综合结果化简

无论是线状特征图斑综合,还是非线状特征图斑的聚合、夸大、合并,都是把图斑或线要素作为整体进行化简,并没有考虑到单个图斑或线要素的形状是否符合相应比例尺的视觉要求。为了使综合完成的整体图面效果更加美观,边界化简操作是必须的。边界的化简涉及自然地物和人工地物,这两种地物的边界具有不同特征:自然地物边界由于受自然条件的影响,大多数应该光滑且具有曲线美;而人工地物应该棱角分明,特别是建筑物(如城镇住宅用地、工业用地等)具有四四方方的结构。所以,对这两种地物的化简有很大的区别。自然地物边界做光滑化处理;人工地物边界消除小锯齿,使棱角清晰分明。主要做法如下:

(1)依据缩编要求,识别图斑综合结果的弯曲特征,确定所处理的图斑和线要素。

(2)对所处理的图斑和线要素需要化简的部分,进行拉直、光滑等化简操作。

(3)化简结果应保持化简前后形状相似,包括剔除尖角和小锯齿,保持直角化特征,等等。

三、数据接边及整合

对于综合后的地类图斑、线状要素,根据行政界线数据进行数据接边,对空间拓扑关系和属性数据进行维护。

(一)县级数据接边

省内相邻县行政界线两侧明显地物接边误差小于图上 0.5 mm,不明显地物接边误差小于图上 1.0 mm 时,双方各改一半进行接边;否则要检查接边超限的原因,直至接好边为止。接边后行政界线两侧相同要素的形状表示、属性应保持一致。相邻省的县级行政界线两侧明显地物接边误差小于图上 0.6 mm,不明显地物接边误差小于图上 1.2 mm 时,双方各改一半进行接边;否则要检查接边超限的原因,直至接好边为止。接边后行政界线两侧相同要素的形状表示、属性保持一致。

(二)地市级数据接边

省内相邻地市级行政界线两侧明显地物接边误差小于图上 0.5 mm,不明显地物接边误差小于图上 1.0 mm 时,双方各改一半进行接边;否则要检查接边超限的原因,直至接好边为止。接边后行政界线两侧相同要素的形状表示、属性保持一致。相邻省的地市级行政界线两侧明显地物接边误差小于图上 0.6 mm,不明显地物接边误差小于图上1.2 mm

时，双方各改一半进行接边；否则要检查接边超限的原因，直至接好边为止。接边后行政界线两侧相同要素的形状表示、属性保持一致。

(三)省级数据接边

相邻省的省级行政界线两侧明显地物接边误差小于图上 0.6 mm，不明显地物接边误差小于图上 1.2 mm 时，双方各改一半进行接边；否则要检查接边超限的原因，直至接好边为止。接边后行政界线两侧相同要素的形状表示、属性保持一致。

(四)空间数据整合处理

对缩编后各图层内部及各图层之间的空间关系进行拓扑关系维护，确保图形数据的正确性和逻辑一致性，保证图形数据能够满足缩编数据入库要求。利用软件工具根据行政区与地类图斑重新生成行政区界线及地类界线，并完善"地类界线类型"等属性信息。

(五)属性数据维护

按照文件要求中对图层属性结构的要求，维护各图层数据属性结构，同时保证缩编后各图层属性信息完整、正确。

(1)综合后图斑应继承原面积占优图斑地类属性。

(2)线状特征图斑转线后，继承原地类图斑的地类、宽度属性，长度需重新计算。

(3)综合为点状地物的，继承其原地类图斑的地类、面积属性。

四、系列比例尺缩编图件编制

(一)数学基础

1∶5 万、1∶10 万和 1∶25 万样图采用高斯-克吕格投影，按 6°分带，平面坐标系统采用 2000 国家大地坐标系，参考椭球为 IAG-75 参椭球体。

1∶50 万样图采用双标准纬线正轴等角圆锥投影，平面坐标系统采用 2000 国家大地坐标系，参考 IAG-75 参椭球体，采用北方定位。

(二)表示内容

图件表示内容包括水域及水利设施、交通运输用地、城镇村及工矿用地、地类图斑、零星地类、行政界线、注记及图外整饰。

(三)各要素编辑顺序和要求

1.水域及水利设施用地

单线河流有流向或能辨别流向的自上游至下游 0.1 mm—0.4 mm 粗细实线渐变，不能辨别流向的用 0.2 mm 粗实线表示。沟渠区分干渠和一般沟渠表示，不能区分的以一般沟渠表示。点、线、面状水系分别用相应的符号表示。

2.交通运输用地

公路不分行政等级,按高速公路和公路表示,主要公路需标注编号。宽度依比例尺的道路以图斑表示,半依比例尺的铁路、公路和农村道路分别选用相应的符号表示。

(1)如果铁路、公路在数据库中穿过面状居民地,则样图保留原样以穿过居民地表示;如果断在面状居民地处,样图中铁路、公路则断在居民地边线上。

(2)如果铁路、公路在数据库中断在面状水边,铁路、公路直接通过面状物。如果断开部分图上长度大于5 mm,则在断头处用直线连接,以隧道符号表示。

3.城镇村及工矿用地

图斑表示的居民点以相应图斑符号表示。点状居民点以相应等级点状符号表示。一般情况下自然村不注名称,重要的自然村才加注名称。乡镇级居民地以图斑表示的,其名称注在图斑相应位置;以点表示的用相应乡镇线零星符号表示,并加注名称;省级、地市级、县级政府在政府办公所在地位置用相应符号和名称表示。

4.地类图斑

地类界与线状地物重合的,以线状地物符号表示。规范各图斑地类界的线划粗度和用地颜色。

5.零星地类

按《第三次全国国土调查技术规程》(TD/T 1055—2019)规定的符号表示。

6.行政界线

各级行政界线按《第三次全国国土调查技术规程》(TD/T 1055—2019)规定的符号表示。注意处理行政界线与其他线状地物的关系。

(1)陆地上不与线状地物重合的境界线,应连续不断地绘出。如果符号化后境界线与其他线状地物粘连,境界线位置应保持不变,移动其他线状地物符号,保持0.2 mm的间距。

(2)境界与线状地物(河流、运河、道路)重合时,应使境界符号与这些线状地物的图形保持一致间距(空白)0.2 mm。

①当境界以线状地物一侧为界时,可将境界符号沿线状地物一侧不间断地绘出。

②当境界以线状地物中心为界,但线状地物符号内部又不能容纳境界符号时,可将境界符号沿线状地物符号的两侧每隔3—5 cm交错成组绘出3—4节;但当图上长度小于1.2 cm时,境界不需跳绘。色带应按河流中心线连续绘出。当境界以线状地物中心为界,且线状地物符号内能容纳境界符号时,境界符号最好连续不断地绘出,影响图幅清晰性时可将境界符号分段成组绘出,配置在线状地物急转弯处,但要注意交代河中岛屿的归属。

③共有线状地物,不论线状地物图形的宽窄,境界符号都不绘在线状地物内部,而交

替绘在线状地物的两侧。

（3）不同等级的境界相重合时，只表示高一级境界。

（4）随着地图比例尺的缩小、符号化后境界两侧的地物符号不能压在境界线上或跨越境界线。应分别保持在各自权属的一方，其注记尽量标注在符号同一侧。

7. 各要素间的关系处理

由于符号化后，符号大小和线划宽度变化引起部分要素相互压盖或粘连，所以各要素间除了邻里的相交、相切关系以外，其他保持 0.2 mm 以上的相离关系。

（1）居民点符号位于两河交叉口，河流等级又相差很大时，居民点符号可与主要河流相切，与次题河流相割。若两河等级相同，可与两河都相割。

（2）居民点符号位于单线河流、湖岸线、海岸线近旁时。要保持居民点符号与其相切或相离的关系。但居民点符号与高速公路、铁路只能相离 0.2 mm。

（3）当居民点符号夹在水崖线（面状水）与路之间时，等级低的道路可与居民点符号相交、与水崖线相切。

（4）道路与水系。如道路与通路向的间距过小，则应做适当的位移，使道路与水系，道路之间的距离不小于 0.2 mm。移位的一般原则是：当道路与水系发生争位时，一般水系不移位，移动道路符号；但当铁路、高速公路与小河流、支渠发生争位时，移动小河流，支渠的位置，以保持铁路、高速公路的形状、位置不变；道路之间发生争位时，同等级的应相对移位，否则，低等级的移位。

（5）零星地类符号之同相互压盖可相对移位；零星地类符号与线状符号之间相互压盖，一般移动零星地类符号。

8. 注记

注记要素主要包括城镇村及工矿注记、水域及水域设施用地注记、交通运输用地注记、地类图斑注记等。

（1）注记字体、字号、字色按规定执行。

（2）水系、居民点、道路名称按规范配置，各类图斑用地要加挂地类编码，对于小图距内标注不下的可不表示。同一地类被现状地物分隔多块时不需要每块标注地类编码。同一线状地物注记能隔 15—20 cm 重复注记。

（3）注记不压盖同色要素，不压蓝道路交叉口，主要河流交汇处。

（4）注记指示明确，不产生歧义和张冠李戴。

9. 图外整饰

图外整饰主要包括图廓、图名、出版说明、版权、图例、比例尺（数字比例尺、直线比例尺）及附图等。

第四节　图件缩编编制成果与质量控制

一、主要成果

根据浙江省国土三调总体要求,在浙江省国土三调成果汇总工作中,需要利用数据库管理和计算机辅助制图等技术、采用地图缩编等手段对全省国土调查的成果数据库进行整理缩编,形成可提供省级、地(市)、县级编制土地利用图、图集和其他各种专题图的系列比例尺土地利用图件数据,包括系列比例尺国土调查数据成果和相关文字报告。

(一)系列比例尺国土调查数据成果

(1)全省 1：5 万比例尺国土调查数据成果及其元数据。

(2)全省 1：10 万或 1：25 万比例尺国土调查数据成果及其元数据。

(3)全省 1：50 万比例尺国土调查数据成果及其元数据。

(二)文字报告

(1)第三次全国国土调查数据库缩编技术指南。

(2)浙江省第三次国土调查工作报告。

(3)浙江省第三次国土调查技术报告。

二、建立检查制度

质量控制是本次核查成果数据缩编的重要环节之一,建立完整的质量控制体系是顺利完成任务的基本保障。第三次全国国土调查核查成果数据缩编相关技术文档及 ISO 质量管理体系要求,逐道工序检查合格后方可进入下一环节,并准备随时接受项目管理部门、组织实施单位及其委托的专家等对作业质量和进度进行抽查和定期检查。

每一比例尺的成果只有经过本单位检查、监理单位预检合格后,才能进行下一比例尺数据的缩编。

本单位检查包括自检、互检和质量检查小组专检。本单位检查合格后提交预检申请,并连同检查报告及数据库、图件等成果一并报监理单位,由项目监理单位负责将预检通过的成果和其预检报告进行汇总,并向全国三调办提交验收申请。

一切检查需要严格按照“自检—互检—专检—预检—验收”的“四检一验”制度进行操作。

(一)自检

作业人员对自己完成的成果进行全面的检查,自检比例为 100％。发现错误及时纠正,并填写质量检查记录表。在错误未得到纠正之前不得执行新的任务。

(二)互检

在自检基础上,指定专人负责组织作业人员相互检查自检成果,互检比例为100%,对出现的错误和问题进行错误指标分级,填写质量检查记录表,同时通知对方限期整改、修改成果后再进行检查、成果经修改后再次检查,直到合格为止。

(三)专检

专检比例为50%,质量检查组对自检和互检中发现的问题,应全面检查,发现错误应及时记录,成果经修改后再次检查,直到合格为止。

(四)预检

缩编成果通过专检后,由监理单位依据整理实施细则对缩编成果进行预检。如预检不通过,则由缩编单位修改后再次预检。

(五)验收

缩编成果通过预检后,由全国三调办组织验收。

三、检查内容

(一)成果完整性检查

检查缩编成果及其资料是否齐全、完整,包括:

(1)缩编成果数据库及其元数据。

(2)用于自检的回放图、自检记录及自检报告、图历簿。

(3)样图及样图编制报告。

(二)数据库及元数据质量检查

1.数据格式正确性检查

检查数据库格式是否为 ArcGIS 9.3 PGDB 或 FGDB 文件格式。

2.过程数据库数学基础检查

1:1万比例尺—1:5万比例尺土地利用数据缩编时,其投影为高斯-克吕格投影,3°分带;1:5万比例尺—1:10万比例尺、1:10万比例尺—1:25万比例尺土地利用数据缩编时,其投影为高斯-克吕格投影,6°分带;1:25万比例尺—1:50万比例尺土地利用数据缩编时,其投影为双标准纬线正轴等角圆锥投影。

3.提交成果数学基础检查

系列比例尺土地利用数据缩编数据库坐标系统采用 2000 国家大地坐标系统,参考椭球为 IAG-75 参椭球体。

4. 地图分幅检查是否符合要求

检查地图分幅是否符合要求。

5. 图形检查

检查图层与字段命名是否符合规定要求。

6. 图层检查

包括行政区域要素、土地利用要素及注记要素层。检查必选图层是否缺失,内容是否完整,其属性实体不为空。

7. 拓扑关系检查

主要包括:相邻图幅空间接边无误,对应的要素保持逻辑一致性;点、线、面之间的相互关系正确,对接边和综合后的矢量数据进行拓扑处理,建立拓扑结构;各要素无线段自相交、两线相交、线段打折、碎片多边形等图形错误;各要素之间拓扑关系正确,地类图斑闭合,各相邻实体的空间关系可通过完整的拓扑结构表述;公共边线或同一目标具有两个或两个以上类型特征时,应保证位置的一致性;要求各图层数据中,单图层满足《第三次全国国土调查县级数据库成果质量检查细则》中对单图层的拓扑要求。

8. 数据属性检查

图形和属性挂接无错误,图形和属性一致;图层的属性结构完整且不是空值;数据结构和编码方法符合缩编土地利用数据库结构要求;属性值正确,精度符合缩编土地利用数据库结构要求;属性项的值域范围与缩编土地利用数据库结构一致;元数据格式和内容是否符合要求、是否正确;区分不同的行政区域级别、数据命名和组织目录是否符合规定要求。

(三)数据缩编质量检查

检查土地利用现状类型是否符合《土地利用现状分类》(GB/T 21010—2017)国家标准。

检查各种资料利用是否正确。

检查境界是否错绘调绘、描绘严重变形,或其附近地物错绘错注,造成归属错误。

检查水城及水利设施用地、交通运输用地、城镇村及工矿用地等要素综合后是否保持了区域分布特征。

检查综合后的土地利用数据是否保持了区域土地利用的基本特征。

检查各要素综合指标是否符合技术指标要求。

检查综合图斑的地类代码是否正确,图斑归并是否遵循了语义邻近优先原则。

检查图斑的界线移位、夸张等操作是否合理。

检查以狭长面状表示的道路、河流变为单线表示时,图斑分割操作是否合理,与相邻图斑的拓扑关系是否正确。

检查各要素的关系是否协调，道路、河流的连通性和空间关系是否合理。

检查线状地物宽度是否超限。

检查零星地物面积是否超限。

检查线状地物、图斑边界综合的最小弯曲等是否符合指标要求。

(四)样图成果检查

数据格式正确性检查。检查数据格式是否为 tiff 或 jpg 文件格式，分辨率为 300dpi。

数学基础正确性检查。1∶5 万、1∶10 万和 1∶25 万比例尺样图是否采用高斯-克吕格投影，按 6°分带，平面坐标系统采用国家 2000 大地坐标系，参考椭球为 IAG-75 参椭球体；1∶50 万样图来用双标准纬线正轴等角圆锥投影，平面坐标系统均采用国家 2000 大地坐标系，参考椭球为 IAG-75 参椭球体。

检查图内要素是否齐全，必要要素是否缺失。图内要素包括零星地物、行政区域调查界线、线状地物、地类界线、地类图斑、注记等。

检查图外要素是否齐全，配置是否合理。图外要素包括图名、坐标系及高程系统说明、成图比例尺、编制单位、资料及成图说明、位置示意图、图例等。

检查图廓设置是否符合要求或合理美观，经纬网绘制是否符合要求，经纬网坐标及其注记是否正确。

检查图内、外要素的颜色、图案、线型、符号等表示是否符合要求，图件整饰是否规范、美观。

检查图内要素关系处理是否得当，点状要素间不允许相互压盖，线状要素间不允许相互粘连等。

(五)文字成果检查

检查文字成果内容是否完整，结构是否合理，逻辑是否清楚，表达是否清晰、流畅，前后表述是否一致。

检查文字报告是否结合地区实际和区域土地利用特征。

检查报告中各种数据表格是否规范，表格内数据是否平衡。

检查排版格式是否规范。

四、检查方法

(一)程序自动检查

利用数据的图形与属性之间、图形与图形之间、属性与属性之间的关联性、规律性和逻辑关系，通过系统设计的程序进行检查和发现数据中存在的错误，通过对属性数据表设计有针对性的辅助程序来提高属性数据检查效率。

(二)人机交互检查

程序自动检查不能完全发现隐含的属性、无规律的、无逻辑性的数据错误,不能完全满足和确定数据的正确性,还需要对图形数据和属性数据进行人机交互检查来判断数据的正确性。

(三)回放图检查

数据缩编操作完成后,按缩编比例尺打印输出土地利用图,人工检查图面总体视觉效果,检查综合后各要素区域基本特征的连续性、各要素的协调性、道路和水系的连通性等。

第十章　成果汇总与应用

自然资源调查监测成果是推进生态文明建设、服务经济社会高质量发展的重要基础。为推进自然资源调查监测(以下简称"调查监测")成果尤其是第三次全国国土调查成果共享应用,促使其转化为经济社会发展语言,依据《中华人民共和国土地管理法》及其实施条例、《中华人民共和国保守国家秘密法》、《自然资源部　国家保密局关于开展自然资源领域涉密和敏感数据安全保密排查整治专项行动的通知》(自然资函〔2020〕720号)、《自然资源部办公厅关于做好第三次国土调查成果应用保密管理工作的通知》(自然资办发〔2021〕34号)等,结合浙江实际,以习近平新时代中国特色社会主义思想为指导,浙江省深入贯彻习近平生态文明思想,围绕党中央、国务院和省委、省政府重大决策部署,遵循新时代国民经济和社会发展、生态文明建设的新需求、新要求,深入挖掘调查监测成果,尤其是第三次国土调查成果的应用价值,积极拓展成果应用途径,探索建立安全、高效、协同、精准的共享应用机制,助力浙江高质量发展,建设共同富裕示范区。

本章主要对浙江省第三次国土调查成果进行汇总,并探讨未来成果的应用方向。

第一节　成果汇总与验收

浙江省第三次国土调查省级汇总是在全面完成县级国土调查基础上必须完成的一项工作。成果汇总包括国土调查成果汇总和专项调查成果汇总。汇总内容主要包括数据汇总、图件编制、文字报告编写和成果分析等。

一、成果汇总

(一)目标任务

(1)在全面审核县级调查数据的基础上,建成全省第三次国土调查汇总数据库,并组织开展建设省级成果管理信息系统和共享服务平台。

(2)在全面审查、完善县级1∶5万土地利用现状图的基础上,组织编制市级1∶10万或1∶25万土地利用现状图。在此基础上,编制全省1∶50万土地利用现状图,并编制出版了《浙江省第三次国土调查土地利用现状图集》。

(3)汇总和分析全省土地利用的面积、分布和土地权属状况,总结全省土地利用的经验和存在的问题,组织编写浙江省第三次国土调查工作报告、技术报告、数据分析报告,提出进一步合理利用全省土地资源的途径及应采取的措施,为全省制定经济、社会发展计划和生态环境等有关政策,以及国土资源管理工作提供科学依据。

(二)汇总成果

1.数据汇总

(1)县级数据统计。

以县级国土调查数据库为基础,按省(区、市)确定的县(市、区)行政区域调查界线为基准,按照第三次全国国土调查规定的具体内容和汇总方法,由地类图斑逐级汇总本县(市、区)行政区域内的土地利用现状、权属数据,永久基本农田数据,以及其他专项调查数据。

(2)地级、省级数据汇总。

按国家、省(区、市)分别确定的省(区、市)、市(地)行政区域调查界线,对所辖市(地)、县(市、区)数据汇总成果进行检查,按第三次全国国土调查规定的汇总内容和格式,以县级汇总结果为基础,汇总市(地)、省(区、市)行政区域内的土地利用现状、权属数据,永久基本农田数据,以及其他专项调查数据。

2.汇总成果

(1)全省1∶5000土地利用现状矢量数据文件、DOM栅格数据文件。

(2)全省1∶25万、1∶50万土地利用现状图的矢量数据文件及栅格数据文件。

(3)浙江省第三次国土调查土地利用现状管理信息系统。

(三)成果图件编制

在成果汇总阶段,以国土调查数据或国土调查缩编数据为基础,统一采用《技术规程》规定的图式图例,编制各级土地利用挂图、土地利用图集和专项调查的专题图件。

1.土地利用挂图

土地利用挂图分为县级、地级、省级、国家级土地利用挂图。挂图成图比例尺应根据制图区域的大小和形状确定,县级一般选为1∶5万—1∶10万,地级一般选为1∶10万—1∶25万,省级一般选为1∶50万—1∶100万,国家级一般选为1∶400万—1∶600万。

2.专项调查的专题图件

全省市(区县)在各级土地利用挂图的基础上,编制各级专项调查的专题图集,以及根据需求编制永久基本农田分布图、土地权属界线图和耕地坡度分级图等图件。

编制各市(区县)土地利用图件时,可利用制图缩编软件,通过制图综合取舍编制而成。土地分类按《第三次全国国土调查技术规程》(TD/T 1055—2019)执行,一般情况下地类应表示到二级类;地类图斑采用统一的选取指标,内容的选取和表示层次分明,合理处理各要素之间的相互关系,注记正确,清晰易读;全面反映制图区域的土地利用现状、利用特点和分布规律;图面整饰规范,图例正确。

各类图件成果在符合国家安全保密要求的前提下,应在国土调查数据分析与共享服务云平台上发布,面向政府机关、科研机构以及社会公众提供不同层级的数据服务。

(四)成果分析与文字报告编写

在成果分析的基础上,编写包括工作情况、技术方法、数据库建设、成果分析等内容的文字报告。

1.成果分析

根据浙江省第三次国土调查数据,并结合第二次土地调查及年度土地变更调查等相关数据,开展土地利用状况分析。对第二次土地调查完成以来耕地的数量、等级等别、分布、利用结构及其变化状况进行综合分析;对城市、建制镇、村庄等建设用地利用情况进行综合分析,评价土地利用节约集约程度;汇总形成各类自然资源数据,并分别对其范围内的土地利用情况进行综合分析。根据国土调查及分析结果,省各市(区县)自然资源管理部门编写《浙江省第三次国土调查分析报告》。

2.文字报告编写

工作报告主要包括调查区域的自然、经济、社会等基本概况,以及调查的目的、意义、目标、任务,组织实施与保障措施,完成的主要成果,经验与体会及其他需要说明的情况等内容。技术报告主要包括调查的技术路线与技术方法、工艺流程、质量检查及保障措施,调查中出现的问题及处理方法,以及应用新技术及效果等内容。数据库建设报告应主要包括数据库建设流程、软硬件配置、数据库内容与功能、维护与更新等内容。成果分析报告应主要包括土地利用结构、各类土地的分布与利用状况、与以前调查成果的比对,以及合理利用自然资源的政策、措施与建议等内容。田坎系数重新测算的,编写田坎系数测算报告。

(五)调查成果

浙江省第三次国土调查工作获取了丰富的外业调查成果、图件成果、汇总表册、文字报告、数据库成果以及信息系统,具体清单如下:

1.县级成果

(1)外业成果。

①调查底图、调查原图。

②外业照片。

(2)图件成果。

①标准分幅土地利用现状图。

②城镇土地利用现状图。

③各类专项调查专题图(含耕地资源质量分类专题图)。

(3)数据成果。

①各类土地分类面积数据。

②各类土地权属信息数据。

③城镇村庄土地利用分类面积数据。

④耕地坡度分级面积数据。

⑤耕地细化调查数据。

⑥海岛调查数据。

(4)数据库成果。

①县级第三次国土调查数据库。

②县级第三次国土调查数据库管理系统。

(5)文字报告。

①县级《第三次国土调查工作报告》。

②县级《第三次国土调查技术报告》。

③县级《第三次国土调查数据库建设报告》。

④县级《第三次国土调查成果分析报告》。

⑤县级《城镇村庄土地利用状况分析报告》。

⑥县级《第三次国土调查数据库质量检查报告》。

⑦县级《耕地资源质量分类工作报告》。

(6)数据库系统及其他资料。

①县级第三次国土调查信息系统。

②县级第三次国土调查缩编数据库。

③县级耕地资源质量分类数据库。

2. 市级成果

(1)图件成果。

①市级土地利用现状图。

②市级城镇土地利用现状图。

③市级各类专项调查专题图(含耕地资源质量分类专题图)。

(2)数据成果。

①各类土地分类面积数据。

②各类土地权属信息数据。

③城镇村庄土地利用分类面积数据。

④耕地坡度分级面积数据。

⑤耕地细化调查数据。

⑥海岛调查数据。

(3)文字报告。

①市级《第三次国土调查工作报告》。

②市级《第三次国土调查技术报告》。

③市级《第三次国土调查数据库建设报告》。

④市级《第三次国土调查成果分析报告》。

⑤市级《城镇村庄土地利用状况分析报告》。

⑥市级《第三次国土调查数据库质量检查报告》。

⑦市级《耕地资源质量分类工作报告》。

（4）数据库系统及其他资料。

①市级第三次国土调查信息系统。

②市级第三次国土调查缩编数据库。

③市级耕地资源质量分类数据库。

3. 省级成果

（1）图件成果。

①省级土地利用现状图（1∶25万）。

②省级土地利用现状图（1∶50万）。

③《浙江省土地利用现状图集》。

（2）数据成果。

①各类土地分类面积数据。

②各类土地权属信息数据。

③城镇村庄土地利用分类面积数据。

④耕地坡度分级面积数据。

⑤耕地细化调查数据。

⑥海岛调查数据。

（3）文字成果。

①省级《第三次国土调查工作报告》。

②省级《第三次国土调查技术报告》。

③省级《第三次国土调查成果分析报告》。

④省级《第三次国土调查成果分析报告集》。

⑤省级《第三次国土调查成果汇总表格集》。

（4）专著成果。

①《浙江省第三次国土调查》。

②《浙江省第三次国土调查技术》。

（5）数据库系统及其他资料。

①浙江省第三次国土调查信息系统。

②浙江省第三次国土调查缩编数据库。

（6）专项分析成果。

根据浙江省第三次国土调查数据,结合第二次土地调查及年度土地变更调查等相关数据,开展土地利用状况分析,形成了多层次的分析成果。一是基于浙江省第三次国土调查成果,针对重点地类、重点关注、重点工作,开展了浙江省与周边省市建设用地利用状况比较分析、村庄用地情况分析等 18 个专题分析,为自然资源管理提供决策支撑。其中,为支撑"三区三线"划定试点开展浙江省河道湖区耕地情况分析、浙江省第三次国土调查与水域调查数据比对分析、浙江省第三次国土调查地类演变分析等。二是选取宁波、丽水作为典型区域开展耕地、林地、湿地及生态相关专题分析研究,已完成宁波市、丽水市典型区域专题分析报告。三是与浙江大学、浙江省发展规划研究院合作开展基于浙江省第三次国土调查的浙江省国土空间优化配置分析、土地利用效率评价、生态评价等专项分析。

二、成果预检与验收

《土地调查条例》第二十三条规定"土地调查成果实行分阶段、分级检查验收制度",《浙江省人民政府关于开展第三次全省土地调查的通知》(浙政发〔2018〕4 号)和《浙江省第三次国土调查实施方案》(浙土调查办发〔2018〕11 号)进一步明确"执行分级成果验收制度,在县级对调查成果全面自查基础上,由各市负责预检,省统一组织验收"。

为做好第三次国土调查验收工作,2021 年 7 月,浙江省国土三调领导小组办公室下发了《关于做好第三次国土调查验收工作的通知》(浙土调查办发〔2021〕6 号),采取县级自查、市级预验收、省级技术审查、省级验收的步骤对第三次国土调查工作任务完成情况进行检查验收,重点对调查检查、数据建库和信息系统建设、成果核查、图件编制、数据分析、资料归档、安全保密、经费使用等工作内容的完成情况进行全面检查验收。具体程序与方法如下:一是县级自查。县(市区)三调办严格对照《第三次全国国土调查实施方案》(国土调查办发〔2018〕18 号)相应要求,开展国土调查工作验收自查,确保工作任务完成、成果完整、数据归集、资料归档,保密安全符合要求,资金使用合法合规。完成自查后向设区市三调办申请市级预验收。二是市级预验收。接到所辖县级三调办预验收申请后,设区市三调办对工作内容符合性、成果规范性和经费使用合理性进行审查,并组织预验收。完成所辖县(市区)预验收后,汇总形成市级调查成果,成果经过自查后向省三调办申请省级技术审查。三是省级技术审查。由省三调办组织技术单位对市级第三次国土调查汇总成果进行技术审查,督促整改完善、提高成果质量。技术审查通过后,出具技术审查意见。四是省级验收。省三调办主持召开验收会,以设区市为单位开展集中验收,并提供验收意见。

2021 年 8 月底前,各县(市区)三调办完成了县级自查工作,并向市级三调办申请预验收;2021 年 9 月底前,各设区市三调办完成了所辖县(市区)的市级预验收工作,并出具了预验收意见。同时完成了市级第三次国土调查汇总成果自查工作,并向省三调办提请技术审查。省三调办组织人员对各市汇总成果进行技术审查,并出具了审查意见,各市三调办根据审查意见对市级汇总成果修改到位后,向省三调办提出验收申请,如图 10-1 所示。

图 10-1　市级三调办申请技术审查文件

2021 年 11 月 18 日—26 日,浙江省三调办以设区市为单位对各地调查成果组织开展集中验收,验收会由市级选取一个代表县(市区)做县级第三次国土资源调查工作技术汇报,市第三次国土调查工作负责人做全市第三次国土调查工作汇报,演示市级国土调查数据库管理信息系统。汇报及系统演示结束后,验收组成员审阅了相关成果,并提出意见建议,如表 10-1 所示。

表 10-1　浙江省县(市区)第三次国土调查成果省级验收统计表

序号	行政单位	验收时间
1	杭州市所辖县(市、区)	2021 年 11 月 19 日
2	宁波市所辖县(市、区)	2021 年 11 月 23 日
3	温州市所辖县(市、区)	2021 年 11 月 25 日
4	湖州市所辖县(市、区)	2021 年 11 月 23 日
5	嘉兴市所辖县(市、区)	2021 年 11 月 24 日
6	绍兴市所辖县(市、区)	2021 年 11 月 19 日
7	金华市所辖县(市、区)	2021 年 11 月 25 日

序号	行政单位	验收时间
8	衢州市所辖县(市、区)	2021 年 11 月 24 日
9	舟山市所辖县(市、区)	2021 年 11 月 22 日
10	台州市所辖县(市、区)	2021 年 11 月 26 日
11	丽水市所辖县(市、区)	2021 年 11 月 18 日

第二节　成果应用工作内容

浙江省第三次国土调查是一项基础性、公益性、战略性的宏伟工程,最终目的是调查成果可以在经济社会发展和国土资源管理中得到广泛应用。立足当前,着眼长远,总结调查成果取得的应用成效,是进一步创新应用制度的基石。展望未来,谋篇布局,浙江省将逐步推进大数据平台建设,以利用海量数据的先发优势,启动成果整装集成,进一步满足科学利用、合理开发国土资源,制定国土资源宏观决策的需求。

一、主要目标

围绕党中央、国务院和浙江省委、省政府重大决策部署,以及经济社会发展及生态文明建设新需求,浙江省建立横向协同、纵向贯通、系统融合、综合集成的数据安全共享应用机制;建立与发改、林业、水利、农业、统计等部门高效、安全、协同的合作协同机制,实现共享互通与无缝合作;建成以浙江省第三次国土调查成果为唯一底版、融合多源、多时相、长时序调查监测成果的自然资源三维立体时空数据库(以下简称"数据库")。依托国土空间基础信息平台建设调查监测数据共享服务平台,依托省域国土空间治理平台打造部门协同、深度融合的自然资源决策分析智库平台,浙江省成功形成一整套系统的、科学的、综合的调查监测综合分析评价报告。

二、基本原则

(一)坚守安全底线

在共享应用过程中,始终落实总体国家安全观,牢牢坚持数据安全底线,保守国家秘密和有关工作秘密;全过程留痕,确保可追溯。

(二)围绕重大需求

紧紧围绕国家和省粮食安全、生态文明建设、区域统筹发展、乡村振兴、共同富裕等重大需求,拓宽调查监测成果分析评价途径,挖潜调查监测成果应用价值,主动服务浙江省委、省政府重大战略决策部署。

(三)突出基础性定位

充分发挥浙江省第三次国土调查成果在编制浙江省经济社会发展重大战略规划、制定重要政策举措等工作中的基本依据作用,坚持将调查成果作为国土空间规划、各类相关专项规划和自然资源管理的唯一底版。

(四)聚焦数字化改革

深入贯彻落实省委、省政府数字化改革战略,加快推进浙江省第三次国土调查成果机密版、政务版和公众版建设。依托国土空间基础平台建立调查监测数据共享服务平台,依托省域国土空间治理平台打造自然资源决策分析智库平台,建立及时动态更新机制,推动调查监测成果共享应用。构建调查监测分析评价体系,形成一套系统、科学、综合的调查监测分析评价成果。

(五)强化部门间协同

牢固树立山水林田湖草沙生命共同体理念,拓展调查监测成果共享应用的广度与深度,以共享促应用,以合作谋共赢,加强部门间的合作共享,共同助力调查监测成果服务经济社会高质量发展和生态文明建设。

三、工作内容

(一)服务国家调查监测成果应用

落实国家调查监测工作部署,按时汇交成果,助力形成全国调查监测"一张底版、一套数据和一个平台"。通过部省协同联动和成果共享,推进调查监测成果在落实国家重大战略实施、重点工程建设、热点问题处理中的应用。

1.建设数据库

以浙江省第三次国土调查为本底,构建自然资源三维立体时空数据模型,整合集成土地、矿产、森林、草原、湿地、水、海域海岛资源等各类调查监测数据成果,形成物理分散、逻辑一致、动态更新的数据库。

2.助力调查监测技术体系构建

根据自然资源部统一部署,结合浙江特点,积极推进耕地种植属性、生物多样性调查监测等国家调查监测技术体系试点工作。通过试点,探索形成一批可复制、可推广的技术或数据成果,实现全国范围内共享应用,助力国家调查监测技术体系构建。

(二)服务省委、省政府重点工作

围绕"长三角一体化""海洋强省"建设等重大战略实施,基于调查监测成果,分析研判自然资源、生态保护与经济社会高质量发展的协调关系,服务支撑省域国土空间治理,服务省委、省政府重点工作,助力政府治理体系和治理能力现代化建设。

1.服务共同富裕示范区

基于浙江省第三次国土调查成果、年度国土变更调查成果及其他调查监测成果,开展乡村振兴战略下的浙江省农村土地利用分析以及15分钟公共服务圈分析等评价分析,并集成入省域国土空间治理平台。

2.服务"四大"战略

基于浙江省第三次国土调查成果、年度国土变更调查成果及其他调查监测成果,服务大都市区战略,开展杭州都市区、宁波都市区、温州都市区、金义都市区等四大都市区范围内人口、经济、用地等要素聚集情况分析。聚焦杭州、宁波"双城记",开展大湾区范围人口、经济、用地等要素情况分析。参与大花园乃至全省范围生态系统服务功能及生态系统生产总值(GEP)核算分析。

3.支撑省域国土空间治理平台

综合集成服务省委、省政务重点工作、自然资源管理、相关部门等各类调查监测数据,形成系统、科学、综合的系列分析评价指标、成果报告与政策措施,实现调查监测成果向经济社会发展语言的转换,支撑省域国土空间治理现代化、智能化、决策化。

(三)服务自然资源管理

将数据库接入自然资源三维立体"一张图"和国土空间基础信息平台,实现调查监测成果数据库与国土空间规划、耕地和永久基本农田保护、确权登记、资产清查、用途管制、生态修复、矿政管理、海域海岛、监督执法、设施农业用地管理等业务系统实时互联、无缝调用。

1.构建调查监测评价指标体系

结合浙江自然资源本地特色,从资源本底、开发利用、治理保护等维度出发,形成涵盖评价标准、指标体系、政策措施等"3个层面、X个分析评价主体、X个指标"组成的调查监测分析评价体系。开展年度全省自然资源状况综合评价,以及耕地、森林、水资源等各类自然资源现状、保护开发利用程度及潜力方面的专项评价。

2.服务国土空间规划

利用地理国情监测、年度国土变更调查成果,动态提取国土利用变化图斑,为国土空间规划实施监督系统提供服务。以国土调查数据为底版,结合各类调查监测数据开展年度国土空间利用格局、国土开发适宜性和资源环境承载能力评价分析,以及国土空间利用与经济发展关系分析研究。

3.服务耕地保护

推进耕地种植属性监测国家级试点,实现基于遥感影像的耕地种植属性智能化提取,开展耕地"非农化""非粮化"监测、违法建设占用以及设施农用地监测与分析,为"耕地智保"场景应用提供数据支撑。

4.服务资源集约节约利用分析

基于浙江省第三次国土调查成果、年度国土变更调查成果及其他调查监测成果,构建资源集约节约利用评价指标,开展全省及与周边省份的资源集约节约利用分析,主动提供建设用地及相关分析成果。

5.服务资产清查

基于浙江省第三次国土调查成果、年度国土变更调查成果及其他调查监测成果,分析国有资产与集体资产现状情况,为自然资源清查提供数据支撑。

6.服务用途管制与确权登记

基于浙江省第三次国土调查成果、年度国土变更调查成果及其他调查监测成果,依托国土空间基础信息平台,开展项目范围的国土利用现状分析。

7.服务监督执法

基于调查监测成果,提取违法用地图斑,并开展违法建设用地分析,依托国土空间基础信息平台主动服务执法监督。

(四)服务相关部门

建立与发改、林业、水利、农业、统计等部门高效、安全、协同的合作机制,同步建立调查监测成果共享和利用监督制度,制定符合浙江省实际的成果数据共享应用办法。编制并公布调查监测成果数据目录清单,借助省、地方数据共享平台或与相关政府部门网络专线,通过接口服务、数据交换、主动推送等方式,将主要数据及时推送省直部门及市县有关单位,实现成果数据的共享应用,满足相关部门的需求。

1.推动调查成果政务版建设

主动公开浙江省第三次国土调查成果共享目录,依托国土空间基础信息平台,逐步推动调查矢量、统计数据全党政部门应用。

2.推动数据融合融通

以浙江省第三次国土调查成果为底版,深入分析国土调查数据与水利、林业等部门专项调查数据的矛盾与冲突,寻找解决问题的途径。

3.支撑专题分析研究

按需分享机密版浙江省第三次国土调查及历年变更调查成果,支持开展粮食安全分析、生态环境影响分析,森林、碳汇、GEP 核算等,形成系列专题分析成果。

(五)服务社会公众需求

按照政府信息公开的有关要求,依法按程序及时公开调查监测成果。以惠民利民便民为原则,依托地理信息公共服务平台(天地图),推进调查监测成果数据在线服务,推动成果的广泛共享和社会化服务,鼓励科研机构、企事业单位利用调查监测成果开发研制多形式多品种的数据产品,满足社会公众的广泛需求。

1.建设调查成果公众版,推动公报数据上网,实现调查成果全社会共享与社会化应用。

2.出版调查成果专著及土地利用现状图集,提升调查成果的社会影响力。

四、保障措施

(一)加强组织领导

建立由省级相关部门为成员单位的领导小组,统筹协调解决调查监测成果共享应用问题。各有关部门按照统一领导、部分分工协作、各方共同参与的原则,共同推进调查监测成果的共享应用与推广工作。各市、县(市区)自然资源部门要强化属地责任,提出针对性举措,抓好各项工作的落实。

(二)建立协同机制

加强部门间协同配合,制定部门协调机制工作方案,建立覆盖多部门、多层级的合作协调机制,打通各部门数据归集、成果会商、分析评价应用等全流程成果共享应用链路。强化浙江省第三次国土调查成果在省域国土空间治理中的底版作用,深化调查监测成果共享应用,确保推动调查成果全党政机关部门、全社会共享应用。

(三)建立保密安全机制

调查监测成果涉及国家安全和秘密。坚持安全保障与共享应用同步规划、同步建设、同步实施。强化保密意识、底线思维,严格落实总体国家安全观,牢牢坚持数据安全底线,建立数据安全保密检查监督长效机制,坚决防止失泄密事件。加强数据运用管理,实现保密安全技术推进、管理提升两手抓。强化科技支撑,组织专业技术力量推进保密安全技术研究,建立完备的数据安全专家咨询机制和科学的数据使用管理制度。

(四)建立标准体系与质量评审机制

成立由有关部门专家和有关领域高层次专家组成的调查监测分析评价专家委员会,协同构建调查监测成果分析评价标准体系、指标体系、内容体系与政策措施体系,建立年度部门联审与专家评审会,对调查监测成果分析进行核定。

第三节　成果应用案例汇总

浙江省第三次国土调查主体成果土地利用现状数据库已经通过国家检查验收,2019年5月,自然资源部《关于全面开展国土空间规划工作的通知》(自然资发〔2019〕87号)提出国土空间规划编制统一以第三次国土调查数据作为规划现状底数和底图基础。这表明浙江省第三次国土调查成果将广发应用于国土空间规划编制与实施工作之中,发挥其在国土空间治理、自然资源保护、生态文明建设和经济社会发展等方面的作用。

浙江省第三次国土调查成果是一项承载海量数据的宝库,这些数据的挖掘不应仅局限测绘或自然资源部门,也不应局限在国土调查方面。如何正确有效地将调查数据应用于各个方面造福民生,并获得最佳的应用效果是浙江省各县(市、区)密切关注的内容。各地三调办也对此进行了广泛而深刻的研究,并取得了大量优秀先进的成果,以下选取了其中最具代表性的几项应用案例进行详细介绍。

一、在高标准农田数字化监管中的应用

调查成果的发布,结合遥感等地球观测技术、物联网、大数据等数字化技术应用,为准确、大范围获取高标准农田基础空间信息提供了重要监管数据支撑。

浙江省农业科学院通过梳理高标准农田建设监管的工作路径,依托地理信息技术,完善国土调查土地利用基础底图数据支撑;按软件工程技术规范,严格高标准农田项目业务相关数据质量检查、开展数据规范标准制定、建立数据汇交机制,参照统一标准设计,规范高标准农田项目各类信息上图入库。依托 GIS 空间分析技术,开展规划选址智能决策分析;依托数据库和软件工程技术,研发数字化集成平台,形成"天上看、地上查、网上管"立体监管模式,实现对高标准农田建设全方位、全周期的动态监测。

构建高标准农田建设"前期规划布局、实施过程跟踪、建后利用监管"全生命周期的数字智慧"一张网"监管,实现改造提升项目合理布局规划、建设过程有效监督、建后动态监测,确保贯彻落实好国家高标准农田建设规划,进一步加强支撑粮食生产和重要农产品供给能力,形成更高层次、更有效率、更可持续的国家粮食安全保障基础。

二、在农业三区空间优化中的应用

严格执行耕地保护制度,确保国家或者省确定的耕地保有量、永久基本农田面积和粮食生产功能区面积;加强农田水利等农业基础设施建设和维修养护,强化耕地质量建设和管理,改善耕地地力等粮食生产的基础条件,确保粮食生产能力并保持粮食生产稳定发展。

义乌市统筹考虑永久基本农田、高标准农田和粮食生产功能区之间的关系,以浙江省第三次国土调查数据为底图,综合地理国情数据、永久基本农田规划、高标准农田建设规划等数据,查清义乌市现有永久基本农田、高标准农田和粮食生产功能区情况及需求目标,对永久基本农田现状、后备耕地资源、农业三块地负面清单进行统计与分析,并以此为依据提出符合义乌自身粮食生产现状定位及 2011—2019 年人口和谷物需求变化现状的空间布局优化措施以及相关政策建议,以达到确保守好"三条红线"保障粮食安全,改变人口多耕地少,大量优质耕地被非农建设占用,人地矛盾日益尖锐、耕地质量水平总体不高,违法违规建设占用耕地、擅自改变耕地用途、破坏耕地种植条件等现状。

面对耕地保护的严峻形势,更有效地采取法律、行政、经济等多种手段、措施,建立耕地保护激励与约束机制。

三、在风景名胜区总体规划中的应用

大盘山国家级风景名胜区规划在国土空间"五级三类"规划体系中属于专项规划,是自然保护地体系中特殊类型和重要组成部分,风景名胜区的总体规划是为保护培育、合理利用和经营管理好风景区、发挥其综合功能作用、促进风景区科学发展进行的统筹部署和具体安排。在《大盘山国家级风景名胜区总体规划》编制过程中,浙江省第三次国土调查成果作为规划编制的数据基础,在景区用地转换、国土空间规划衔接、分级保护、土地利用规划、建设调控与协调发展等方面发挥了关键性和支撑性作用。

将浙江省第三次国土调查成果作为风景区总体规划的重要基础、规划传导机制的重要载体、风景区规划内容的重要支撑,通过用地转换形成规划底图底数、明确自然资源重点保护矢量空间,利于与国土空间"三线"的规划协调,实现风景区用地与用地用海分类的转化,支撑风景区土地利用规划、支撑风景区建设调控与协调发展。

四、在省级水利专项规划和重大工程中的应用

浙江省第三次国土调查成果在省级水利专项规划和重大工程规划设计中发挥了重要作用,主要体现在以下两个方面:

一是调查成果为省级水利专项规划空间布局更科学、更合理、更具可行性提供基础支撑。基于调查成果的水利专项规划空间布局,有效避免了与国土空间规划和其他专项规划的空间矛盾,真正实现了国土空间规划、水利专项规划和其他行业规划"多规合一"和资源利用"一张图",强化了国土空间规划对水利专项规划的指导约束作用,为全省水利基础设施空间布局和落地实施提供了技术支持。涉及空间利用的水利专项规划主要有《浙江省水安全保障"十四五"规划》《浙江省水资源节约保护与开发利用总体规划》《浙江省水利基础设施空间布局规划》等,编制单位为浙江省水利水电勘测设计院有限责任公司,在充分考虑调查成果与规划工程、规划布局衔接的基础上,编制单位在规划工作前期就纳入国土空间规划编制相关内容,与调查成果的协调性贯穿编制工作始终。

二是调查成果为水利工程设计提供基础数据支撑。调查成果中耕地、林地等地类信息为水利工程设计过程中农灌需水量计算、征地移民量估算等提供数据支撑,为合理拟定工程规模以及保障供水安全、粮食安全、防洪安全等提供技术支持。第三次国土调查成果为省级重大水利工程提供耕地等地类空间分布信息,为镜岭水库设计提供耕地灌溉面积、库区征地移民等相关数据,为水利工程勘测设计提供数据支撑,通过省域空间治理平台接口服务和政府信息数据交换等手段,准确地进行水利工程与调查成果的套合分析,打破了水利工程前期设计对于国土资源信息"两眼一抹黑"的局面,大大提高水利工程设计的效率,加快工程勘测设计进度,为项目尽早实施打下坚实基础。水库建设为补齐流域防洪体

系短板、提高下游城市防洪能力、保障区域粮食安全、高质量实现"乡村振兴"、建设共同富裕示范区"绍兴样板"提供了有力的水利支撑。

第四节　成果应用方向探讨

自然资源部的组建,开启了自然资源统一管理的新局面。围绕自然资源部"两统一"职责,各项自然资源管理和规划管理工作亟须统一权威的基础数据作为支撑。第三次全国国土调查作为自然资源部成立后最全面的一次国土调查,其成果为自然资源管理工作构建"一张底图"提供了支持,自然资源调查、国土空间规划编制等各项工作均以调查成果为依据。第三次全国国土调查作为先行开展的一项基础调查,其标准和技术体系因自然资源管理体制改革有所创新和调整。对于如何加强调查成果与当前自然资源管理和规划管理各项工作的衔接,如何深化调查成果应用,强化第三次全国国土调查的基础支撑作用仍需要展开进一步的探索和研究。

一、在自然资源统一调查监测中的衔接应用

自然资源资产产权制度改革的指导意见要求开展自然资源统一调查监测评价,制定统一的自然资源分类标准,组织实施自然资源调查。自然资源调查成果是自然资源统一确权登记及开展相关管理工作的基础。

(一)建立自然资源分类体系

统一的自然资源分类标准是开展自然资源统一调查的关键,是开展调查监测工作的前提。目前,国家尚未出台统一的自然资源分类标准,自然资源部颁发的《自然资源调查监测体系构建总体方案》(自然资发〔2020〕15号)提出,要建立土地、森林、草原、矿产、水、湿地和海域海岛七类自然资源分层分类模型,将各自然资源体有序地分布在地表(岩石土壤等)、地表以上(林地草地等)、地表以下(矿产等),构建一个完整的支撑生产、生活、生态的三维立体时空模型。该模型具体包括地表基质层、地表覆盖层和管理层,同时设置了地下资源层,地下资源层涵盖地下(含海底)矿产资源及城市地下空间资源,如图10-2所示。

《自然资源调查监测体系构建总体方案》(自然资发〔2020〕15号)提出以第三次全国国土调查成果为基础构建自然资源"一张底图",开展自然资源调查,但是自然资源调查对自然资源的分类与第三次全国国土调查并不统一。主要体现在两个方面:一是对应地表覆盖层不涉及地下(如矿产)等;二是第三次全国国土调查的调查范围为零米等深线,部分自然资源(如海域)无对应的分类。因此,在地表覆盖层,应补充完善,分类要"不重、不漏",但自然资源要素可以重叠,建立对应完善、全面覆盖的自然资源分类体系;在管理层,结合各类自然资源的管理需求,落实各类管理信息,实现自然属性与利于管理的有机统一。

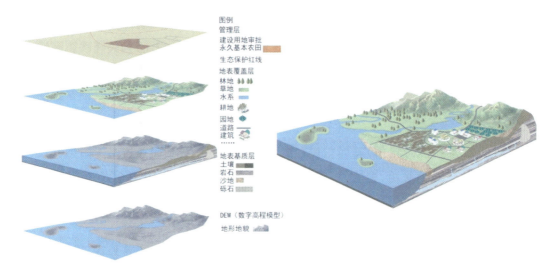

图例
管理层
建设用地审批
永久基本农田
生态保护红线
地表覆盖层
林地
草地
水系
耕地
园地
道路
建筑
……
地表基质层
土壤
岩石
沙地
砾石
DEM（数字高程模型）
地形地貌

图 10-2　自然资源分层分类模型数据结构图

（二）自然资源专项调查成果数据的衔接整合

按照上述七类自然资源分类，基于第三次全国国土调查成果，开展已有专项调查成果与调查图斑的信息整合工作，初步形成"一张底图"。从相关部门收集整理各类自然资源调查矢量数据，结合调查数据成果中按工作分类提取得到的自然资源图层，通过统一的规则方法，对两个图层中空间范围、地类认定不一致的部分进行分析处理，最终将各类自然资源调查成果的信息载入自然资源图斑。

（三）开展自然资源专项调查

开展自然资源专项调查，衔接自然资源统一确权登记。第三次全国国土调查作为自然资源调查监测中的基础调查，以地表覆盖为基础，查清各类自然资源的分布、范围、面积和权属等底图底数，是自然资源统一调查的第一步。下一步需要结合第三次全国国土调查探索开展各类专项调查，进一步查清各类自然资源的数量、质量、结构和生态功能等多维度属性信息。例如，对于森林资源，第三次全国国土调查查清了林地的位置、范围和面积情况及登记情况，但仍缺乏林种、树种、蓄积量和生态效能等属性信息，对水资源的调查缺乏水量、流量和水质等级等指标信息。

二、在支撑国土空间规划编制中的应用

根据国土空间规划编制相关规程和实际经验，在分析上述调查成果数据基本特征的基础上，将调查成果数据在其中的应用总体框架中进行总结，如图 10-3 所示。具体而言，应用主要可以在三个领域展开。

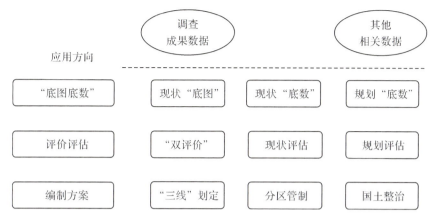

图 10-3　第三次全国国土调查成果数据应用的框架示意图

(一)总体应用框架

根据国土空间规划编制相关规程和实际经验,在分析上述调查成果数据基本特征的基础上,将调查成果数据在其中的应用总体框架中进行总结。具体而言,应用主要可以在三个领域展开。

1.在"底数"与"底图"分析中的应用

第三次全国国土调查成果数据作为一种可覆盖全部规划范围的数据,可较好地弥补传统城市总体规划中数据不全的问题,并可为新时期国土空间规划中核心的"底数"与"底图"问题的研究提供重要的数据源,特别是关于各类用地的统计与空间叠加分析方面。

2.在评价与评估中的应用

基于第三次全国国土调查成果数据的用地类别,利用 GIS 空间叠加分析,可以为评价与评估用地冲突、发展演化等问题提供支撑依据。

3.在规划编制方案中的应用

国土空间规划编制中的"三线"划定与"国土空间用途分区",涉及全域的土地利用功能再整合。调查成果数据一方面可为这项工作提供较为直接的判断依据;另一方面通过与其他类型数据的空间校核分析,可为各项功能区范围划定提供决策支撑依据。此外,调查成果数据还可为当前国土空间规划编制中的土地整治分析提供依据。

(二)不同应用方向上的解析

1.在"底图""底数"构建中的应用

"底图""底数"是开展国土空间规划编制工作的基础,具体而言,这里的"底图"是指国土空间规划编制工作的基础底图,"底数"是指国土空间规划编制工作中不同现状用地图斑的分类统计数值。由于第三次全国国土调查成果与国土空间规划用地分类不一致,因此,在构建"底图""底数"时还需进行数据类型转换等处理。

在构建"底图"时,依据相关制图规范对第三次全国国土调查地类图斑进行符号化,形成国土空间利用现状图,并以此作为参考标准,将各类国土空间要素进行坐标系、数据格式、用地分类等转换处理,形成坐标统一、边界一致、上下贯通的一套"底图"。

在构建"底数"时,通过对第三次全国国土调查地类图斑进行用地重分类转换和汇总,以用地现状结构表的形式,将各类用地基础情况进行数值表达。在现阶段,"底数"还应与已有土地利用总体规划和城市总体空间规划以及相关规划管理数据等做一定的衔接处理。

2.在现状评价、评估中的应用

(1)在"双评价"中的应用。

"双评价"作为国土空间规划编制的前提,其工作分为三个阶段"评价—分析—应用"。如图 10-4 所示,调查成果数据主要应用于"分析"阶段,

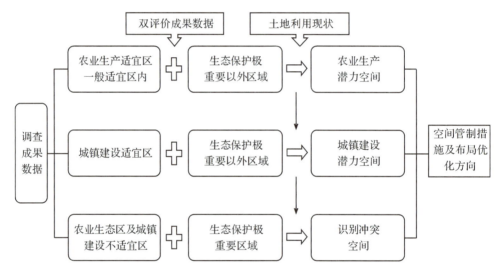

图 10-4　第三次国土调查成果数据在"双评价"中的应用思路示意图

具体而言:第一,对农业生产适宜区、一般适宜区内除生态保护极重要区以外区域,结合土地利用现状结构,可以分析农业生产潜力空间。第二,对城镇建设适宜区、一般适宜区内除生态保护极重要区以外区域,结合土地利用现状结构,可以分析城镇建设潜力空间。第三,将生态保护极重要区、农业生产及城镇建设不适宜区等的土地利用现状进行对比,可以识别冲突空间。如位于生态保护极重要区中的耕地和建设用地、农业生产不适宜区中的永久基本农田、城镇建设不适宜区中的城镇建设用地、地质灾害高风险区中的农村居民点等。第四,再通过对国土空间开发利用的潜力、问题和风险等方面的分析,提出空间管制措施及布局优化方向。

(2)在国土空间开发保护现状和规划实施评估中的应用。

浙江省第三次国土调查成果在现状保护评估工作中的应用,可以概括为直接应用和间接应用两个方面。直接应用主要是指根据评价指标,直接从调查成果中提取相关数据进行指标评价,其主要应用于对底线管控类指标的评估。间接应用主要是指通过与其他

社会、经济、专项规划等数据相关联或进行叠加分析，对指标进行评估。如：通过与经济、人口数据相关联，可以对结构效率指标、绿色生产指标等进行评估；与高标准农田建设、"两区"划定成果进行叠加分析，可以对粮食安全指标进行评估。

浙江省第三次国土调查成果数据能够同时体现各类土地的规模与布局情况，将调查成果与规划基期年土地利用情况进行叠加分析，可以评估各类规划目标实现情况及布局变化情况；提取第三次国土调查建设用地和规划基期建设用地，可分析规划实施以来实际新增建设用地规模及发展方向；进一步与规划用途分区进行叠加分析，则能够用于评估新增建设用地是否符合规划用途和空间管制的要求。

3. 在规划编制方案中的应用

（1）统筹"三线"划定。

首先，辅助生态保护红线划定。为适应生态文明建设需要，浙江省第三次国土调查成果将具有湿地功能的部分地类归入"湿地"。为此，在生态保护红线划定范围识别阶段应优先将调查成果数据中的湿地划入生态保护红线，再以浙江省第三次国土调查土地利用现状为底图，将生态保护红线评估成果与底图进行叠加，扣除规模较大的建设用地和集中连片的农田，并通过聚合工具将聚集或邻近的图斑聚合为相对完整、连片的图斑。

其次，辅助永久基本农田范围的确定。为了巩固永久基本农田划定成果，从严保护永久基本农田，有效解决划定不实、非法占用等问题，将调查成果与永久基本农田划定成果进行叠加分析，全面核实永久基本农田图斑，找出地类不符合划定要求的永久基本农田，并依据农业生产适宜性评价结果进行整改补划，确保永久基本农田数量不减少、质量不降低，同时将整改成果纳入国土空间规划。

最后，辅助城镇开发边界划定。城镇开发边界划定一般包括"基础资料收集—评价研究—边界初划—方案协调—划定入库"五个阶段，浙江省第三次国土调查成果可应用于整个划定过程。如：对建设用地进行集中度分析，将现状建设用地集聚区作为划定城镇集中建设区的基础，叠加现行城乡规划、土地利用总体规划发展用地，结合城镇建设适宜性评价结果划定城镇发展弹性区；通过地类图斑分析研究现状建设用地规模和空间布局，结合国家和区域发展战略、城市定位和上级国土空间规划要求，提出城镇空间主要发展方向、空间结构与功能布局；与永久基本农田、生态保护红线进行"三线"协调，同时参考调查成果中地理边界、行政边界、权属边界等界线，形成边界清晰、范围规整、便于管理的城镇开发边界。

（2）国土空间规划分区。

我国实行土地用途管制制度，是要求在土地利用总体规划和城乡规划中分别划定土地用途区和"四区"，以确定每一块土地的用途，并对规划分区的土地利用活动实行用途管制。为此，可按照国土空间规划分区的要求和规则，通过建立用地分类与空间规划用途分区的对应关系，进行用途分区的初步划定。再统筹各类用地规模配置，将涉及规划用途分区变化的地区以独立图层的方式制作,通过 GIS 软件图层更新功能,将其与初步划定的分区进行更新合并,最终形成国土空间规划分区。

(3)国土综合整治。

一方面,浙江省第三次国土调查成果数据可用于土地破碎化评估的分析。通过调查成果数据对地区农用地进行规模和集中度分析,提出国土综合整治措施,对地块面积较小、集中度低的区域优先实施土地整理,合并地块、调整权属,解决土地破碎化问题,为土地流转规模化经营打下基础。如针对经土地整治后的地类图斑的典型特征,采用景观生态学中地块集中度分析与规整度分析的方法,结合整治潜力及热点分析评价国土综合整治方向。

另一方面,调查成果数据可用于乡镇企业用地现状评估。随着社会经济的快速发展,很多地区乡镇企业经济效益水平持续下降,环境污染问题越来越严重,不能适应新时代生态文明发展理念。在以往城乡规划编制过程中,由于缺乏基础数据,对低效工业用地的处理主要集中在城市及其周边发展区,从而忽略了对农村工业用地的调查。浙江省第三次国土调查将农村建设用地进一步打开、细化,使分布在广大农村建设用地内部的乡镇企业用地显露出来,为农村工业企业的整治改造提供了基础数据。

（规范性附录）

国土调查数据库成果目录

×省××市××县（县行政区划代码 6 位）第三次全国国土调查成果

　　│　　├──国土调查数据库

　　│　　├──DOM/存储数字正射影像图数据本身、附加信息文件和数字正射影像图元数据/

　　│　　　　├──原始数字正射影像图

　　│　　　　├──最新数字正射影像图

　　│　　├──原格式数据/存储原始建库格式下的分层矢量数据,行政区图层要求为 Shape File 格式,其余图层不做要求/

　　│　　　　│行政区图层

　　│　　　　│地类图斑层

　　│　　　　│……

　　│　　　　│2001（比例尺代码 1 位）（年代代码 4 位）（县行政区划代码 6 位）.VCT/矢量数据交换格式/

　　│　　　　│2001（比例尺代码 1 位）（年代代码 4 位）（县行政区划代码 6 位）.XML/矢量数据的元数据/

　　│　　├──扫描资料

　　│　　　　├──"临时用地"土地审批资料

　　│　　　　├──其他资料

　　│　　├──汇总表格

　　│　　　　├──Excel 格式数据/存储 Excel 格式汇总表格数据/

　　│　　　　│（县行政区划代码 6 位）土地利用现状一级分类面积汇总表

　　│　　　　│（县行政区划代码 6 位）土地利用现状分类面积汇总表

| ｜ ｜(县行政区划代码6位)土地利用现状一级分类面积按权属性质汇总表

| ｜ ｜(县行政区划代码6位)城镇村及工矿用地面积汇总表

| ｜ ｜(县行政区划代码6位)耕地坡度分级面积汇总表

| ｜ ｜(县行政区划代码6位)耕地种植类型面积统计表

| ｜ ｜(县行政区划代码6位)即可恢复与工程恢复种植属性汇总统计表

| ｜ ｜(县行政区划代码6位)废弃细化标注汇总统计表

| ｜ ｜(县行政区划代码6位)林区范围内种植园用地汇总统计表

| ｜ ｜(县行政区划代码6位)灌丛草地汇总情况统计表

| ｜ ｜(县行政区划代码6位)工业用地按类型汇总统计表

| ｜ ｜(县行政区划代码6位)可调整地类面积汇总表

| ｜ ｜(县行政区划代码6位)部分细化地类面积汇总表

| ｜ ｜(县行政区划代码6位)耕地细化调查情况统计表

| ｜ ｜(县行政区划代码6位)批准未建设的建设用地用途情况统计表

| ｜ ｜(县行政区划代码6位)批准未建设的建设用地现状情况统计表

| ｜ ｜(县行政区划代码6位)永久基本农田现状情况统计表

| ｜ ｜(县行政区划代码6位)无居民海岛现状调查分类面积汇总表

| ｜ ｜(县行政区划代码6位)飞入地土地利用现状一级分类面积汇总表

| ｜ ｜(县行政区划代码6位)飞入地土地利用现状分类面积汇总表

| ｜ ｜(县行政区划代码6位)飞入地土地利用现状一级分类面积按权属性质汇
总表

| ｜ ｜(县行政区划代码6位)飞入地城镇村及工矿用地面积汇总表

| ｜ ｜(县行政区划代码6位)海岛土地利用现状一级分类面积汇总表

| ｜ ｜(县行政区划代码6位)海岛土地利用现状分类面积汇总表

| ｜ ｜(县行政区划代码6位)第三次国土调查有关情况统计表

| ｜——文字报告

| ｜ ｜(县行政区划代码6位)第三次国土调查工作报告.DOC

说明:

1."｜——"表示文件夹。

2."｜"表示文件夹下的文件。

3."/"表示注释文字。

4.其他扫描资料命名:"Q"+"文件名称"+"文件类别"+"页码"+".JPG"。

5.其他资料自行命名。

附录 B

（规范性附录）
数据汇总方法

一、基本要求

县级国土调查数据库进行成果汇总统计上表之前，应对数据库成果进行检查，数据应满足如下要求：

（一）县辖区控制面积计算要求

县辖区控制面积计算应严格按照《第三次全国国土调查技术规程》的要求，以及附录 E 图幅理论面积与控制面积接合图表要求进行图幅面积控制和分幅累加计算，并制作图幅理论面积与控制面积接合图表。

（二）数据库图形面积计算要求

数据库中图形的面积（单位为 m^2）计算应严格按照《第三次全国国土调查技术规程》（附录 D 图幅理论面积与图斑椭球面积计算公式及要求）的要求进行，并满足以下要求。

1. 县级控制面积应等于县内所有村级调查区调查面积之和

以单位为 m^2 的县级行政辖区控制面积作为面积控制数 a。计算村级调查区椭球面积之和（村级调查区范围内图斑椭球面积之和），得到汇总值 b。若 b 不等于 a，则依据 a 对村级调查区调查面积进行调平修正，方法如下：

（1）计算调平控制数 a 与汇总值 b 的差值，得到调平数 c。

（2）调平数 c/0.01 得到要调平的数目 d，将数目 d 除以村级调查区（坐落单位代码相同的为一个村级调查区）个数，得到商 e 及余数 f。

（3）按照各村的面积从大到小找出前 f 个村，这些村的调平面积为 $(e+1) \times 0.01$，其余村的调平面积为 $e \times 0.01$。

2.村级调查区调查面积应等于本村所有图斑面积之和(地类图斑层的图斑面积字段汇总值)

将控制修正后的村级调查区的控制面积作为面积控制数 a。将该村级调查区界线范围内所有图斑的椭球面积之和汇总,得到汇总值 b。若 b 不等于 a,则依据 a 对图斑面积进行调平修正,方法如下:

(1)计算调平控制数 a 与汇总值 b 的差值,得到调平数 c。

(2)调平数 c/0.01 得到要调平的数目 d,将数目 d 除以图斑个数,得到商 e 及余数 f。

(3)按照各村级调查区的面积从大到小找出前 f 个图斑,这些图斑的调平面积为(e+1)×0.01,其余的图斑调平面积为 e×0.01。

(三)各级面积统计逻辑基本要求

县级辖区控制面积包含陆地控制面积和岛屿控制面积(无岛屿的县该面积为 0),等于全县所有图斑面积之和(地类图斑层的图斑面积字段汇总值)。

陆地和海岛按照图形面积计算要求分别进行计算和平差。陆地控制面积应等于陆地村级调查区调查面积之和,以及陆地地类图斑面积之和;岛屿控制面积应等于海岛村级调查区调查面积之和,以及岛屿地类图斑面积之和。

村级调查区通过描述说明字段区分陆地(00)和岛屿(01)。同一村级调查区既有陆地又有海岛的,按两个村级单位分别平差。同属一个村级调查区的多个空间范围,其调查面积值统一填写该村调查面积,村内所有地类图斑统一平差。

乡级行政区调查面积等于对应的村级调查区调查面积的汇总值。乡级行政区调查面积按照陆地和岛屿属性分别填写。

二、基本步骤

(1)建立数据库面积汇总基础计算表。从数据库中地类图斑图层生成数据库面积汇总基础计算表,单位为 m^2;检查基础计算表的正确性和逻辑一致性,确保基础计算表县、乡、村各级地类汇总面积等于对应的各级控制面积。

(2)将基础计算表的单位转换为公顷,强制调平小数位取舍造成的误差,形成基础统计表(保留 2 位小数,小数点后第 3 位四舍五入);检查基础统计表的正确性和逻辑一致性,确保基础统计表县、乡、村各级地类汇总面积等于对应的各级控制面积。

(3)基础统计表是数据库面积汇总统计的基础,在基础数据未发生变化的情况下,各类面积统计报表均由该基础统计表生成。

(4)以亩为单位的各类面积统计表,由基础统计表生成以公顷为单位的成果表后,各项数值乘以 15 转换得到。

三、基础计算表结构

基础计算表以村级调查区为单元，分组统计排列，参考表结构如下（表结构仅供参考），各软件可结合自身软件特点设计，调平方法需严格按照本规定执行：

表 1　基础计算表参考表结构

序号	字段名称	字段代码	字段类型	字段长度	小数位数	值域	约束条件	备注
1	坐落单位代码	ZLDWDM	Char	19			M	
2	权属单位代码	QSDWDM	Char	19			M	
3	权属性质	QSXZ	Char	2			M	
4	耕地类型	GDLX	Char	2			C	
5	耕地坡度级别	GDPDJB	Char	1			C	
6	城镇村属性码	CZCSXM	Char	4			C	
7	图斑细化代码	TBXHDM	Char	6			O	
8	种植属性代码	ZZSXDM	Char	6			C	
9	描述说明	MSSM	Char	2			C	
10	飞入地标识	FRDBS	Char	1			C	
11	国土调查总面积	GTDCZMJ	Double	15	2	>0	M	
12	各级地类面积		Double	15	2	>0	C	

注1：基础统计表中各级地类填写至工作分类的末级地类。
注2：坐落单位代码和权属单位代码取前12位进行分组。

四、基础统计表强制调平方法

(一)基础计算表正确性检查

将基础计算表中的国土调查总面积进行汇总，与县级行政辖区控制面积(m^2)进行比较，如果不一致，应检查核对重新计算汇总。

(二)基础统计表控制

以单位为公顷的县级行政辖区的控制面积作为下一步面积调平的控制数 a。对基础计算表进行面积单位换算，得到基础统计表，汇总基础统计表的国土调查总面积字段，得到汇总值 b。

(三)基础统计表调平

(1)计算调平控制数 a 与汇总值 b 的差值，得到调平数 c。
(2)调平数 c/0.01 就是要调平的数目 d，将数目 d 除以村个数，得到商 e 及余数 f。

（3）按照各村的面积从大到小找出前 f 个村,这些村的调平面积为(e+1)×0.01,其余村的调平面积为 e×0.01。

（4）本村内分组记录的调平方法与上述方法相同。

（5）各记录的国土调查总面积＝原国土调查总面积＋调平面积,调平后的各记录的国土调查总面积字段的数值作为这个记录中横向各地类面积值调平控制面积 g。

（6）计算调平控制面积 g 与村级调查区的各末级地类汇总值 h 的差值,得到调平数 j。

（7）按照末级地类编码面积降序优先原则(依据单位换算前平方米地类面积由大到小排序,若面积相等,则取地类编码倒序优先。例如:0101 和 0102 面积相等时,0102 优先)对记录的末级地类面积进行调平;面积为 0 的地类不参与调平(依据单位换算前平方米面积数值确定 0 值地类);调平后不得出现负面积;当地类面积(单位换算前)中有 10000m²(含)以上数据时,10000m² 以下的地类数据不参与调平。

五、基础统计表统计说明

（1）本要求所规定的报表强制调平方法是解决四舍五入造成的尾数差异,仅对表内数据进行处理,不涉及空间数据的面积字段的修改。

（2）基础统计表是各类统计报表汇总的基础,如数据库中的数据发生变化(如地类变更或数据编辑等),应该重新汇总生成基础计算表,并强制调平生成基础统计表。

（3）基础统计表数据经尾数强制调平,能够保证表内和由此生成的各类统计表的逻辑正确,但通过数据空间查询实时统计生成的报表与该表数据的尾数差异,属于允许误差。